왕초보 여러분을 위한 해커스중국어의 선물 발사!

 동영상강의 무료　　 해커스 자동발사 중국어 팟캐스트

 교재학습 MP3　　 중국어 말문트기 워크북

 자동발사 단어카드 (스마트폰 학습용 PDF)　　 신나는 발음 챈트 버전 MP3 실전회화 드라마 버전 MP3

 쓰면서 외우는 자동발사 단어암기장 (HSK 1·2급 단어 300 PDF)

중국어 말문트기 워크북은 교재 안에 있습니다.

팟캐스트는 팟빵 웹사이트(www.podbbang.com) 혹은 앱이나, 아이폰 Podcast 앱에서 '해커스 자동발사 중국어'를 검색하여 들을 수 있습니다.

무료 동영상강의는 해커스중국어(china.Hackers.com) 접속 후 로그인 > 상단메뉴 [무료 자료 → 무료 강의] 클릭 > [회화 → 초급] 클릭 후 '자동발사 중국어 1' 탭에서 수강할 수 있습니다.

그 외 모든 선물은 해커스중국어(china.Hackers.com) 접속 후 로그인 > 상단메뉴 [교재/MP3 → 교재 MP3/자료] 클릭 > [회화 → 자동발사 중국어] 클릭 후 본 교재 우측에서 해당 자료를 다운받으실 수 있습니다.

해커스중국어 china.Hackers.com

해커스 기초 중국어 회화 시리즈

해커스 자동발사 중국어

첫걸음 1탄

중국어 기초 20일 독학 완성!

해커스 어학연구소

저작권자 © 2017, 해커스 중국어연구소 이 책 및 음성파일의 모든 내용, 이미지, 디자인, 편집 형태에 대한 저작권은 저자에게 있습니다.
서면에 의한 저자와 출판사의 허락 없이 내용의 일부 혹은 전부를 인용, 발췌하거나 복제, 배포할 수 없습니다.

DAY 01 잘 지내?
你好吗?

📢 핵심 문장 자동발사
🎧 말문트기 워크북_Day01_1~4.mp3

1 你好吗? 잘 지내?
Nǐ hǎo ma?

STEP 1 발음성조 입에 붙이기
발음성조에 유의하여 한마디씩 추가하며 따라 읽어요.

Nǐ / hǎo / ma?
Nǐ / hǎo / ma?
Nǐ / hǎo / ma?

STEP 2 한자만 보고 읽기
你 / 好 / 吗?

STEP 3 중국어 자동발사
잘 지내?

2 我很好。 나는 잘 지내.
Wǒ hěn hǎo.

STEP 1 발음성조 입에 붙이기
발음성조에 유의하여 한마디씩 추가하며 따라 읽어요.

Wǒ / hěn / hǎo.
Wǒ / hěn / hǎo.
Wǒ / hěn / hǎo.

STEP 2 한자만 보고 읽기
我 / 很 / 好。

STEP 3 중국어 자동발사
나는 잘 지내.

3 你呢? 너는?
Nǐ ne?

STEP 1 발음성조 입에 붙이기
발음성조에 유의하여 한마디씩 추가하며 따라 읽어요.

Nǐ / ne?
Nǐ / ne?

STEP 2 한자만 보고 읽기
你 / 呢?

STEP 3 중국어 자동발사
너는?

4 我也很好。 나도 잘 지내.
Wǒ yě hěn hǎo.

STEP 1 발음성조 입에 붙이기
발음성조에 유의하여 한마디씩 추가하며 따라 읽어요.

Wǒ yě / hěn / hǎo.
Wǒ yě / hěn / hǎo.
Wǒ yě / hěn / hǎo.

STEP 2 한자만 보고 읽기
我也 / 很 / 好。

STEP 3 중국어 자동발사
나도 잘 지내.

실전회화 자동발사

🎧 말문트기 워크북_Day01_실전회화.mp3

STEP 1 발음성조 입에 붙이기

민준　Nǐ hǎo ma?
루루　Wǒ hěn hǎo, nǐ ne?
민준　Wǒ yě hěn hǎo. Xièxie!
루루　Zàijiàn!
민준　Zàijiàn!

STEP 2 한자만 보고 읽기

민준　你好吗?
루루　我很好,你呢?
민준　我也很好。谢谢!
루루　再见!
민준　再见!

STEP 3 중국어 자동발사

민준　잘 지내?
루루　나는 잘 지내, 너는?
민준　나도 잘 지내. 고마워!
루루　잘 가!
민준　잘 가!

DAY 02 바빠요?
你忙吗?

바로 듣고 따라하기

📢 핵심 문장 자동발사 🎧 말문트기 워크북_Day02_1~4.mp3

1 你忙吗? 바빠요?
Nǐ máng ma?

STEP 1 발음성조 입에 붙이기

발음성조에 유의하여 한마디씩 추가하며 따라 읽어요.

Nǐ / máng ma?
Nǐ / máng ma?

STEP 2 한자만 보고 읽기
你 / 忙吗?

STEP 3 중국어 자동발사
바빠요?

2 我很忙。 바쁩니다.
Wǒ hěn máng.

STEP 1 발음성조 입에 붙이기
발음성조에 유의하여 한마디씩 추가하며 따라 읽어요.

Wǒ / hěn / máng.
Wǒ / hěn / máng.
Wǒ / hěn / máng.

STEP 2 한자만 보고 읽기
我 / 很 / 忙。

STEP 3 중국어 자동발사
바쁩니다.

3 我不忙。 안 바빠요.
Wǒ bù máng.

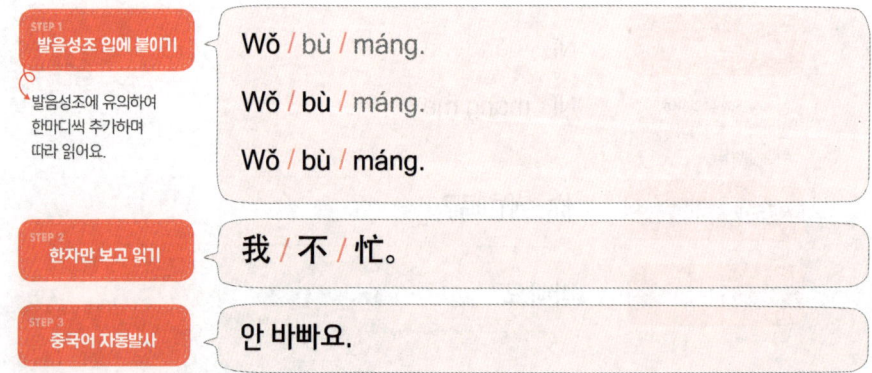

4 还可以。 아직은 괜찮습니다.
Hái kěyǐ.

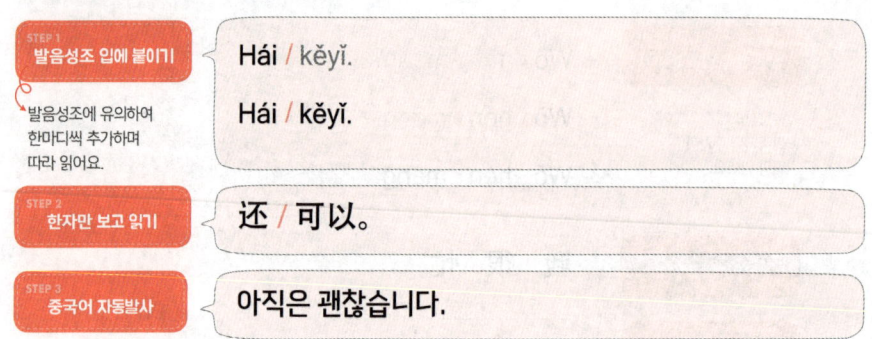

📢 실전회화 자동발사

🎧 말문트기 워크북_Day02_실전회화.mp3

STEP 1 발음성조 입에 붙이기

장 과장: Nǐ máng ma?
동희 씨: Wǒ hěn máng, nǐ ne?
장 과장: Wǒ bù máng. Nǐ lèi ma?
동희 씨: Hái kěyǐ.
장 과장: Bàibai!

STEP 2 한자만 보고 읽기

장 과장: 你忙吗?
동희 씨: 我很忙，你呢?
장 과장: 我不忙。你累吗?
동희 씨: 还可以。
장 과장: 拜拜!

STEP 3 중국어 자동발사

장 과장: 바빠요?
동희 씨: 바쁩니다. 당신(과장님)은요?
장 과장: 안 바빠요. 피곤해요?
동희 씨: 아직은 괜찮습니다.
장 과장: 안녕!

DAY 03 너 커피 마시니?
你喝咖啡吗?

📢 **핵심 문장 자동발사** 🎧 말문트기 워크북_Day03_1~4.mp3

1 你喝咖啡吗? 너 커피 마시니?
Nǐ hē kāfēi ma?

STEP 1 발음성조 입에 붙이기
 발음성조에 유의하여 한마디씩 추가하며 따라 읽어요.

Nǐ / hē / kāfēi ma?
Nǐ / hē / kāfēi ma?
Nǐ / hē / kāfēi ma?

STEP 2 한자만 보고 읽기
你 / 喝 / 咖啡吗?

STEP 3 중국어 자동발사
너 커피 마시니?

2 我喝咖啡。 나는 커피 마셔.
Wǒ hē kāfēi.

STEP 1 발음성조 입에 붙이기
발음성조에 유의하여 한마디씩 추가하며 따라 읽어요.

Wǒ / hē / kāfēi.
Wǒ / hē / kāfēi.
Wǒ / hē / kāfēi.

STEP 2 한자만 보고 읽기
我 / 喝 / 咖啡。

STEP 3 중국어 자동발사
나는 커피 마셔.

3 你吃面包吗? 너 빵 먹니?
Nǐ chī miànbāo ma?

STEP 1 발음성조 입에 붙이기

발음성조에 유의하여 한마디씩 추가하며 따라 읽어요.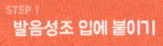

Nǐ / chī / miànbāo ma?
Nǐ / chī / miànbāo ma?
Nǐ / chī / miànbāo ma?

STEP 2 한자만 보고 읽기

你 / 吃 / 面包吗?

STEP 3 중국어 자동발사

너 빵 먹니?

4 我不吃面包。 나는 빵을 안 먹어.
Wǒ bù chī miànbāo.

STEP 1 발음성조 입에 붙이기

발음성조에 유의하여 한마디씩 추가하며 따라 읽어요.

Wǒ / bù chī / miànbāo.
Wǒ / bù chī / miànbāo.
Wǒ / bù chī / miànbāo.

STEP 2 한자만 보고 읽기

我 / 不吃 / 面包。

STEP 3 중국어 자동발사

나는 빵을 안 먹어.

📢 실전회화 자동발사 🎧 말문트기 워크북_Day03_실전회화.mp3

STEP 1 발음성조 입에 붙이기

민준　Nǐ hē kāfēi ma?
루루　Wǒ hē kāfēi.
민준　Nǐ è ma? Nǐ chī miànbāo ma?
루루　Wǒ bú è. Wǒ bù chī miànbāo.

STEP 2 한자만 보고 읽기

민준　你喝咖啡吗?
루루　我喝咖啡。
민준　你饿吗? 你吃面包吗?
루루　我不饿。我不吃面包。

STEP 3 중국어 자동발사

민준　너 커피 마시니?
루루　나는 커피 마셔.
민준　배고프니? 너 빵 먹니?
루루　나는 배 안 고파. 나는 빵을 안 먹어.

DAY 04 너는 TV 봐 안 봐?
你看不看电视?

바로 듣고 따라하기

📢 핵심 문장 자동발사   🎧 말문트기 워크북_Day04_1~4.mp3

1 你看不看电视? 너는 TV 봐 안 봐?
Nǐ kàn bu kàn diànshì?

STEP 1 발음성조 입에 붙이기
발음성조에 유의하여 한마디씩 추가하며 따라 읽어요.

Nǐ / kàn bu kàn / diànshì?
Nǐ / kàn bu kàn / diànshì?
Nǐ / kàn bu kàn / diànshì?

STEP 2 한자만 보고 읽기
你 / 看不看 / 电视?

STEP 3 중국어 자동발사
너는 TV 봐 안 봐?

2 我也不看电视。 나도 TV 안 봐.
Wǒ yě bú kàn diànshì.

STEP 1 발음성조 입에 붙이기
발음성조에 유의하여 한마디씩 추가하며 따라 읽어요.

Wǒ yě / bú kàn / diànshì.
Wǒ yě / bú kàn / diànshì.
Wǒ yě / bú kàn / diànshì.

STEP 2 한자만 보고 읽기
我也 / 不看 / 电视。

STEP 3 중국어 자동발사
나도 TV 안 봐.

3 我看电影。 나는 영화 봐.
Wǒ kàn diànyǐng.

STEP 1 발음성조 입에 붙이기
발음성조에 유의하여 한마디씩 추가하며 따라 읽어요.

Wǒ / kàn / diànyǐng.
Wǒ / kàn / diànyǐng.
Wǒ / kàn / diànyǐng.

STEP 2 한자만 보고 읽기
我 / 看 / 电影。

STEP 3 중국어 자동발사
나는 영화 봐.

4 我们一起看电影吧! 우리 같이 영화 보자!
Wǒmen yìqǐ kàn diànyǐng ba!

STEP 1 발음성조 입에 붙이기
발음성조에 유의하여 한마디씩 추가하며 따라 읽어요.

Wǒmen / yìqǐ / kàn diànyǐng ba!
Wǒmen / yìqǐ / kàn diànyǐng ba!
Wǒmen / yìqǐ / kàn diànyǐng ba!

STEP 2 한자만 보고 읽기
我们 / 一起 / 看电影吧!

STEP 3 중국어 자동발사
우리 같이 영화 보자!

📢 실전회화 자동발사

🎧 말문트기 워크북_Day04_실전회화.mp3

STEP 1 발음성조 입에 붙이기

- 루루   Nǐ kàn bu kàn diànshì?
- 민준   Wǒ bú kàn diànshì, nǐ ne?
- 루루   Wǒ yě bú kàn diànshì, nǐ kàn bu kàn diànyǐng?
- 민준   Wǒ kàn diànyǐng.
- 루루   Wǒmen yìqǐ kàn diànyǐng ba!

STEP 2 한자만 보고 읽기

- 루루   你看不看电视?
- 민준   我不看电视，你呢?
- 루루   我也不看电视，你看不看电影?
- 민준   我看电影。
- 루루   我们一起看电影吧!

STEP 3 중국어 자동발사

- 루루   너는 TV 봐 안 봐?
- 민준   나는 TV 안 봐, 너는?
- 루루   나도 TV 안 봐, 영화 봐 안 봐?
- 민준   나는 영화 봐.
- 루루   우리 같이 영화 보자!

DAY 05 당신은 학생인가요?
你是学生吗?

바로 듣고 따라하기

📢 핵심 문장 자동발사
🎧 말문트기 워크북_Day05_1~4.mp3

1 你是学生吗? 당신은 학생인가요?
Nǐ shì xuésheng ma?

STEP 1 발음성조 입에 붙이기
발음성조에 유의하여 한마디씩 추가하며 따라 읽어요.

Nǐ / shì / xuésheng ma?
Nǐ / shì / xuésheng ma?
Nǐ / shì / xuésheng ma?

STEP 2 한자만 보고 읽기
你 / 是 / 学生吗?

STEP 3 중국어 자동발사
당신은 학생인가요?

2 我不是学生。 저는 학생이 아니에요.
Wǒ bú shì xuésheng.

STEP 1 발음성조 입에 붙이기
발음성조에 유의하여 한마디씩 추가하며 따라 읽어요.

Wǒ / bú shì / xuésheng.
Wǒ / bú shì / xuésheng.
Wǒ / bú shì / xuésheng.

STEP 2 한자만 보고 읽기
我 / 不是 / 学生。

STEP 3 중국어 자동발사
저는 학생이 아니에요.

3 你是不是学生? 당신은 학생이에요 아니에요?
　　Nǐ shì bu shì xuésheng?

STEP 1 발음성조 입에 붙이기
발음성조에 유의하여
한마디씩 추가하며
따라 읽어요.

Nǐ / shì bu shì / xuésheng?
Nǐ / shì bu shì / xuésheng?
Nǐ / shì bu shì / xuésheng?

STEP 2 한자만 보고 읽기

你 / 是不是 / 学生?

STEP 3 중국어 자동발사

당신은 학생이에요 아니에요?

4 我是学生。 저는 학생이에요.
　　Wǒ shì xuésheng.

STEP 1 발음성조 입에 붙이기
발음성조에 유의하여
한마디씩 추가하며
따라 읽어요.

Wǒ / shì / xuésheng.
Wǒ / shì / xuésheng.
Wǒ / shì / xuésheng.

STEP 2 한자만 보고 읽기

我 / 是 / 学生。

STEP 3 중국어 자동발사

저는 학생이에요.

📢 실전회화 자동발사 🎧 말문트기 워크북_Day05_실전회화.mp3

STEP 1 발음성조 입에 붙이기

동희 씨	Nǐ shì xuésheng ma?
행인 1	Wǒ bú shì xuésheng.
동희 씨	Nǐmen shì xuésheng ma?
행인 2	Bù, wǒ shì yīshēng, tā shì gōngsī zhíyuán.
동희 씨	Nǐ shì bu shì xuésheng?
행인 3	Shì, wǒ shì xuésheng.

STEP 2 한자만 보고 읽기

동희 씨	你是学生吗?
행인 1	我不是学生。
동희 씨	你们是学生吗?
행인 2	不，我是医生，他是公司职员。
동희 씨	你是不是学生?
행인 3	是，我是学生。

STEP 3 중국어 자동발사

동희 씨	당신은 학생인가요?
행인 1	저는 학생이 아니에요.
동희 씨	당신들은 학생인가요?
행인 2	아뇨, 저는 의사이고, 그는 직장인이에요.
동희 씨	당신은 학생이에요 아니에요?
행인 3	네, 저는 학생이에요.

DAY 06 이건 뭐죠?
这是什么?

바로 듣고 따라하기

📢 **핵심 문장 자동발사** 🎧 말문트기 워크북_Day06_1~4.mp3

1 这是什么? 이건 뭐죠?
Zhè shì shénme?

STEP 1 발음성조 입에 붙이기
발음성조에 유의하여 한마디씩 추가하며 따라 읽어요.

Zhè / shì / shénme?
Zhè / shì / shénme?
Zhè / shì / shénme?

STEP 2 한자만 보고 읽기
这 / 是 / 什么?

STEP 3 중국어 자동발사
이건 뭐죠?

2 这是我的手机。 이건 제 휴대폰이에요.
Zhè shì wǒ de shǒujī.

STEP 1 발음성조 입에 붙이기
발음성조에 유의하여 한마디씩 추가하며 따라 읽어요.

Zhè shì / wǒ de / shǒujī.
Zhè shì / wǒ de / shǒujī.
Zhè shì / wǒ de / shǒujī.

STEP 2 한자만 보고 읽기
这是 / 我的 / 手机。

STEP 3 중국어 자동발사
이건 제 휴대폰이에요.

3 那是什么? 저건 뭐예요?
Nà shì shénme?

STEP 1 발음성조 입에 붙이기
발음성조에 유의하여 한마디씩 추가하며 따라 읽어요.

Nà / shì / shénme?
Nà / shì / shénme?
Nà / shì / shénme?

STEP 2 한자만 보고 읽기
那 / 是 / 什么?

STEP 3 중국어 자동발사
저건 뭐예요?

4 那是您的钱包呀!!! 저건 당신 지갑인데요!!!
Nà shì nín de qiánbāo ya!!!

STEP 1 발음성조 입에 붙이기
발음성조에 유의하여 한마디씩 추가하며 따라 읽어요.

Nà shì / nín de / qiánbāo ya!!!
Nà shì / nín de / qiánbāo ya!!!
Nà shì / nín de / qiánbāo ya!!!

STEP 2 한자만 보고 읽기
那是 / 您的 / 钱包呀!!!

STEP 3 중국어 자동발사
저건 당신 지갑인데요!!!

🔊 실전회화 자동발사

🎧 말문트기 워크북_Day06_실전회화.mp3

STEP 1 발음성조 입에 붙이기

김 사장 Zhè shì shénme?
미래 씨 Zhè shì wǒ de shǒujī.
김 사장 Zhēn piàoliang! Nà shì shénme?
미래 씨 Nà shì nín de qiánbāo ya!!!
김 사장 Nà shì wǒ de ma?

STEP 2 한자만 보고 읽기

김 사장 这是什么?
미래 씨 这是我的手机。
김 사장 真漂亮！那是什么?
미래 씨 那是您的钱包呀！！！
김 사장 那是我的吗?

STEP 3 중국어 자동발사

김 사장 이건 뭐죠?
미래 씨 이건 제 휴대폰이에요.
김 사장 정말 예쁘네요! 저건 뭐예요?
미래 씨 저건 당신(사장님) 지갑인데요!!!
김 사장 저게 내 거예요?

DAY 07 이들은 누구예요?
他们是谁?

바로 듣고 따라하기

📢 핵심 문장 자동발사
🎧 말문트기 워크북_Day07_1~4.mp3

1 这是我家人的照片。 이거 제 가족사진입니다.
Zhè shì wǒ jiārén de zhàopiàn.

STEP 1 발음성조 입에 붙이기
발음성조에 유의하여 한마디씩 추가하며 따라 읽어요.

Zhè shì / wǒ jiārén de / zhàopiàn.
Zhè shì / wǒ jiārén de / zhàopiàn.
Zhè shì / wǒ jiārén de / zhàopiàn.

STEP 2 한자만 보고 읽기
这是 / 我家人的 / 照片。

STEP 3 중국어 자동발사
이거 제 가족사진입니다.

2 他们是谁? 이들은 누구예요?
Tāmen shì shéi?

STEP 1 발음성조 입에 붙이기
발음성조에 유의하여 한마디씩 추가하며 따라 읽어요.

Tāmen / shì / shéi?
Tāmen / shì / shéi?
Tāmen / shì / shéi?

STEP 2 한자만 보고 읽기
他们 / 是 / 谁?

STEP 3 중국어 자동발사
이들은 누구예요?

3 这是我姐姐。 이건 제 누나예요.
Zhè shì wǒ jiějie.

STEP 1 발음성조 입에 붙이기
발음성조에 유의하여 한마디씩 추가하며 따라 읽어요.

Zhè / shì / wǒ jiějie.
Zhè / shì / wǒ jiějie.
Zhè / shì / wǒ jiějie.

STEP 2 한자만 보고 읽기
这 / 是 / 我姐姐。

STEP 3 중국어 자동발사
이건 제 누나예요.

4 你哥哥非常帅。 형은 정말 잘생겼네요.
Nǐ gēge fēicháng shuài.

STEP 1 발음성조 입에 붙이기
발음성조에 유의하여 한마디씩 추가하며 따라 읽어요.

Nǐ gēge / fēicháng / shuài.
Nǐ gēge / fēicháng / shuài.
Nǐ gēge / fēicháng / shuài.

STEP 2 한자만 보고 읽기
你哥哥 / 非常 / 帅。

STEP 3 중국어 자동발사
형은 정말 잘생겼네요.

🔊 실전회화 자동발사 🎧 말문트기 워크북_Day07_실전회화.mp3

STEP 1 발음성조 입에 붙이기

동희 씨 Zhāng kēzhǎng, zhè shì wǒ jiārén de zhàopiàn.
장 과장 Wā, zhēn bàng! Tāmen shì shéi? Nǐ de xiōngdì jiěmèi ma?
동희 씨 Shì, zhè shì wǒ gēge, zhè shì wǒ jiějie.
장 과장 Nǐ gēge fēicháng shuài, nǐ jiějie tài piàoliang le!
동희 씨 Xièxie, Zhāng kēzhǎng.

STEP 2 한자만 보고 읽기

동희 씨 张科长，这是我家人的照片。
장 과장 哇，真棒！他们是谁？你的兄弟姐妹吗？
동희 씨 是，这是我哥哥，这是我姐姐。
장 과장 你哥哥非常帅，你姐姐太漂亮了！
동희 씨 谢谢，张科长。

STEP 3 중국어 자동발사

동희 씨 장 과장님, 이거 제 가족사진입니다.
장 과장 와, 정말 멋져요! 이들은 누구예요? 형제자매들인가요?
동희 씨 네, 이건 제 형이고, 이건 제 누나예요.
장 과장 형은 정말 잘생겼고, 누나는 너무 예쁘네요!
동희 씨 감사합니다, 장 과장님.

DAY 08 나 중국어 책 있어.
我有汉语书。

🎧 바로 듣고 따라하기

📢 핵심 문장 자동발사 🎧 말문트기 워크북_Day08_1~4.mp3

1 你有汉语书吗? 너 중국어 책 있어?
Nǐ yǒu Hànyǔ shū ma?

STEP 1 발음성조 입에 붙이기
 발음성조에 유의하여 한마디씩 추가하며 따라 읽어요.

- Nǐ yǒu / Hànyǔ shū ma?
- Nǐ yǒu / Hànyǔ shū ma?

STEP 2 한자만 보고 읽기
- 你有 / 汉语书吗?

STEP 3 중국어 자동발사
- 너 중국어 책 있어?

2 今天你有没有汉语课? 오늘 너 중국어 수업 있니 없니?
Jīntiān nǐ yǒu méiyǒu Hànyǔ kè?

STEP 1 발음성조 입에 붙이기
발음성조에 유의하여 한마디씩 추가하며 따라 읽어요.

- Jīntiān / nǐ yǒu méiyǒu / Hànyǔ kè?
- Jīntiān / nǐ yǒu méiyǒu / Hànyǔ kè?
- Jīntiān / nǐ yǒu méiyǒu / Hànyǔ kè?

STEP 2 한자만 보고 읽기
- 今天 / 你有没有 / 汉语课?

STEP 3 중국어 자동발사
- 오늘 너 중국어 수업 있니 없니?

3 你为什么问呢? 왜 물어보니?
Nǐ wèishénme wèn ne?

STEP 1 발음성조 입에 붙이기

발음성조에 유의하여
한마디씩 추가하며
따라 읽어요.

Nǐ / wèishénme / wèn ne?

Nǐ / wèishénme / wèn ne?

Nǐ / wèishénme / wèn ne?

STEP 2 한자만 보고 읽기

你 / 为什么 / 问呢?

STEP 3 중국어 자동발사

왜 물어보니?

4 但是我没有书。 그런데 난 책이 없어.
Dànshì wǒ méiyǒu shū.

STEP 1 발음성조 입에 붙이기

발음성조에 유의하여
한마디씩 추가하며
따라 읽어요.

Dànshì / wǒ méiyǒu / shū.

Dànshì / wǒ méiyǒu / shū.

Dànshì / wǒ méiyǒu / shū.

STEP 2 한자만 보고 읽기

但是 / 我没有 / 书。

STEP 3 중국어 자동발사

그런데 난 책이 없어.

📣 실전회화 자동발사   🎧 말문트기 워크북_Day08_실전회화.mp3

STEP 1 발음성조 입에 붙이기

민준   Nǐ yǒu Hànyǔ shū ma?
루루   Wǒ yǒu Hànyǔ shū.
민준   Jīntiān nǐ yǒu méiyǒu Hànyǔ kè?
루루   Wǒ méiyǒu. Nǐ wèishénme wèn ne?
민준   Jīntiān wǒ yǒu Hànyǔ kè, dànshì wǒ méiyǒu shū.

STEP 2 한자만 보고 읽기

민준   你有汉语书吗?
루루   我有汉语书。
민준   今天你有没有汉语课?
루루   我没有。你为什么问呢?
민준   今天我有汉语课，但是我没书。

STEP 3 중국어 자동발사

민준   너 중국어 책 있어?
루루   나 중국어 책 있어.
민준   오늘 너 중국어 수업 있니 없니?
루루   나 없어. 왜 물어보니?
민준   오늘 나 중국어 수업이 있어, 그런데 난 책이 없어.

DAY 09 숟가락 네 개 주세요!
给我四个勺子!

바로 듣고 따라하기

📢 핵심 문장 자동발사
🎧 말문트기 워크북_Day09_1~4.mp3

1 给我一个巧克力冰淇淋。 초콜릿 아이스크림 한 개 주세요.
Gěi wǒ yí ge qiǎokèlì bīngqílín.

STEP 1 발음성조 입에 붙이기
발음성조에 유의하여 한마디씩 추가하며 따라 읽어요.

Gěi wǒ / yí ge / qiǎokèlì bīngqílín.
Gěi wǒ / yí ge / qiǎokèlì bīngqílín.
Gěi wǒ / yí ge / qiǎokèlì bīngqílín.

STEP 2 한자만 보고 읽기
给我 / 一个 / 巧克力冰淇淋。

STEP 3 중국어 자동발사
초콜릿 아이스크림 한 개 주세요.

2 大杯还是小杯? 큰 컵인가요 아니면 작은 컵인가요?
Dà bēi háishi xiǎo bēi?

STEP 1 발음성조 입에 붙이기
발음성조에 유의하여 한마디씩 추가하며 따라 읽어요.

Dà bēi / háishi / xiǎo bēi?
Dà bēi / háishi / xiǎo bēi?
Dà bēi / háishi / xiǎo bēi?

STEP 2 한자만 보고 읽기
大杯 / 还是 / 小杯?

STEP 3 중국어 자동발사
큰 컵인가요 아니면 작은 컵인가요?

3 还有别的吗? 또 다른 건 있으세요?
Hái yǒu biéde ma?

STEP 1 발음성조 입에 붙이기
발음성조에 유의하여 한마디씩 추가하며 따라 읽어요.

Hái yǒu / biéde ma?
Hái yǒu / biéde ma?

STEP 2 한자만 보고 읽기
还有 / 别的吗?

STEP 3 중국어 자동발사
또 다른 건 있으세요?

4 给我四个勺子! 숟가락 네 개 주세요!
Gěi wǒ sì ge sháozi!

STEP 1 발음성조 입에 붙이기
발음성조에 유의하여 한마디씩 추가하며 따라 읽어요.

Gěi wǒ / sì ge / sháozi!
Gěi wǒ / sì ge / sháozi!
Gěi wǒ / sì ge / sháozi!

STEP 2 한자만 보고 읽기
给我 / 四个 / 勺子!

STEP 3 중국어 자동발사
숟가락 네 개 주세요!

🔊 실전회화 자동발사 🎧 말문트기 워크북_Day09_실전회화.mp3

STEP 1 발음성조 입에 붙이기

점원　Nín hǎo, nín diǎn shénme?
동희 씨　Gěi wǒ yí ge qiǎokèlì bīngqílín.
점원　Dà bēi háishi xiǎo bēi?
동희 씨　Xiǎo de ba.
점원　Hǎo de. Hái yǒu biéde ma?
동희 씨　Gěi wǒ sì ge sháozi!

STEP 2 한자만 보고 읽기

점원　您好，您点什么？
동희 씨　给我一个巧克力冰淇淋。
점원　大杯还是小杯？
동희 씨　小的吧。
점원　好的。还有别的吗？
동희 씨　给我四个勺子！

STEP 3 중국어 자동발사

점원　안녕하세요, 뭐 주문하실 건가요?
동희 씨　초콜릿 아이스크림 한 개 주세요.
점원　큰 컵인가요 아니면 작은 컵인가요?
동희 씨　작은 걸로요.
점원　네, 또 다른 건 있으세요?
동희 씨　숟가락 네 개 주세요!

DAY 10 오늘 몇 명 오니?
今天来几个人?

🎧 바로 듣고 따라하기

📣 핵심 문장 자동발사
🎧 말문트기 워크북_Day10_1~4.mp3

1 今天来几个人? 오늘 몇 명 오니?
Jīntiān lái jǐ ge rén?

STEP 1 발음성조 입에 붙이기
발음성조에 유의하여 한마디씩 추가하며 따라 읽어요.

- Jīntiān / lái / jǐ ge rén?
- Jīntiān / lái / jǐ ge rén?
- Jīntiān / lái / jǐ ge rén?

STEP 2 한자만 보고 읽기
- 今天 / 来 / 几个人?

STEP 3 중국어 자동발사
- 오늘 몇 명 오니?

2 我们准备什么菜? 우리 무슨 요리 준비할까?
Wǒmen zhǔnbèi shénme cài?

STEP 1 발음성조 입에 붙이기
발음성조에 유의하여 한마디씩 추가하며 따라 읽어요.

- Wǒmen / zhǔnbèi / shénme cài?
- Wǒmen / zhǔnbèi / shénme cài?
- Wǒmen / zhǔnbèi / shénme cài?

STEP 2 한자만 보고 읽기
- 我们 / 准备 / 什么菜?

STEP 3 중국어 자동발사
- 우리 무슨 요리 준비할까?

3 我们做五只炸鸡。 우리 치킨 다섯 마리 만들어요.
Wǒmen zuò wǔ zhī zhájī.

STEP 1 발음성조 입에 붙이기
발음성조에 유의하여 한마디씩 추가하며 따라 읽어요.

Wǒmen / zuò / wǔ zhī zhájī.
Wǒmen / zuò / wǔ zhī zhájī.
Wǒmen / zuò / wǔ zhī zhájī.

STEP 2 한자만 보고 읽기
我们 / 做 / 五只炸鸡。

STEP 3 중국어 자동발사
우리 치킨 다섯 마리 만들어요.

4 两个蛋糕和十份烤肉吧! 케이크 두 개와 불고기 십 인분!
Liǎng ge dàngāo hé shí fèn kǎoròu ba!

STEP 1 발음성조 입에 붙이기
발음성조에 유의하여 한마디씩 추가하며 따라 읽어요.

Liǎng ge dàngāo / hé / shí fèn kǎoròu ba!
Liǎng ge dàngāo / hé / shí fèn kǎoròu ba!
Liǎng ge dàngāo / hé / shí fèn kǎoròu ba!

STEP 2 한자만 보고 읽기
两个蛋糕 / 和 / 十份烤肉吧!

STEP 3 중국어 자동발사
케이크 두 개와 불고기 십 인분!

실전회화 자동발사

🎧 말문트기 워크북_Day10_실전회화.mp3

STEP 1 발음성조 입에 붙이기

- 루루 엄마: Jīntiān lái jǐ ge rén?
- 루루: Yígòng sān ge rén. Tāmen dōu shì wǒ tóngxué.
- 루루 엄마: Wǒmen zhǔnbèi shénme cài?
- 루루: Wǒmen zuò wǔ zhī zhájī, liǎng ge dàngāo hé shí fèn kǎoròu ba!
- 루루 엄마: Xíng!

STEP 2 한자만 보고 읽기

- 루루 엄마: 今天来几个人?
- 루루: 一共三个人。他们都是我同学。
- 루루 엄마: 我们准备什么菜?
- 루루: 我们做五只炸鸡，两个蛋糕和十份烤肉吧！
- 루루 엄마: 行！

STEP 3 중국어 자동발사

- 루루 엄마: 오늘 몇 명 오니?
- 루루: 다 합쳐서 세 명이요. 그들은 모두 제 학교 친구예요.
- 루루 엄마: 우리 무슨 요리 준비할까?
- 루루: 우리 치킨 다섯 마리, 케이크 두 개와 불고기 십 인분 만들어요!
- 루루 엄마: 그렇게 하자!

DAY 11 스무 살이에요.
我二十岁。

📢 핵심 문장 자동발사   🎧 말문트기 워크북_Day11_1~4.mp3

1 好久不见。 오랜만이구나.
Hǎojiǔ bú jiàn.

STEP 1 발음성조 입에 붙이기
발음성조에 유의하여 한마디씩 추가하며 따라 읽어요.
- Hǎojiǔ / bú / jiàn.
- Hǎojiǔ / bú / jiàn.
- Hǎojiǔ / bú / jiàn.

STEP 2 한자만 보고 읽기
好久 / 不 / 见。

STEP 3 중국어 자동발사
오랜만이구나.

2 你多大? 너 몇 살이니?
Nǐ duō dà?

STEP 1 발음성조 입에 붙이기
발음성조에 유의하여 한마디씩 추가하며 따라 읽어요.
- Nǐ / duō / dà?
- Nǐ / duō / dà?
- Nǐ / duō / dà?

STEP 2 한자만 보고 읽기
你 / 多 / 大?

STEP 3 중국어 자동발사
너 몇 살이니?

3 我二十岁。 스무 살이에요.
Wǒ èrshí suì.

STEP 1 발음성조 입에 붙이기
발음성조에 유의하여 한마디씩 추가하며 따라 읽어요.

Wǒ / èrshí / suì.
Wǒ / èrshí / suì.
Wǒ / èrshí / suì.

STEP 2 한자만 보고 읽기
我 / 二十 / 岁。

STEP 3 중국어 자동발사
스무 살이에요.

4 你个子也很高啊！ 키도 크구나!
Nǐ gèzi yě hěn gāo a!

STEP 1 발음성조 입에 붙이기
발음성조에 유의하여 한마디씩 추가하며 따라 읽어요.

Nǐ gèzi / yě hěn / gāo a!
Nǐ gèzi / yě hěn / gāo a!
Nǐ gèzi / yě hěn / gāo a!

STEP 2 한자만 보고 읽기
你个子 / 也很 / 高啊！

STEP 3 중국어 자동발사
키도 크구나!

🔊 실전회화 자동발사
🎧 말문트기 워크북_Day11_실전회화.mp3

STEP 1 발음성조 입에 붙이기

외할아버지: Mínjùn, hǎojiǔ bú jiàn. Nǐ duō dà?
민준: Wǒ èrshí suì.
외할아버지: Nà nǐ shǔ shénme?
민준: Wǒ shǔ hǔ.
외할아버지: Nǐ gèzi yě hěn gāo a!
민준: Duì, wǒ yì mǐ bā.

STEP 2 한자만 보고 읽기

외할아버지: 民俊，好久不见。你多大？
민준: 我二十岁。
외할아버지: 那你属什么？
민준: 我属虎。
외할아버지: 你个子也很高啊！
민준: 对，我一米八。

STEP 3 중국어 자동발사

외할아버지: 민준아, 오랜만이구나. 너 몇 살이니?
민준: 스무 살이에요.
외할아버지: 그럼 너 무슨 띠니?
민준: 저는 호랑이띠예요.
외할아버지: 키도 크구나!
민준: 네, 1미터 80이에요.

DAY 12 이 지갑 얼마예요?
这个钱包多少钱?

바로 듣고 따라하기

📢 핵심 문장 자동발사
말문트기 워크북_Day12_1~4.mp3

1 这个钱包多少钱? 이 지갑 얼마예요?
Zhè ge qiánbāo duōshao qián?

STEP 1 발음성조 입에 붙이기
발음성조에 유의하여 한마디씩 추가하며 따라 읽어요.
- Zhè ge / qiánbāo / duōshao qián?
- Zhè ge / qiánbāo / duōshao qián?
- Zhè ge / qiánbāo / duōshao qián?

STEP 2 한자만 보고 읽기
这个 / 钱包 / 多少钱?

STEP 3 중국어 자동발사
이 지갑 얼마예요?

2 一千八百块钱,打八折。 1,800위안인데, 20% 할인됩니다.
Yìqiān bābǎi kuài qián, dǎ bā zhé.

STEP 1 발음성조 입에 붙이기
발음성조에 유의하여 한마디씩 추가하며 따라 읽어요.
- Yìqiān bābǎi / kuài qián, / dǎ bā zhé.
- Yìqiān bābǎi / kuài qián, / dǎ bā zhé.
- Yìqiān bābǎi / kuài qián, / dǎ bā zhé.

STEP 2 한자만 보고 읽기
一千八百 / 块钱, / 打八折。

STEP 3 중국어 자동발사
1,800위안인데, 20% 할인됩니다.

3 那怎么卖? 그럼 어떻게 팔아요?
Nà zěnme mài?

STEP 1 발음성조 입에 붙이기
발음성조에 유의하여 한마디씩 추가하며 따라 읽어요.

Nà / zěnme / mài?
Nà / zěnme / mài?
Nà / zěnme / mài?

STEP 2 한자만 보고 읽기
那 / 怎么 / 卖?

STEP 3 중국어 자동발사
그럼 어떻게 팔아요?

4 我们还送您一个名片夹。 저희는 또 명함집도 하나 드리고 있어요.
Wǒmen hái sòng nín yí ge míngpiànjiā.

STEP 1 발음성조 입에 붙이기
발음성조에 유의하여 한마디씩 추가하며 따라 읽어요.

Wǒmen / hái sòng nín / yí ge míngpiànjiā.
Wǒmen / hái sòng nín / yí ge míngpiànjiā.
Wǒmen / hái sòng nín / yí ge míngpiànjiā.

STEP 2 한자만 보고 읽기
我们 / 还送您 / 一个名片夹。

STEP 3 중국어 자동발사
저희는 또 명함집도 하나 드리고 있어요.

🔊 실전회화 자동발사

🎧 말문트기 워크북_Day12_실전회화.mp3

STEP 1 발음성조 입에 붙이기

장 과장	Zhè ge qiánbāo duōshao qián?
백화점 직원	Yìqiān bābǎi kuài qián, dǎ bā zhé.
장 과장	Nà zěnme mài?
백화점 직원	Yìqiān sìbǎi sìshí kuài qián.
장 과장	Tài guì le.
백화점 직원	Wǒmen hái sòng nín yí ge míngpiànjiā.

STEP 2 한자만 보고 읽기

장 과장	这个钱包多少钱？
백화점 직원	一千八百块钱，打八折。
장 과장	那怎么卖？
백화점 직원	一千四百四十块钱。
장 과장	太贵了。
백화점 직원	我们还送您一个名片夹。

STEP 3 중국어 자동발사

장 과장	이 지갑 얼마예요?
백화점 직원	1,800위안인데, 20% 할인됩니다.
장 과장	그럼 어떻게 팔아요?
백화점 직원	1,440위안입니다.
장 과장	너무 비싸요.
백화점 직원	저희는 또 명함집도 하나 드리고 있어요.

DAY 13 더 깎아주세요!
再便宜点儿吧!

바로 듣고 따라하기

📢 핵심 문장 자동발사
🎧 말문트기 워크북_Day13_1~4.mp3

1 我买一斤五花肉和一斤辛奇。 삼겹살 한 근과 김치 한 근을 살 거예요.
Wǒ mǎi yì jīn wǔhuāròu hé yì jīn xīnqí.

STEP 1 발음성조 입에 붙이기
발음성조에 유의하여 한마디씩 추가하며 따라 읽어요.

Wǒ mǎi / yì jīn wǔhuāròu / hé yì jīn xīnqí.
Wǒ mǎi / yì jīn wǔhuāròu / hé yì jīn xīnqí.
Wǒ mǎi / yì jīn wǔhuāròu / hé yì jīn xīnqí.

STEP 2 한자만 보고 읽기
我买 / 一斤五花肉 / 和一斤辛奇。

STEP 3 중국어 자동발사
삼겹살 한 근과 김치 한 근을 살 거예요.

2 五花肉二十五块钱一斤。 삼겹살은 한 근에 25위안이에요.
Wǔhuāròu èrshíwǔ kuài qián yì jīn.

STEP 1 발음성조 입에 붙이기
발음성조에 유의하여 한마디씩 추가하며 따라 읽어요.

Wǔhuāròu / èrshíwǔ kuài qián / yì jīn.
Wǔhuāròu / èrshíwǔ kuài qián / yì jīn.
Wǔhuāròu / èrshíwǔ kuài qián / yì jīn.

STEP 2 한자만 보고 읽기
五花肉 / 二十五块钱 / 一斤。

STEP 3 중국어 자동발사
삼겹살은 한 근에 25위안이에요.

3 给你六十块钱吧。 60위안에 드릴게요.
   Gěi nǐ liùshí kuài qián ba.

STEP 1
발음성조 입에 붙이기

발음성조에 유의하여
한마디씩 추가하며
따라 읽어요.

> Gěi nǐ / liùshí kuài qián ba.
>
> Gěi nǐ / liùshí kuài qián ba.

STEP 2
한자만 보고 읽기

> 给你 / 六十块钱吧。

STEP 3
중국어 자동발사

> 60위안에 드릴게요.

4 有点儿贵，再便宜点儿吧！ 조금 비싸네요, 조금 더 깎아주세요!
   Yǒudiǎnr guì, zài piányi diǎnr ba!

STEP 1
발음성조 입에 붙이기

발음성조에 유의하여
한마디씩 추가하며
따라 읽어요.

> Yǒudiǎnr guì, / zài / piányi diǎnr ba!
>
> Yǒudiǎnr guì, / zài / piányi diǎnr ba!
>
> Yǒudiǎnr guì, / zài / piányi diǎnr ba!

STEP 2
한자만 보고 읽기

> 有点儿贵, / 再 / 便宜点儿吧！

STEP 3
중국어 자동발사

> 조금 비싸네요, 조금 더 깎아주세요!

실전회화 자동발사

STEP 1 발음성조 입에 붙이기

동희 씨 　Wǒ mǎi yì jīn wǔhuāròu hé yì jīn xīnqí, zěnme mài?
가게 주인　Wǔhuāròu èrshíwǔ kuài qián yì jīn, xīnqí sìshí kuài qián yì jīn.
동희 씨 　Yígòng duōshao qián?
가게 주인　Yígòng liùshíwǔ kuài qián, gěi nǐ liùshí kuài qián ba.
동희 씨 　Yǒudiǎnr guì, zài piányi diǎnr ba!
가게 주인　Zhēn bù xíng.

STEP 2 한자만 보고 읽기

동희 씨 　我买一斤五花肉和一斤辛奇，怎么卖？
가게 주인　五花肉二十五块钱一斤，辛奇四十块钱一斤。
동희 씨 　一共多少钱？
가게 주인　一共六十五块钱，给你六十块钱吧。
동희 씨 　有点儿贵，再便宜点儿吧！
가게 주인　真不行。

STEP 3 중국어 자동발사

동희 씨 　삼겹살 한 근과 김치 한 근을 살건데, 어떻게 파나요?
가게 주인　삼겹살은 한 근에 25위안이고, 김치는 한 근에 40위안이에요.
동희 씨 　다 합쳐서 얼마예요?
가게 주인　다 합쳐서 65위안인데, 60위안에 드릴게요.
동희 씨 　조금 비싸네요, 조금 더 깎아주세요!
가게 주인　진짜 안 돼요.

DAY 14 당신은 어느 나라 사람이세요?
你是哪国人?

🎧 바로 듣고 따라하기

📢 핵심 문장 자동발사 🎧 말문트기 워크북_Day14_1~4.mp3

1 这是谁的手册? 이것은 누구 수첩이에요?
Zhè shì shéi de shǒucè?

STEP 1 발음성조 입에 붙이기
발음성조에 유의하여 한마디씩 추가하며 따라 읽어요.

Zhè shì / shéi de / shǒucè?
Zhè shì / shéi de / shǒucè?
Zhè shì / shéi de / shǒucè?

STEP 2 한자만 보고 읽기
这是 / 谁的 / 手册?

STEP 3 중국어 자동발사
이것은 누구 수첩이에요?

2 你是哪国人? 당신은 어느 나라 사람이세요?
Nǐ shì nǎ guó rén?

STEP 1 발음성조 입에 붙이기
발음성조에 유의하여 한마디씩 추가하며 따라 읽어요.

Nǐ shì / nǎ / guó rén?
Nǐ shì / nǎ / guó rén?
Nǐ shì / nǎ / guó rén?

STEP 2 한자만 보고 읽기
你是 / 哪 / 国人?

STEP 3 중국어 자동발사
당신은 어느 나라 사람이세요?

3 你叫什么名字? 당신은 이름이 어떻게 되시죠?
Nǐ jiào shénme míngzi?

STEP 1 발음성조 입에 붙이기
발음성조에 유의하여
한마디씩 추가하며
따라 읽어요.

Nǐ jiào / shénme / míngzi?
Nǐ jiào / shénme / míngzi?
Nǐ jiào / shénme / míngzi?

STEP 2 한자만 보고 읽기
你叫 / 什么 / 名字?

STEP 3 중국어 자동발사
당신은 이름이 어떻게 되시죠?

4 认识你很高兴。 만나서 반갑습니다.
Rènshi nǐ hěn gāoxìng.

STEP 1 발음성조 입에 붙이기
발음성조에 유의하여
한마디씩 추가하며
따라 읽어요.

Rènshi nǐ / hěn / gāoxìng.
Rènshi nǐ / hěn / gāoxìng.
Rènshi nǐ / hěn / gāoxìng.

STEP 2 한자만 보고 읽기
认识你 / 很 / 高兴。

STEP 3 중국어 자동발사
만나서 반갑습니다.

📣 실전회화 자동발사

🎧 말문트기 워크북_Day14_실전회화.mp3

STEP 1 발음성조 입에 붙이기

- 동희 씨 Zhè shì shéi de shǒucè?
- 모모코 Nà shì wǒ de shǒucè.
- 동희 씨 Nǐ shì nǎ guó rén?
- 모모코 Wǒ shì Rìběn rén.
- 동희 씨 À, shì ma? Wǒ jiào Lǐ Dōngxǐ. Nǐ jiào shénme míngzi?
- 모모코 Wǒ jiào Táozǐ. Rènshi nǐ hěn gāoxìng.

STEP 2 한자만 보고 읽기

- 동희 씨 这是谁的手册?
- 모모코 那是我的手册。
- 동희 씨 你是哪国人?
- 모모코 我是日本人。
- 동희 씨 啊,是吗? 我叫李东喜。你叫什么名字?
- 모모코 我叫桃子。认识你很高兴。

STEP 3 중국어 자동발사

- 동희 씨 이것은 누구 수첩이에요?
- 모모코 그것은 제 수첩이에요.
- 동희 씨 당신은 어느 나라 사람이세요?
- 모모코 저는 일본인이에요.
- 동희 씨 아, 그러시군요? 저는 이동희라고 합니다. 당신은 이름이 어떻게 되시죠?
- 모모코 저는 모모코라고 해요. 만나서 반갑습니다.

DAY 15 뭐 드셨어요?
您吃了什么?

🔊 핵심 문장 자동발사
🎧 말문트기 워크북_Day15_1~4.mp3

1 您吃了什么? 뭐 드셨어요?
Nín chīle shénme?

STEP 1 발음성조 입에 붙이기
발음성조에 유의하여 한마디씩 추가하며 따라 읽어요.

Nín / chīle / shénme?
Nín / chīle / shénme?
Nín / chīle / shénme?

STEP 2 한자만 보고 읽기
您 / 吃了 / 什么?

STEP 3 중국어 자동발사
뭐 드셨어요?

2 我吃了一碗意大利面。 저는 스파게티 먹었어요.
Wǒ chīle yì wǎn Yìdàlìmiàn.

STEP 1 발음성조 입에 붙이기
발음성조에 유의하여 한마디씩 추가하며 따라 읽어요.

Wǒ chīle / yì wǎn / Yìdàlìmiàn.
Wǒ chīle / yì wǎn / Yìdàlìmiàn.
Wǒ chīle / yì wǎn / Yìdàlìmiàn.

STEP 2 한자만 보고 읽기
我吃了 / 一碗 / 意大利面。

STEP 3 중국어 자동발사
저는 스파게티 먹었어요.

3 你吃饭了吗? 당신은 밥 먹었어요?
Nǐ chī fàn le ma?

STEP 1 발음성조 입에 붙이기

발음성조에 유의하여
한마디씩 추가하며
따라 읽어요.

Nǐ / chī / fàn le ma?

Nǐ / chī / fàn le ma?

Nǐ / chī / fàn le ma?

STEP 2 한자만 보고 읽기

你 / 吃 / 饭了吗?

STEP 3 중국어 자동발사

당신은 밥 먹었어요?

4 下次一起吃吧。 다음번에 같이 먹어요.
Xiàcì yìqǐ chī ba.

STEP 1 발음성조 입에 붙이기

발음성조에 유의하여
한마디씩 추가하며
따라 읽어요.

Xiàcì / yìqǐ / chī ba.

Xiàcì / yìqǐ / chī ba.

Xiàcì / yìqǐ / chī ba.

STEP 2 한자만 보고 읽기

下次 / 一起 / 吃吧。

STEP 3 중국어 자동발사

다음번에 같이 먹어요.

실전회화 자동발사

🎧 말문트기 워크북_Day15_실전회화.mp3

STEP 1 발음성조 입에 붙이기

동희 씨 Nín chīle shénme?
장 과장 Wǒ chīle yì wǎn Yìdàlìmiàn.
동희 씨 Hǎochī ma?
장 과장 Hěn hǎochī, nǐ chī fàn le ma?
동희 씨 Wǒ méiyǒu chī. Wǒ tài máng le.
장 과장 Xiàcì yìqǐ chī ba. Wǒ qǐngkè.

STEP 2 한자만 보고 읽기

동희 씨 您吃了什么?
장 과장 我吃了一碗意大利面。
동희 씨 好吃吗?
장 과장 很好吃, 你吃饭了吗?
동희 씨 我没有吃。我太忙了。
장 과장 下次一起吃吧。我请客。

STEP 3 중국어 자동발사

동희 씨 뭐 드셨어요?
장 과장 저는 스파게티 먹었어요.
동희 씨 맛있었나요?
장 과장 맛있었어요. 당신(동희 씨)은 밥 먹었어요?
동희 씨 저는 안 먹었어요. 바빠서요.
장 과장 다음번에 같이 먹어요. 내가 살게요.

DAY 16 제주도 가고 싶다!
我想去济州岛!

바로 듣고 따라하기

📢 핵심 문장 자동발사
🎧 말문트기 워크북_Day16_1~4.mp3

1 我想去济州岛! 제주도 가고 싶다!
　　Wǒ xiǎng qù　Jìzhōudǎo!

- **STEP 1** 발음성조 입에 붙이기
  발음성조에 유의하여 한마디씩 추가하며 따라 읽어요.
  - Wǒ xiǎng / qù / Jìzhōudǎo!
  - Wǒ xiǎng / qù / Jìzhōudǎo!
  - Wǒ xiǎng / qù / Jìzhōudǎo!

- **STEP 2** 한자만 보고 읽기
  - 我想 / 去 / 济州岛!

- **STEP 3** 중국어 자동발사
  - 제주도 가고 싶다!

2 你想做什么? 너는 뭐하고 싶어?
　　Nǐ xiǎng zuò shénme?

- **STEP 1** 발음성조 입에 붙이기
  발음성조에 유의하여 한마디씩 추가하며 따라 읽어요.
  - Nǐ xiǎng / zuò shénme?
  - Nǐ xiǎng / zuò shénme?

- **STEP 2** 한자만 보고 읽기
  - 你想 / 做什么?

- **STEP 3** 중국어 자동발사
  - 너는 뭐하고 싶어?

DAY 16 제주도 가고 싶다! 我想去济州岛! **47**

3 **我喜欢看大海。** 난 바다 보는 것을 좋아해.
Wǒ xǐhuan kàn dàhǎi.

STEP 1
발음성조 입에 붙이기

발음성조에 유의하여
한마디씩 추가하며
따라 읽어요.

Wǒ xǐhuan / kàn / dàhǎi.
Wǒ xǐhuan / kàn / dàhǎi.
Wǒ xǐhuan / kàn / dàhǎi.

STEP 2
한자만 보고 읽기

我喜欢 / 看 / 大海。

STEP 3
중국어 자동발사

난 바다 보는 것을 좋아해.

4 **我想跟男朋友一起看蓝色的大海。** 남자친구랑 같이 푸른 바다를 보고 싶어.
Wǒ xiǎng gēn nánpéngyou yìqǐ kàn lánsè de dàhǎi.

STEP 1
발음성조 입에 붙이기

발음성조에 유의하여
한마디씩 추가하며
따라 읽어요.

Wǒ xiǎng gēn / nánpéngyou / yìqǐ kàn / lánsè de dàhǎi.
Wǒ xiǎng gēn / nánpéngyou / yìqǐ kàn / lánsè de dàhǎi.
Wǒ xiǎng gēn / nánpéngyou / yìqǐ kàn / lánsè de dàhǎi.
Wǒ xiǎng gēn / nánpéngyou / yìqǐ kàn / lánsè de dàhǎi.

STEP 2
한자만 보고 읽기

我想跟 / 男朋友 / 一起看 / 蓝色的大海。

STEP 3
중국어 자동발사

남자친구랑 같이 푸른 바다를 보고 싶어.

🔊 실전회화 자동발사   🎧 말문트기 워크북_Day16_실전회화.mp3

STEP 1. 발음성조 입에 붙이기

루루 À, wǒ xiǎng qù Jìzhōudǎo!
민준 Wǒ yě xiǎng qù. Wǒ xiǎng chī shēngyúpiàn. Nǐ xiǎng zuò shénme?
루루 Wǒ xiǎng kàn rìchū.
민준 Wǒ hái xiǎng pá Hànnáshān. Wǒ de àihào shì páshān. Nǐ ne?
루루 Wǒ bù xǐhuan páshān, wǒ xǐhuan kàn dàhǎi. Wǒ xiǎng gēn nánpéngyou yìqǐ kàn lánsè de dàhǎi.
민준 Wǒ yě xiǎng gēn nǔpéngyou yìqǐ kàn lánsè de dàhǎi!

STEP 2. 한자만 보고 읽기

루루 啊,我想去济州岛!
민준 我也想去。我想吃生鱼片。你想做什么?
루루 我想看日出。
민준 我还想爬汉拿山。我的爱好是爬山。你呢?
루루 我不喜欢爬山,我喜欢看大海。我想跟男朋友一起看蓝色的大海。
민준 我也想跟女朋友一起看蓝色的大海!

STEP 3. 중국어 자동발사

루루 아, 제주도 가고 싶다!
민준 나도 가고 싶어. 나는 회 먹고 싶네. 너는 뭐하고 싶어?
루루 나는 일출을 보고 싶어.
민준 나는 한라산도 오르고 싶어. 내 취미가 등산이거든, 너는?
루루 나는 등산 안 좋아해, 난 바다 보는 것을 좋아해. 남자친구랑 같이 푸른 바다를 보고 싶어.
민준 나도 여자친구랑 같이 푸른 바다를 보고 싶어!

DAY 17 야근해야 할 것 같아요.
我觉得我要加班。

핵심 문장 자동발사
말문트기 워크북_Day17_1~4.mp3

1 我要下班。 전 퇴근할 거예요.
Wǒ yào xiàbān.

STEP 1 발음성조 입에 붙이기
발음성조에 유의하여 한마디씩 추가하며 따라 읽어요.

Wǒ yào / xiàbān.
Wǒ yào / xiàbān.

STEP 2 한자만 보고 읽기
我要 / 下班。

STEP 3 중국어 자동발사
전 퇴근할 거예요.

2 你打算几点下班? 몇 시에 퇴근할 계획이에요?
Nǐ dǎsuan jǐ diǎn xiàbān?

STEP 1 발음성조 입에 붙이기
발음성조에 유의하여 한마디씩 추가하며 따라 읽어요.

Nǐ dǎsuan / jǐ diǎn / xiàbān?
Nǐ dǎsuan / jǐ diǎn / xiàbān?
Nǐ dǎsuan / jǐ diǎn / xiàbān?

STEP 2 한자만 보고 읽기
你打算 / 几点 / 下班?

STEP 3 중국어 자동발사
몇 시에 퇴근할 계획이에요?

3 我觉得我要加班。 야근해야 할 것 같아요.
　　Wǒ　juéde　wǒ yào　jiābān.

STEP 1 발음성조 입에 붙이기
발음성조에 유의하여 한마디씩 추가하며 따라 읽어요.

Wǒ juéde / wǒ yào / jiābān.
Wǒ juéde / wǒ yào / jiābān.
Wǒ juéde / wǒ yào / jiābān.

STEP 2 한자만 보고 읽기

我觉得 / 我要 / 加班。

STEP 3 중국어 자동발사

야근해야 할 것 같아요.

4 会议已经取消了。 회의는 이미 취소되었어요.
　　Huìyì　yǐjing　qǔxiāo le.

STEP 1 발음성조 입에 붙이기
발음성조에 유의하여 한마디씩 추가하며 따라 읽어요.

Huìyì / yǐjing / qǔxiāo le.
Huìyì / yǐjing / qǔxiāo le.
Huìyì / yǐjing / qǔxiāo le.

STEP 2 한자만 보고 읽기

会议 / 已经 / 取消了。

STEP 3 중국어 자동발사

회의는 이미 취소되었어요.

DAY 17 야근해야 할 것 같아요. **我觉得我要加班。**

📢 실전회화 자동발사

STEP 1 발음성조 입에 붙이기

미래 씨 Wǒ yào xiàbān. Nǐ dǎsuan jǐ diǎn xiàbān?
동희 씨 Bù zhīdào. Wǒ juéde wǒ yào jiābān.
미래 씨 Wèishénme? Nǐ hái yǒu hěn duō shì ma?
동희 씨 Wǒ yào zhǔnbèi huìyì.
미래 씨 Wǒ juéde nǐ bú yòng zhǔnbèi, huìyì yǐjing qǔxiāo le.

STEP 2 한자만 보고 읽기

미래 씨 我要下班。你打算几点下班?
동희 씨 不知道。我觉得我要加班。
미래 씨 为什么? 你还有很多事吗?
동희 씨 我要准备会议。
미래 씨 我觉得你不用准备，会议已经取消了。

STEP 3 중국어 자동발사

미래 씨 전 퇴근할 거예요. 몇 시에 퇴근할 계획이에요?
동희 씨 모르겠어요. 야근해야 할 것 같아요.
미래 씨 왜요? 할 일이 아직 많이 있어요?
동희 씨 저는 회의를 준비해야 해서요.
미래 씨 준비할 필요 없을 것 같아요, 회의는 이미 취소되었어요.

DAY 18 운전할 줄 알아요 몰라요?
你会不会开车?

📢 핵심 문장 자동발사 말문트기 워크북_Day18_1~4.mp3

1 你也能一起去吗? 당신도 같이 갈 수 있나요?
Nǐ yě néng yìqǐ qù ma?

STEP 1 발음성조 입에 붙이기
발음성조에 유의하여 한마디씩 추가하며 따라 읽어요.

Nǐ yě néng / yìqǐ / qù ma?
Nǐ yě néng / yìqǐ / qù ma?
Nǐ yě néng / yìqǐ / qù ma?

STEP 2 한자만 보고 읽기
你也能 / 一起 / 去吗?

STEP 3 중국어 자동발사
당신도 같이 갈 수 있나요?

2 你会不会开车? 운전할 줄 알아요 몰라요?
Nǐ huì bu huì kāichē?

STEP 1 발음성조 입에 붙이기
발음성조에 유의하여 한마디씩 추가하며 따라 읽어요.

Nǐ / huì bu huì / kāichē?
Nǐ / huì bu huì / kāichē?
Nǐ / huì bu huì / kāichē?

STEP 2 한자만 보고 읽기
你 / 会不会 / 开车?

STEP 3 중국어 자동발사
운전할 줄 알아요 몰라요?

3 你会说英语吧? 영어 할 줄 알죠?
Nǐ huì shuō Yīngyǔ ba?

STEP 1 발음성조 입에 붙이기
발음성조에 유의하여 한마디씩 추가하며 따라 읽어요.

Nǐ / huì shuō / Yīngyǔ ba?
Nǐ / huì shuō / Yīngyǔ ba?
Nǐ / huì shuō / Yīngyǔ ba?

STEP 2 한자만 보고 읽기
你 / 会说 / 英语吧?

STEP 3 중국어 자동발사
영어 할 줄 알죠?

4 请给我车钥匙。 저에게 차 열쇠를 주세요.
Qǐng gěi wǒ chē yàoshi.

STEP 1 발음성조 입에 붙이기
발음성조에 유의하여 한마디씩 추가하며 따라 읽어요.

Qǐng gěi wǒ / chē yàoshi.
Qǐng gěi wǒ / chē yàoshi.

STEP 2 한자만 보고 읽기
请给我 / 车钥匙。

STEP 3 중국어 자동발사
저에게 차 열쇠를 주세요.

🔊 실전회화 자동발사

🎧 말문트기 워크북_Day18_실전회화.mp3

STEP 1 발음성조 입에 붙이기

장 과장: Měilái, wǒ xiànzài yào gēn Shǐdìfū huáxuě, nǐ yě néng yìqǐ qù ma?
미래 씨: Hǎo, wǒ néng qù.
장 과장: Nǐ huì bu huì kāichē?
미래 씨: Huì, nà wǒ kāi, kěyǐ ma?
장 과장: Kěyǐ. Nǐ huì shuō Yīngyǔ ba?
미래 씨: Wǒ huì, qǐng gěi wǒ chē yàoshi.

STEP 2 한자만 보고 읽기

장 과장: 美来, 我现在要跟史蒂夫滑雪, 你也能一起去吗?
미래 씨: 好, 我能去。
장 과장: 你会不会开车?
미래 씨: 会, 那我开, 可以吗?
장 과장: 可以。你会说英语吧?
미래 씨: 我会, 请给我车钥匙。

STEP 3 중국어 자동발사

장 과장: 미래 씨, 나 지금 스티브랑 스키 탈 건데, 당신(미래 씨)도 같이 갈 수 있나요?
미래 씨: 네, 갈 수 있어요.
장 과장: 운전할 줄 알아요 몰라요?
미래 씨: 할 줄 알아요. 그럼 제가 운전하겠습니다, 해도 되나요?
장 과장: 해도 돼요. 영어 할 줄 알죠?
미래 씨: 할 줄 압니다. 저에게 차 열쇠를 주세요.

DAY 19 사장님 어디 계세요?
总经理在哪儿?

바로 듣고 따라하기

📢 핵심 문장 자동발사   🎧 말문트기 워크북_Day19_1~6.mp3

1 总经理在哪儿? 사장님 어디 계세요?
Zǒngjīnglǐ zài nǎr?

STEP 1 발음성조 입에 붙이기
발음성조에 유의하여 한마디씩 추가하며 따라 읽어요.

Zǒngjīnglǐ / zài nǎr?
Zǒngjīnglǐ / zài nǎr?

STEP 2 한자만 보고 읽기
总经理 / 在哪儿?

STEP 3 중국어 자동발사
사장님 어디 계세요?

2 他在办公室吗? 그는 사무실에 계신가요?
Tā zài bàngōngshì ma?

STEP 1 발음성조 입에 붙이기
발음성조에 유의하여 한마디씩 추가하며 따라 읽어요.

Tā zài / bàngōngshì ma?
Tā zài / bàngōngshì ma?

STEP 2 한자만 보고 읽기
他在 / 办公室吗?

STEP 3 중국어 자동발사
그는 사무실에 계신가요?

3 他在附近的餐厅。 그는 근처 식당에 계세요.
Tā zài fùjìn de cāntīng.

STEP 1 발음성조 입에 붙이기
발음성조에 유의하여 한마디씩 추가하며 따라 읽어요.

Tā zài / fùjìn de / cāntīng.
Tā zài / fùjìn de / cāntīng.
Tā zài / fùjìn de / cāntīng.

STEP 2 한자만 보고 읽기
他在 / 附近的 / 餐厅。

STEP 3 중국어 자동발사
그는 근처 식당에 계세요.

4 我要给他一份文件。 그에게 서류 한 부를 드려야 하거든요.
Wǒ yào gěi tā yí fèn wénjiàn.

STEP 1 발음성조 입에 붙이기
발음성조에 유의하여 한마디씩 추가하며 따라 읽어요.

Wǒ yào / gěi tā / yí fèn wénjiàn.
Wǒ yào / gěi tā / yí fèn wénjiàn.
Wǒ yào / gěi tā / yí fèn wénjiàn.

STEP 2 한자만 보고 읽기
我要 / 给他 / 一份文件。

STEP 3 중국어 자동발사
그에게 서류 한 부를 드려야 하거든요.

5 他和客人在那儿开会。 그는 손님과 거기서 회의하시는데요.
Tā hé kèrén zài nàr kāihuì.

STEP 1 발음성조 입에 붙이기

발음성조에 유의하여 한마디씩 추가하며 따라 읽어요.

Tā / hé kèrén / zài nàr / kāihuì.
Tā / hé kèrén / zài nàr / kāihuì.
Tā / hé kèrén / zài nàr / kāihuì.
Tā / hé kèrén / zài nàr / kāihuì.

STEP 2 한자만 보고 읽기

他 / 和客人 / 在那儿 / 开会。

STEP 3 중국어 자동발사

그는 손님과 거기서 회의하시는데요.

6 那请给他这个文件袋。 그럼 그에게 이 서류 봉투를 전달해 주세요.
Nà qǐng gěi tā zhè ge wénjiàn dài.

STEP 1 발음성조 입에 붙이기

발음성조에 유의하여 한마디씩 추가하며 따라 읽어요.

Nà / qǐng gěi tā / zhè ge / wénjiàn dài.
Nà / qǐng gěi tā / zhè ge / wénjiàn dài.
Nà / qǐng gěi tā / zhè ge / wénjiàn dài.
Nà / qǐng gěi tā / zhè ge / wénjiàn dài.

STEP 2 한자만 보고 읽기

那 / 请给他 / 这个 / 文件袋。

STEP 3 중국어 자동발사

그럼 그에게 이 서류 봉투를 전달해 주세요.

🔊 실전회화 자동발사

🎧 말문트기 워크북_Day19_실전회화.mp3

STEP 1 발음성조 입에 붙이기

동희 씨 Qǐngwèn, zǒngjīnglǐ zài nǎr? Tā zài bàngōngshì ma?
미래 씨 Tā bú zài, tā zài fùjìn de cāntīng. Nǐ yǒu shénme shì?
동희 씨 Wǒ yào gěi tā yí fèn wénjiàn.
미래 씨 Tā hé kèrén zài nàr kāihuì.
동희 씨 Nà qǐng gěi tā zhè ge wénjiàn dài.
미래 씨 Méi wèntí!

STEP 2 한자만 보고 읽기

동희 씨 请问，总经理在哪儿？他在办公室吗？
미래 씨 他不在，他在附近的餐厅。你有什么事？
동희 씨 我要给他一份文件。
미래 씨 他和客人在那儿开会。
동희 씨 那请给他这个文件袋。
미래 씨 没问题！

STEP 3 중국어 자동발사

동희 씨 뭐 좀 물을게요, 사장님 어디 계세요? 그는 사무실에 계신가요?
미래 씨 그는 안 계세요, 그는 근처 식당에 계세요. 무슨 일이세요?
동희 씨 그(사장님)에게 서류 한 부를 드려야 하거든요.
미래 씨 그(사장님)는 손님과 거기서 회의하시는데요.
동희 씨 그럼 그(사장님)에게 이 서류 봉투를 전달해 주세요.
미래 씨 그러죠!

DAY 20 카페는 공원 안쪽에 있어요.
咖啡厅在公园里边。

바로 듣고 따라하기

📢 핵심 문장 자동발사
🎧 말문트기 워크북_Day20_1~6.mp3

1 我想喝一杯冰咖啡。 아이스 커피 한 잔 마시고 싶네요.
Wǒ xiǎng hē yì bēi bīng kāfēi.

STEP 1 발음성조 입에 붙이기
발음성조에 유의하여 한마디씩 추가하며 따라 읽어요.

Wǒ xiǎng / hē yì bēi / bīng kāfēi.
Wǒ xiǎng / hē yì bēi / bīng kāfēi.
Wǒ xiǎng / hē yì bēi / bīng kāfēi.

STEP 2 한자만 보고 읽기
我想 / 喝一杯 / 冰咖啡。

STEP 3 중국어 자동발사
아이스 커피 한 잔 마시고 싶네요.

2 公园旁边有咖啡厅吗? 공원 옆쪽에 카페가 있나요?
Gōngyuán pángbiān yǒu kāfēitīng ma?

STEP 1 발음성조 입에 붙이기
발음성조에 유의하여 한마디씩 추가하며 따라 읽어요.

Gōngyuán / pángbiān / yǒu kāfēitīng ma?
Gōngyuán / pángbiān / yǒu kāfēitīng ma?
Gōngyuán / pángbiān / yǒu kāfēitīng ma?

STEP 2 한자만 보고 읽기
公园 / 旁边 / 有咖啡厅吗?

STEP 3 중국어 자동발사
공원 옆쪽에 카페가 있나요?

3 公园旁边是餐厅。 공원 옆쪽은 식당이에요.
Gōngyuán pángbiān shì cāntīng.

STEP 1 발음성조 입에 붙이기
발음성조에 유의하여 한마디씩 추가하며 따라 읽어요.

Gōngyuán pángbiān / shì cāntīng.
Gōngyuán pángbiān / shì cāntīng.

STEP 2 한자만 보고 읽기

公园旁边 / 是餐厅。

STEP 3 중국어 자동발사

공원 옆쪽은 식당이에요.

4 咖啡厅在公园里边。 카페는 공원 안쪽에 있어요.
Kāfēitīng zài gōngyuán lǐbian.

STEP 1 발음성조 입에 붙이기
발음성조에 유의하여 한마디씩 추가하며 따라 읽어요.

Kāfēitīng / zài / gōngyuán lǐbian.
Kāfēitīng / zài / gōngyuán lǐbian.
Kāfēitīng / zài / gōngyuán lǐbian.

STEP 2 한자만 보고 읽기

咖啡厅 / 在 / 公园里边。

STEP 3 중국어 자동발사

카페는 공원 안쪽에 있어요.

5 公园远不远? 공원이 멀어요 안 멀어요?
Gōngyuán yuǎn bu yuǎn?

STEP 1 발음성조 입에 붙이기
발음성조에 유의하여 한마디씩 추가하며 따라 읽어요.

Gōngyuán / yuǎn bu yuǎn?
Gōngyuán / yuǎn bu yuǎn?

STEP 2 한자만 보고 읽기
公园 / 远不远?

STEP 3 중국어 자동발사
공원이 멀어요 안 멀어요?

6 公园就在那座大楼后边。 공원이 저 건물 뒤쪽에 바로 있어요.
Gōngyuán jiù zài nà zuò dàlóu hòubian.

STEP 1 발음성조 입에 붙이기
발음성조에 유의하여 한마디씩 추가하며 따라 읽어요.

Gōngyuán / jiù zài / nà zuò dàlóu / hòubian.
Gōngyuán / jiù zài / nà zuò dàlóu / hòubian.
Gōngyuán / jiù zài / nà zuò dàlóu / hòubian.
Gōngyuán / jiù zài / nà zuò dàlóu / hòubian.

STEP 2 한자만 보고 읽기
公园 / 就在 / 那座大楼 / 后边。

STEP 3 중국어 자동발사
공원이 저 건물 뒤쪽에 바로 있어요.

🔊 실전회화 자동발사

🎧 말문트기 워크북_Day20_실전회화.mp3

STEP 1 발음성조 입에 붙이기

장 과장 Wǒ xiǎng hē yì bēi bīng kāfēi. Gōngyuán pángbiān yǒu kāfēitīng ma?
동희 씨 Méiyǒu, gōngyuán pángbiān shì cāntīng. Kāfēitīng zài gōngyuán lǐbian.
장 과장 Gōngyuán yuǎn bu yuǎn?
동희 씨 Bú tài yuǎn, hěn jìn. Gōngyuán jiù zài nà zuò dàlóu hòubian.
장 과장 Tài yuǎn le!

STEP 2 한자만 보고 읽기

장 과장 我想喝一杯冰咖啡。公园旁边有咖啡厅吗?
동희 씨 没有，公园旁边是餐厅。咖啡厅在公园里边。
장 과장 公园远不远?
동희 씨 不太远，很近。公园就在那座大楼后边。
장 과장 太远了!

STEP 3 중국어 자동발사

장 과장 아이스 커피 한 잔 마시고 싶네요. 공원 옆쪽에 카페가 있나요?
동희 씨 없습니다, 공원 옆쪽은 식당이에요. 카페는 공원 안쪽에 있어요.
장 과장 공원이 멀어요 안 멀어요?
동희 씨 별로 안 멀어요, 가깝습니다. 공원이 저 건물 뒤쪽에 바로 있어요.
장 과장 너무 멀잖아요!

DAY 20 카페는 공원 안쪽에 있어요. 咖啡厅在公园里边。

Nǐhǎo

해커스 중국어
china.Hackers.com

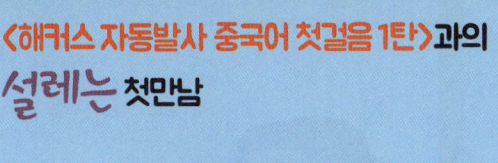

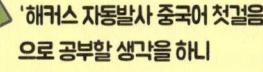

목차 학습 내용 들여다보기

중국어 공부 뭐부터 해야 할까요? 8p
중국어의 기본은 알고 가요! 10p

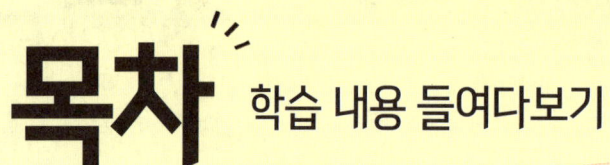

익히는 재미가 솔솔, 중국어 발음 ---- 12p
성모, 운모, 성조, 왕초보가 가장 헷갈리는 발음

DAY 01 잘 지내? 你好吗? 32
- 회화 "반갑다 친구야"
- 어법 인칭대명사, 어기조사 呢
- 표현 중국어 인사말
- 문화 "첫만남에 니하오마?"

DAY 02 바빠요? 你忙吗? 44
- 회화 "괜히 바쁜 신입사원 이동희"
- 어법 형용사술어문, 부정부사 不, 吗?의문문
- 표현 기본 형용사
- 문화 "음식을 남겨야 예의 바르다!"

DAY 03 너 커피 마시니? 你喝咖啡吗? 56
- 회화 "빵은 혼자 먹어야 제 맛"
- 어법 동사술어문, 부정부사 不, 吗?의문문
- 표현 기본 동사, 마실 것/먹을 것 표현
- 문화 "차(茶) 없이는 못 살아!"

DAY 04 너는 TV 봐 안 봐? 你看不看电视? 68
- 회화 "데이트 신청인지 아닌지?"
- 어법 정반의문문, 어기조사 吧, 一起
- 표현 동사/형용사 정반의문문, 보는 것 표현
- 문화 "배우가 직접 분장하는 경극(京剧)"

DAY 05 당신은 학생인가요? 你是学生吗? 80
- 회화 "요리조리 학생 찾아 삼만리"
- 어법 A 是 B, A 不是 B, A 是 B 吗?, A 是不是 B?
- 표현 직업 표현, 관계 표현
- 문화 "명문대 입학보다 쉬운 하늘의 별 따기!"

DAY 06 이건 뭐죠? 这是什么? 92
- 회화 "이것저것 캐묻는 김 사장님"
- 어법 지시대명사 这/那, 의문대명사 什么, 구조조사 的
- 표현 사무용품, 주방용품
- 문화 "젓가락이 제일 긴 나라는?"

DAY 07 이들은 누구예요? 他们是谁? 106
- 회화 "가족사진인데 누구? 동희 씨?"
- 어법 의문대명사 谁, 的의 생략, 정도부사
- 표현 가족
- 문화 "중국에는 소황제가 5억 명 이상!"

DAY 08 나 중국어 책 있어. 我有汉语书。 118
- 회화 "민준이는 없는데 루루만 있는 것?"
- 어법 有자문, 의문대명사 为什么, 但是
- 표현 추상명사, 사물명사
- 문화 "중국 여행 중 핸드폰 분실!!!"

DAY 09 숟가락 네 개 주세요! 给我四个勺子! 132
- 회화 "아이스크림 한 컵을 네 명이 먹는 법"
- 어법 수사와 양사, 给, 선택의문문 还是, 형용사+的
- 표현 숫자 읽는 방법, 양사
- 문화 "오리야, 오리야, 베이징 카오야"

DAY 10 오늘 몇 명 오니? 今天来几个人? 146
- 회화 "몇 인분이나 먹는 건지?"
- 어법 의문사 几, 什么+명사, 一共
- 표현 직업, 음식
- 문화 "중국식 샤브샤브~!"

- 중국어 말문트기 워크북
- 교재 학습 MP3
- 자동발사 단어카드 (스마트폰 학습용 PDF)
- 쓰면서 외우는 자동발사 단어암기장 (HSK 1·2급 단어 300 PDF)
- 해커스 자동발사 중국어 팟캐스트

해커스 중국어 다운로드
china.Hackers.com

DAY 11 스무 살이에요.   158
我二十岁。

- 회화 "손자 나이는 미스터리"
- 어법 명사술어문, 나이를 묻는 방법, 의문사 多~
- 표현 길이/무게 단위, 띠, 판다/고양이
- 문화 "나는 120근이에요."

DAY 12 이 지갑 얼마예요?   172
这个钱包多少钱？

- 회화 "가격이 너무해"
- 어법 의문사 多少, 打折, 의문대명사 怎么, 还
- 표현 중국 화폐, 금액 말하는 방법
- 문화 "한국은 990원, 중국은 88위안!"

DAY 13 더 깎아주세요!   186
再便宜点儿吧！

- 회화 "주인님 할인을 베푸소서"
- 어법 再, 有点儿／一点儿
- 표현 채소와 과일, 贵／便宜를 활용한 가격 흥정 표현, 할인／우대 표현
- 문화 "중국에서 배우는 흥정 스킬!"

DAY 14 당신은 어느 나라 사람이세요?   198
你是哪国人？

- 회화 "사심에는 국경도 없다"
- 어법 의문대명사 哪, 동사 叫, 认识
- 표현 나라, 이름
- 문화 "중국에 가장 많은 성씨 2위는 왕씨, 1위는?"

DAY 15 뭐 드셨어요?   210
您吃了什么？

- 회화 "점심값 굳히기 전략"
- 어법 동사+了+목적어, 没(有)와 不 구별하기, 请客
- 표현 편의점 음식, 분식
- 문화 "아침은 야외에서 품격 있게!"

DAY 16 제주도 가고 싶다!   224
我想去济州岛！

- 회화 "민준이의 핑크빛 꿈"
- 어법 조동사 想, 跟, 喜欢
- 표현 취미, 색깔
- 문화 "중국 기념품점은 온통 빨간색!"

DAY 17 야근해야 할 것 같아요.   236
我觉得我要加班。

- 회화 "야근에서 퇴근으로"
- 어법 조동사 要, 打算, 觉得
- 표현 회사 관련 표현
- 문화 "중국 회식은 몇 차에서 끝날까요?"

DAY 18 운전할 줄 알아요 몰라요?   250
你会不会开车？

- 회화 "미래 씨 사전에 불가능은 없다"
- 어법 조동사 能/可以/会
- 표현 언어, 스포츠
- 문화 "스타벅스 간판을 못 읽어요!!!"

DAY 19 사장님 어디 계세요?   264
总经理在哪儿？

- 회화 "사장님은 부재중"
- 어법 의문대명사 哪儿, 在
- 표현 다양한 장소
- 문화 "이것만 있으면 중국도 우리 동네!"

DAY 20 카페는 공원 안쪽에 있어요.   276
咖啡厅在公园里边。

- 회화 "좌충우돌 동희 씨"
- 어법 방위사, 有, 在, 是
- 표현 복합 방위사
- 문화 "중국인들이 공원에서 주로 하는 것은?"

중국어 공부 뭐부터 해야 할까요?

중국어로 빨리 말하고 싶은데 뭐부터 해야 할까요?

중국어 발음을 먼저 익힌 다음 실전회화와 확장표현을 집중적으로 학습합니다.
하루 30분 20일이면 중국어가 입에서 자동발사돼요!!!

중국어 말문트기 집중 학습법 <하루 30분, 20일 완성!>

• 중국어 발음 먼저 익히기
① 중국어 발음 차근차근 버전 MP3를 사용하여 성모, 운모, 성조를 천천히 학습합니다.
② 신나는 챈트 버전 MP3로 성모, 운모, 성조를 여러 번 따라하면 중국어 발음이 입에 붙어요.

각 DAY 학습 순서   20개의 각 DAY를 아래 순서로 학습하면 중국어 말문이 트여요.

1 실전회화로 중국어 말문트기
① 재미있는 만화로 스토리를 먼저 읽고 <왕초보 단어 미리보기>로 단어를 확인한 후, 실전회화를 여러 번 따라 읽어요.
② 중국 드라마처럼 녹음된 <실전회화 드라마 MP3>를 들으며 중국인을 흉내 내듯이 따라 읽어요.

2 확장표현을 통문장으로 따라하여 중국어 말문 완성하기
① 다양한 실생활 표현들이 포함된 문장을 MP3를 들으며 여러 번 따라 해요.
② 통문장을 계속 따라 읽다 보면 단어가 저절로 외워지고 문장이 입에서 저절로 튀어 나와요.

3 <중국어 말문트기 워크북>으로 중국어 자동 발사하기
① <중국어 말문트기 워크북>으로 말하기를 집중 훈련합니다.
② '발음성조 입에 붙이기→한자만 보고 읽기→중국어 자동발사'의 순서로 집중 훈련하면 어느새 중국어가 자동발사돼요.

중국어 말하기 실력을 더 향상시키고 싶다면
☞ 스마트폰에 <자동발사 단어카드> PDF와 MP3를 담아서 언제 어디서든 중국어 단어를 익혀요.
☞ 해커스 중국어 사이트(china.Hackers.com)에서 제공하는 본 교재 무료 동영상 강의 및 다양한 무료 학습자료를 활용하세요.

해커스 자동발사 중국어 첫걸음 1탄

중국어 하나도 모르는데 HSK 자격증은 따야 되고, 뭐부터 해야 할까요?

중국어 발음을 먼저 익힌 다음, 실전회화→기초어법→확장표현을 차근차근 학습합니다.
하루 1시간 20일이면 HSK 3급/4급 공부를 바로 시작할 수 있어요!!!

HSK 대비 기초 탄탄 학습법 <하루 1시간, 20일 완성!>

• **중국어 발음 먼저 익히기**
① 중국어 발음 차근차근 버전 MP3를 사용하여 성모, 운모, 성조를 천천히 학습합니다.
② 신나는 챈트 버전 MP3로 성모, 운모, 성조를 여러 번 따라하면 중국어 발음이 입에 붙어요.

각 DAY 학습 순서 20개의 각 DAY를 아래 순서로 학습하면 HSK 공부를 바로 시작할 수 있어요.

1 실전회화로 중국어에 재미 붙이기
① 재미있는 만화로 스토리를 먼저 읽고 <왕초보 단어 미리보기>로 단어를 확인한 후, 실전회화를 여러 번 따라 읽어요.
② 중국 드라마처럼 녹음된 <실전회화 드라마 MP3>를 들으며 중국인을 흉내 내듯이 따라 읽어요.

2 기초 어법으로 중국어 내공 쌓기
① 실전회화에서 익힌 문장으로 중국어 기초 어법을 쉽고 재밌게 익혀요.
② 자세하고 쉬운 어법 설명과 예문을 읽다 보면 중국어의 원리를 이해하게 되어 더욱 쉽게 공부할 수 있어요.

3 확장표현을 통문장으로 따라하며 어휘력 늘리기
① 다양한 실생활 표현들이 포함된 문장을 MP3를 들으며 여러 번 따라 해요.
② 통문장을 계속 따라 읽다 보면 단어가 저절로 외워지고 문장이 입에서 저절로 튀어 나와요.

4 연습문제와 간체자 쓰기로 HSK 유형 미리 대비하기
① HSK 3급과 4급과 비슷한 유형의 연습문제를 풀면 HSK 시험에 저절로 대비하게 돼요.
② 간체자 쓰기로 중요 한자를 써보면서 HSK 3급과 4급의 쓰기 영역을 미리 대비해요.

HSK 대비를 위한 중국어 기초 실력을 더 탄탄히 하고 싶다면
☞ 스마트폰에 <자동발사 단어카드> PDF와 MP3를 담아서 언제 어디서든 중국어 단어를 익혀요.
☞ <쓰면서 외우는 자동발사 단어암기장> PDF로 HSK 1급과 2급 단어를 차근차근 쓰면서 암기해요.
☞ 해커스 중국어 사이트(china.Hackers.com)에서 제공하는 무료 동영상 강의로 중국어 기초 어법을 더욱 탄탄히 익혀요.

중국어의 기본은 알고 가요!

1 중국의 표준어 보통화

중국은 국토 면적 약 960만㎢(세계 4위), 인구는 약 13억(세계 1위), 한족과 55개의 소수민족으로 구성되어 있는 나라예요. **한족의 언어를 한어(汉语)라고 하는데, 총 56개의 다민족 국가라 다양한 방언이 존재해요. 그래서 중국은 북경어를 중심으로 표준어를 제정했는데, 이를 보통화(普通话)라고 한답니다.**

면적 약 960만 ㎢
인구 약 13억
언어 한어
민족 총 56개 민족
　　　(한족+55개 소수민족)

2 어르신께 "이거 뭐야?" 중국의 존댓말

우리말은 반말과 존댓말의 구별이 다소 엄격하여 '먹어'와 '드세요'를 반드시 상대에 맞게 사용해야 해요. 하지만 중국어에는 **반말과 존댓말에 대한 개념적 차이가 없어서 같은 말이라도 윗사람에게 하면 존댓말이 되고, 아랫사람에게 하면 반말**이 된답니다. 그래도 연장자를 존중하기 위한 몇 가지 존대 표현은 있어요. 예를 들면, 상대방을 높여서 부르고 싶을 땐 你(nǐ, 너)가 아닌 您(nín, 당신)을 사용할 수 있어요. 하지만 반드시 您을 사용하는 것은 아니랍니다.

3 중국 한자(漢字)는 획수가 부족하다? 중국어 간체자

우리나라에서 쓰는 한자는 **필획이 복잡한 번체자(繁体字)**라고 하는데, 중국에서는 번체자 대신 이를 **간략하게 표현한 간체자(简体字)**를 쓴답니다. 번체자가 배우기 어려워 중국 정부에서는 1950년대부터 간체자를 만들어 보급했고, 이는 중국의 문맹률을 낮추는데 큰 역할을 했어요. 당시 80%였던 문맹률이 현재는 20%까지 떨어졌다고 하니 '훈민정음'급 효과라고 볼 수 있겠죠?

간체자
중국에서 사용해요!

汉语

번체자
한국, 대만, 홍콩에서 사용해요!

漢語

4 요리 보면 영어, 조리 보면 한국어? **중국어 문장**

중국어와 우리말 문장의 어순은 술어와 목적어의 위치가 다르다는 차이가 있어요. 한국어는 '주어 + 목적어 + 술어'의 순서이지만, **중국어는 영어와 마찬가지로 '주어 + 술어 + 목적어'의 순서로 문장이 구성된답니다.** 하지만 우리말 문장의 어순과 완전히 일치하는 경우도 있어 계속 익히다 보면 중국어가 쉽게 느껴져요.

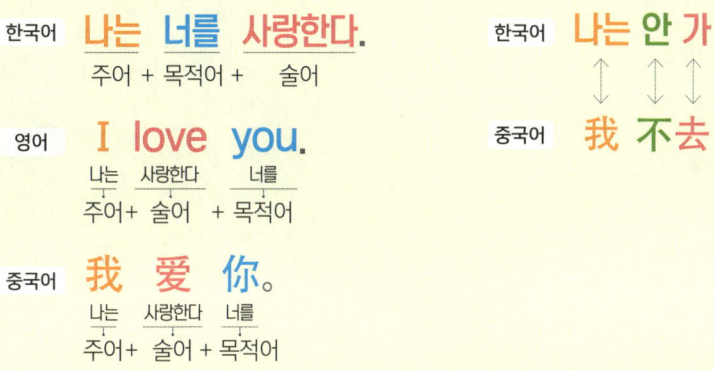

5 영어로 발음하는 중국어? **중국어 병음**

중국어 글자인 한자는 의미를 나타내는 문자여서 글자와 발음이 완전히 달라요. 그래서 한자만 보며 발음을 공부하는 것이 너무 어려웠어요. 이런 단점을 보완하기 위해 1958년 중국 정부는 **중국어 발음을 쉽게 공부할 수 있도록 로마자를 활용한 한자 발음 표기법인 <한어병음방안>을 만들었어요.** 이로써 汉의 발음을 hàn으로 표기할 수 있게 되었고 그래서 중국어 발음법을 더 쉽게 배울 수 있게 되었어요. 중국어 발음법을 나타내는 hàn과 같은 로마자 표기를 '병음'이라고 하는데, 한자의 시작 소리인 성모, 나머지 소리인 운모, 음의 높낮이를 나타내는 성조, 이렇게 세 부분으로 구성돼요.

익히는 재미가 솔솔, 중국어 발음

바로 듣고 따라하기

중국어 발음은 첫소리에 해당하는 **성모**, 끝소리에 해당하는 **운모**, 그리고 중국어의 가장 큰 특징인 말의 높낮이를 나타내는 **성조**를 익혀야 해요. 성모, 운모, 성조를 맨 처음 시작할 때 조금만 잘 익히면 중국어를 정말 정말 재밌게 공부할 수 있어요.

1
뽀어~ 트어~ 쯔으~
중국어 발음 첫소리, **성모**

2
오어~ 으어~ 위이~
중국어 발음 끝소리, **운모**

3
아아~ 아아아~ 아아~
중국어에는 음높이가 있어요, **성조**

4
이것만 주의하면 중국어 발음 끝장!
왕초보가 가장 **헷갈리는 발음**만 모아모아!

1 중국어 발음 첫소리, 성모

성모는 중국어 발음의 첫소리로 우리말의 자음에 해당하는 부분이에요. 성모는 소리를 내는 방식에 따라 6종류의 소리로 분류되며, 총 21개의 성모로 구성되어 있어요. 소리를 내는 방식에 따라 o, e, i 3개의 운모를 붙여서 발음해요.

1 21개 성모 한눈에 보기 🎧 신나는성모챈트.mp3

구분	병음			
입술을 이용해 내는 소리 (쌍순음, 순치음)	b(o) 뽀어~	p(o) 포어~	m(o) 모어~	f(o) ⓕ어~
혀끝을 이용해 내는 소리 (설첨음)	d(e) 뜨어~	t(e) 트어~	n(e) 느어~	l(e) 르어~
혀뿌리를 이용해 내는 소리 (설근음)	g(e) 끄어~	k(e) 크어~	h(e) 흐어~	
혓바닥을 넓게 펴서 내는 소리 (설면음)	j(i) 찌이~	q(i) 치이~	x(i) 씨이~	
혀끝과 윗니가 만나 내는 소리 (설치음)	z(i) 쯔으~	c(i) 츠으~	s(i) 쓰으~	
혀를 둘둘 말아 내는 소리 (권설음)	zh(i) 쯔ⓕ~	ch(i) 츠ⓕ~	sh(i) 쓰ⓕ~	r(i) 르ⓕ~

* 한글 발음 표기 중, "찌이~"에서 '이'처럼 더 작은 글씨로 표기된 것은 그 소리를 제대로 정확히 발음하는 것이 아닌, 가볍게 입모양만 갖춰서 앞뒤 소리에 자연스럽게 이어지도록 내는 소리를 나타냅니다.

2 성모 발음 마스터하기

입술을 이용해 내는 소리 (쌍순음, 순치음)

b(o)	p(o)	m(o)	f(o)
뽀어~	포어~	모어~	ⓕ어

🔊 **다음의 쌍순음과 순치음을 발음해보아요!** 🎧 성모_쌍순음_순치음.mp3

쌍순음은 위, 아랫입술을 붙였다 열며 소리를 내요. 운모 o를 붙여 뒷소리를 '오어~'로 길게 끌어줘요.

b(o)	위, 아랫입술을 붙였다 열며 **뽀어~**
p(o)	입술을 앞으로 팅기며 **포어~**
m(o)	약간의 콧소리를 섞어서 **모어~**

순치음은 윗니와 아랫입술을 사용해서 소리를 내요. 운모 o를 붙여 뒷소리를 '오어~'로 길게 끌어줘요.

f(o)	영어의 f처럼 윗니가 아랫입술을 살짝 물었다가 떼면서 **ⓕ어~**
	한글엔 f발음이 없으므로 p(o)와 발음이 다르다는 것을 주의해요.

혀끝을 이용해 내는 소리 (설첨음)

d(e)	t(e)	n(e)	l(e)
뜨어~	트어~	느어~	르어~

🔊 **다음의 설첨음을 발음해보아요!** 🎧 성모_설첨음.mp3

설첨음은 윗니 뒷부분에 혀끝을 대었다가 떼면서 소리를 내요. 운모 e를 붙여 뒷소리를 '으어~'로 길게 끌어줘요.

d(e)	윗니 뒷부분에 혀끝을 가볍게 대었다 떼면서 **뜨어~**
t(e)	윗니 뒷부분에 혀끝을 강하게 팅기면서 **트어~**
n(e)	윗니 뒷부분에 혀끝을 대었다 떼고, 약간의 콧소리와 함께 **느어~**
l(e)	윗니 뒷부분에 혀끝을 가볍게 대었다 떼면서 **르어~**
	단, 영어 [r]처럼 혀를 굴린 발음이 나지 않도록 주의해요.

혀뿌리를 이용해 내는 소리 (설근음)

g(e)	k(e)	h(e)
끄어~	크어~	흐어~

🔊 **다음의 설근음을 발음해보아요!** 🎧 성모_설근음.mp3

설근음은 혀뿌리를 입천장에 대었다 떼면서 소리를 내요. 운모 e를 붙여 뒷소리를 '으어~'로 길게 끌어줘요.

g(e)	혀뿌리를 입천장에 가볍게 대었다 떼면서 **끄어~**
k(e)	혀뿌리를 입천장에 대었다 떼면서 공기를 내보내며 **크어~**
h(e)	혀뿌리를 아래로 내리고, 입천장과의 틈 사이로 공기를 내보내며 **흐어~**

혓바닥을 넓게 펴서 내는 소리 (설면음)

j(i)	q(i)	x(i)
찌이~	치이~	씨이~

🔊 **다음의 설면음을 발음해보아요!** 🎧 성모_설면음.mp3

설면음은 혀를 최대한 넓게 펴서 소리를 내요. 운모 i를 붙여 입꼬리를 양 옆으로 쭈~욱 늘려 뒷소리를 '이~'로 길게 끌어줘요.

j(i)	입꼬리를 양 옆으로 쭈~욱 늘리고, 위아랫니 사이로 공기를 내보내며 **찌이~**
q(i)	입꼬리를 양 옆으로 쭈~욱 늘리고, 위아랫니 사이로 강한 공기와 함께 **치이~**
x(i)	입꼬리를 양 옆으로 쭈~욱 늘리고, 위아랫니 사이로 더 강한 공기와 함께 **씨이~**

혀끝과 윗니가 만나 내는 소리 (설치음)

z(i)	c(i)	s(i)
쯔으~	츠으~	쓰으~

🔊 **다음의 설치음을 발음해보아요!** 🎧 성모_설치음.mp3

설치음은 윗니 뒤쪽에 혀끝을 붙였다 떼면서 소리를 내요. 운모 i를 붙이는데, z, c, s와 운모 i가 만나면 i를 '이~'가 아닌 '으~'로 발음해요.

z(i)	혀끝을 윗니 바로 뒤에 댔다가 떼면서 입천장 사이와의 공기를 내보내며 **쯔으~**
c(i)	z(i) 발음과 같은 방식이지만, 이번엔 더 강한 공기를 내보내며 **츠으~**
s(i)	혀끝을 윗니 뒤에 가까이 대고 그 틈 사이로 공기를 내보내며 **쓰으~**

혀를 둘둘 말아 내는 소리 (권설음)

zh(i)	ch(i)	sh(i)	r(i)
쯔ⓡ~	츠ⓡ~	쓰ⓡ~	르ⓡ~

* 한글 발음 표기의 ⓡ은 권설음의 발음 표기예요.

🔊 **다음의 권설음을 발음해보아요!** 🎧 성모_권설음.mp3

권설음은 이를 앙 물고, 혀를 둥근 국자처럼 만 상태에서 공기를 내보내며 발음해요. 혀끝으로 공기를 느낄 수 있다면 정확한 발음이에요.
설치음처럼 권설음 다음의 운모 i는 [으~]가 되고, 그래서 쯔ⓡ~, 츠ⓡ~, 쓰ⓡ~, 르ⓡ~로 발음해요.

zh(i)	이를 앙 물고 혀를 입천장 오돌토돌한 부분 뒤에 붙였다 떼면서 **쯔ⓡ~**
ch(i)	zh(i) 발음과 같은 방식이지만, 더 강한 공기와 함께 **츠ⓡ~**
sh(i)	이를 앙 물고 혀를 입천장 오돌토돌한 부분에 가까이 댄 후 그 틈 사이로 공기를 내보내며 **쓰ⓡ~**
r(i)	sh(i)보다 혀를 더 뒤로 당겨서 입천장에 닿지 않게 살짝 뗀 후 더 강한 공기와 함께 **르ⓡ~**

2 중국어 발음 끝소리, 운모

운모는 중국어 발음의 끝소리로 우리말의 모음에 해당하는 부분이에요. 성모가 음의 시작이라면, 운모는 음의 마무리랍니다. 따라서 성모와 운모가 결합하면 글자 한 개를 발음할 수 있어요.
운모는 6개의 단운모, 30개의 결합운모로 구성되어, 총 36개의 운모로 구성되어 있어요.

1 36개 운모 한눈에 보기 🎧 신나는운모챈트.mp3

단운모	결합운모			
a [아아~]	ao [아오~]	ai [아이~]	an [아안~]	ang [아앙~]
o [오어~]	ou [어우~]	ong [오옹~]		
e [으어~]	ei [에이~]	en [으언~]	eng [으엉~]	er [으얼~]
i [이이~]	ia (ya) [이아~]	ian (yan) [이엔~]	iang (yang) [이앙~]	iao (yao) [이아오~]
	in (yin) [이인~]	ing (ying) [이잉~]		
	iou (you) [이어우~]	iong (yong) [이옹~]	ie (ye) [이에]	
u [우우~]	ua (wa) [우아~]	uan (wan) [우안~]	uang (wang) [우앙~]	uai (wai) [우아이~]
	uen (wen) [우언~]	ueng (weng) [우엉~]	uei (wei) [우에이~]	uo (wo) [우어~]
ü [위이~]	üe (yue) [위에~]	üan (yuan) [위엔~]	ün (yun) [위인~]	

2 운모 발음 마스터하기

a로 시작하는 운모

a	ao	ai	an	ang
아아~	아오~	아이~	아안~	아앙~

🔊 a로 시작하는 운모를 말의 첫소리인 성모와 함께 발음해보아요! 🎧 운모_a운모.mp3

a	입을 크게 벌리고 '**아아~**'	
	ba [빠아~]　　ma [마아~]　　za [짜아~]	
ao	입을 크게 벌려 '아' 발음 후 '오' 발음을 길게 끌면서 '**아오~**'	
	gao [까오~]　　sao [싸오~]　　zhao [쯔아오~]	
ai	입을 크게 벌려 '아' 발음 후 '이' 발음을 길게 끌면서 '**아이~**'	
	gai [까이~]　　mai [마이~]　　hai [하이~]	
an	입을 크게 벌려 '아' 발음 후 혀끝을 윗니 바로 뒤에 붙이면서 '**아안~**'	
	pan [파안~]　　dan [따안~]　　tan [타안~]	
ang	입을 크게 벌려 '아' 발음 후 콧소리를 약간 섞어 길게 끌면서 '**아앙~**'	
	fang [f아앙~]　　tang [타앙~]　　lang [라앙~]	

o로 시작하는 운모

o	ou	ong
오어~	어우~	오옹~

🔊 o로 시작하는 운모를 말의 첫소리인 성모와 함께 발음해보아요! 🎧 운모_o운모.mp3

o	입술을 오므려서 '오' 발음 후 '어' 발음을 길게 끌면서 '**오어~**'
	bo [뽀어~]　　po [포어~]　　mo [모어~]
ou	'어' 발음 후 '우' 발음을 길게 끌면서 '**어우~**'로 발음해요. '오우'로 발음하지 않도록 주의해요.
	gou [꺼우~]　　kou [커우~]　　sou [써우~]
ong	입술을 오므려서 '오' 발음 후 콧소리를 약간 섞어 길게 끌면서 '**오옹~**'
	zong [쪼옹~]　　nong [노옹~]　　hong [호옹~]

e로 시작하는 운모

e	ei	en	eng	er
으어~	에이~	으언~	으엉~	으얼~

🔊 e로 시작하는 운모를 말의 첫소리인 성모와 함께 발음해보아요! 🎧 운모_e운모.mp3

e	이를 앙 다물고 '으' 발음 후 '어' 발음을 길게 끌면서 '**으어~**' ge [끄어~] ke [크어~] he [흐어~]
ei	'에' 발음 후 '이' 발음을 길게 끌면서 '**에이~**'로 발음해요. '으어이'로 발음하지 않도록 주의해요. mei [메이~] hei [헤이~] pei [페이~]
en	이를 앙 다물고 '으' 발음 후 혀끝을 윗니 바로 뒤에 붙이면서 '**으언~**' nen [느언~] men [므언~] gen [끄언~]
eng	이를 앙 다물고 '으' 발음 후 콧소리를 약간 섞어 길게 끌면서 '**으엉~**' peng [프엉~] beng [쁘엉~] seng [쓰엉~]
er	이를 앙 다물고 '으' 발음 후 혀끝을 입천장 움푹 패인 곳에 대고 '**으얼~**' 참고로, er은 결합하는 성모가 없답니다. er [으얼~]

* er화운

er화운이란 단어 뒤에 습관적으로 er을 붙여 좀 더 부드럽게 발음하는 방법이에요. 중국 남방 지역에서는 잘 사용하지 않는 북방 지역만의 특유한 발음 현상이에요. er을 붙여도 의미는 변하지 않아요.

🔊 er화운을 발음해보아요!   🎧 운모_er화운.mp3

다운모 끝이 i, n, ng로 끝나면 i, n, ng를 생략하고 바로 r을 붙여 발음해요. 단, 표기할 땐 생략하지 않아요.

i 생략	xiaohai [시아오하이] → xiaohair [시아오하알]
n 생략	jituan [지아투안] → jituanr [지이투알]
ng 생략	chuang [츄우앙] → chuangr [츄우알]

i로 시작하는 운모

| i(yi) 이이~ | ia(ya) 이아~ | ian(yan) 이엔~ | iang(yang) 이앙~ | iao(yao) 이아오~ |
| in(yin) 이인~ | ing(ying) 이잉~ | iou(you) 이어우~ | iong(yong) 이옹~ | ie(ye) 이에~ |

* yi, yan, you, ye 등은 i가 앞에 성모 없이 단독으로 사용될 때 앞에 y를 붙여 표기하는 방법이에요.

🔊 i로 시작하는 운모를 말의 첫소리인 성모와 함께 발음해보아요!   🎧 운모_i운모.mp3

i	이를 모으고 입 꼬리를 양 옆으로 늘려 길게 끌면서 '**이이~**' ji [찌이~] qi [치이~] xi [씨이~] yi [이이~]
ia	'이' 발음 후 입을 크게 벌리면서 '**이아~**' lia [리아~] jia [찌아~] qia [치아~] ya [이아~]
ian	'이' 발음 후 '엔' 발음을 길게 끌면서 '**이엔~**'으로 발음해요. '이안~'으로 발음하지 않도록 주의해요. bian [삐엔~] pian [피엔~] mian [미엔~] yan [이엔~]
iang	'이' 발음 후 입을 크게 벌리고 콧소리 약간 섞어 '**이앙~**' niang [니앙~] liang [리앙~] qiang [치앙~] yang [이앙~]
iao	운모 i, a 를 차례대로 발음한 후 바로 입술을 오므려 '**이아오~**'로 발음해요. '이아오어'로 발음하지 않도록 주의해요. miao [미아오~] diao [띠아오~] tiao [티아오~] yao [이아오~]
in	'이' 발음 후 혀끝을 윗니 바로 뒤에 붙이면서 '**이인~**' bin [삐인~] pin [피인~] min [미인~] yin [이인~]
ing	'이' 발음 후 콧소리를 약간 섞어 길게 끌면서 '**이잉~**' jing [찌잉~] qing [치잉~] xing [씨잉~] ying [이잉~]
iou	'이' 발음 후 '어'는 짧게 '우'는 길게 끌면서 '**이어우~**'로 발음해요. 단, 성모와 결합할 땐, 'iu'로 써줘요. diu [띠어우~] niu [니어우~] liu [리어우~] you [이어우~]
iong	'이' 발음 후 바로 입술을 오므리고 콧소리를 섞어 길게 끌면서 '**이옹~**' jiong [찌옹~] qiong [치옹~] xiong [씨옹~] yong [이옹~]
ie	'이' 발음 후 '에' 발음을 길게 끌면서 '**이에~**'로 발음해요. '이으어~'로 발음하지 않도록 주의해요. bie [삐에~] pie [피에~] mie [미에~] ye [이에~]

u로 시작하는 운모

u(wu)	ua(wa)	uan(wan)	uang(wang)	uai(wai)
우우~	우아~	우안~	우앙~	우아이~

uen(wen)	ueng(weng)	uei(wei)	uo(wo)
우언~	우엉~	우에이~	우어~

* wu, wang, wen, wo 등은 u가 성모 없이 단독으로 사용될 때 앞에 w를 붙여 표기하는 방법이에요.

🔊 u로 시작하는 운모를 말의 첫소리인 성모와 함께 발음해보아요! 🎧 운모_u운모.mp3

u	입술을 앞으로 내밀고 '**우우~**'				
	gu [꾸우~]	ku [쿠우~]	hu [후우~]	wu [우우~]	
ua	입술을 앞으로 내밀어 '우' 발음 후 입을 크게 벌리고 길게 끌면서 '**우아~**'				
	gua [꾸아~]	kua [쿠아~]	hua [후아~]	wa [우아~]	
uan	ua와 같은 방식으로 발음한 후 혀끝을 윗니 바로 뒤에 붙이면서 '**우안~**'				
	duan [뚜안~]	tuan [투안~]	nuan [누안~]	wan [우안~]	
uang	입술을 앞으로 내밀어 '우' 발음 후 입을 크게 벌리고 콧소리를 약간 섞어 '**우앙~**'				
	guang [꾸앙~]	kuang [쿠앙~]	huang [후앙~]	wang [우앙~]	
uai	운모 u, a, i를 차례대로 읽어줘요 '**우아이~**'				
	guai [꾸아이~]	kuai [쿠아이~]	huai [후아이~]	wai [우아이~]	
uen	'우'와 '어' 발음을 차례대로 한 후 혀끝을 윗니 바로 뒤에 붙이면서 '**우언~**'으로 발음해요. 단, 성모와 결합할 땐 'un'으로 표기해요.				
	zun [쭈언~]	cun [추언~]	sun [쑤언~]	wen [우언~]	
ueng	결합하는 성모가 없답니다. 단독으로 구성하는 음절이므로 weng '**우엉~**' 발음만 기억해요.				
uei	입술을 앞으로 내밀어 '우' 발음 후, ei발음인 '에이~'를 하면서 '**우에이~**' 발음해요. 단, 성모와 결합할 땐 'ui'로 표기해요.				
	dui [뚜에이~]	tui [투에이~]	sui [쑤에이~]	wei [우에이~]	
uo	입술을 앞으로 내밀어 '우' 발음 후, 바로 '어' 발음을 하면서 '**우어~**'				
	zuo [쭈어~]	cuo [추어~]	suo [쑤어~]	wo [우어~]	

ü로 시작하는 운모

ü (yu) 위이~   **üe** (yue) 위에~   **üan** (yuan) 위엔~   **ün** (yun) 위인~

* yu, yue, yuan, yun은 ü가 성모 없이 단독으로 사용될 때 앞에 y를 붙여 표기하는 방법으로 점 두 개를 빼고 표기해요.
ü가 성모 j, q, x와 만날 때에도 점 두 개를 빼고 그냥 u로 표기해요.

🔊 ü로 시작하는 운모를 말의 첫소리인 성모와 함께 발음해보아요!   🎧 운모_ü운모.mp3

ü	입술을 앞으로 쭉 내민 상태에서 '위' 소리를 내면서 **'위이~'** nü [뉘이~] lü [뤼이~] ju [쮜이~] yu [위이~]
üe	입술을 앞으로 쭉 내밀고 '위' 발음 후 바로 '에' 발음을 끌어서 **'위에~'** 로 발음해요. '위으어~'로 발음하지 않도록 주의해요. nüe [뉘에~] lüe [뤼에~] jue [쮜에~] yue [위에~]
üan	여기선 '위'와 '에' 발음을 차례대로 한 후 혀끝을 윗니 바로 뒤에 붙이면서 **'위엔~'** 으로 발음해요. '위안~'으로 발음하지 않도록 주의해요. juan [쮜엔~] quan [취엔~] xuan [쒸엔~] yuan [위엔~]
ün	입술을 앞으로 쭉 내밀고 '위' 발음 후 혀끝을 윗니 바로 뒤에 붙이면서 **'위인~'** jun [쮜인~] qun [취인~] xun [쒸인~] yun [위인~]

3 중국어에는 음높이가 있어요, 성조

중국어는 글자마다 고유의 음을 가지고 있는데, 이런 고유의 음을 성조라고 해요.
성모와 운모가 결합한 병음에 성조를 표시함으로써 비로소 의미를 갖는 중국어 단어가 완성되고,
그래서 병음이 같아도 성조가 다르면 전혀 다른 의미의 단어가 된답니다.
성조에는 1성, 2성, 3성, 4성, 경성이 있어요. 1성부터 4성까지를 중국어 성조의 '4성'이라 하고,
성조는 운모 위에 표시해요. 경성은 성조가 없고, 따라서 아무 표시를 하지 않아요.

신나는 성조~

1 성조 한눈에 보기 🎧 성조_한눈에보기.mp3   🎧 신나는성조챈트.mp3

	솔파미레도		
1성	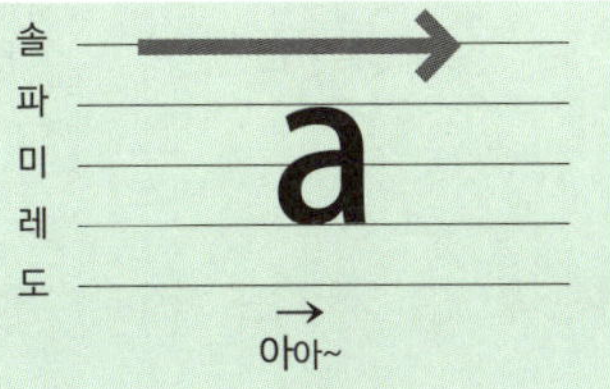 a → (아아~)	'솔'음을 한 번에 찍은 후 끝까지 '솔'음을 길게 유지해요.	마아 mā 엄마 / 찌이 jī 닭 / 끄어 gē 노래
2성	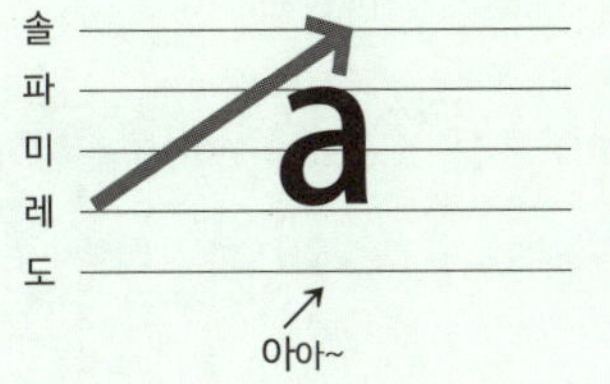 a ↗ (아아~)	중저음인 '레'음에서 시작하여 높은 음으로 쭉 끌어올려요.	이어우 yóu 기름 / 위이 yú 물고기 / 니어우 niú 소
3성	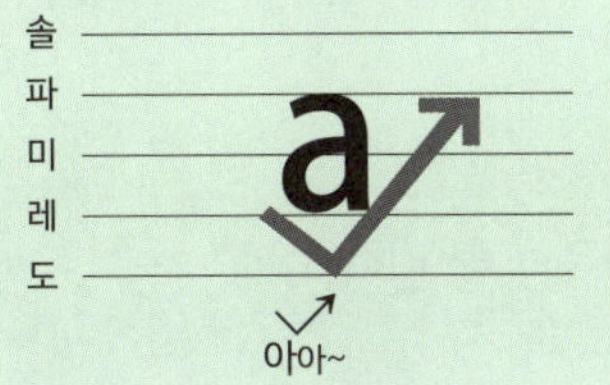 a ↘↗ (아아~)	중저음 '레'음에서 음을 최대한 아래로 내렸다가 위로 살짝 올려요.	마아 mǎ 말 / 미이 mǐ 쌀 / 사안 sǎn 우산
4성	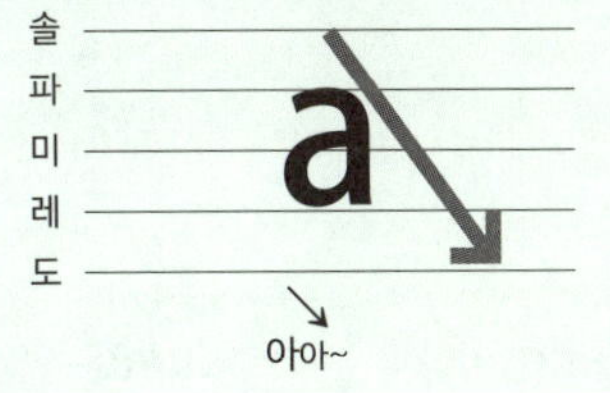 a ↘ (아아~)	'솔'음을 시작으로 낮은 '도'까지 쭉 끌어 내려요.	이어우 yòu 또 / 로어우 ròu (동물의)고기 / 리어우 liù 숫자6
경성	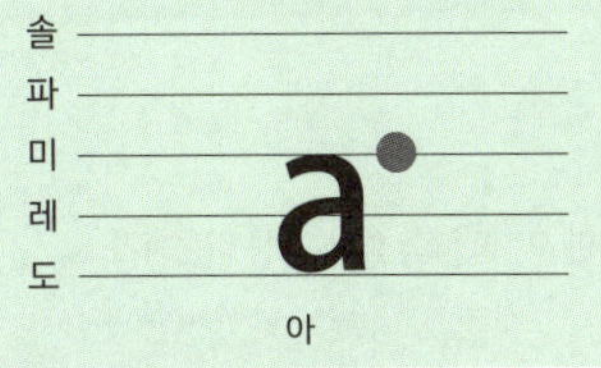 a· (아)	경성은 특별한 음높이 없이 짧고 가볍게 발음해요. 경성은 성조 표시를 하지 않아요.	빠아바 bàba 아버지 / 이에예 yéye 할아버지

* **성조 표기 순서**

성조는 항상 운모 위에 표기하고, 운모가 2개 이상일 경우 a > e, o > i, u, ü와 같이 입이 가장 크게 벌어지는 순서대로 표기해요.

   (1) a가 있으면 a 위에 표기   hǎo hái
   (2) a가 없으면, e나 o에 표기   gěi gǒu
   (3) i, u가 함께 나올 경우, 뒤에 오는 운모에 표기   diū duì
   (4) i에 성조를 표기할 경우, i 위의 점은 생략   shuǐ zuì

2 1성 마스터하기 🎧 성조_1성마스터.mp3   🎧 신나는1성마스터챈트.mp3

1성이 첫 성조이면 처음부터 높은 음으로 길게 쭉~ 이어준 다음, 뒤에 오는 성조를 바로 발음해야 해요. 1성은 반드시 높고 길게 끌어주는 것 잊지 마세요!

● 1성 + 1성 → → 🔊 높은 음을 한번에 찍어 길게 음을 유지하는 1성을 2번 연속 발음하기

찌인티엔	카아ⓕ에이	쓰아ⓕ아	ⓕ아이인
jīntiān 오늘	kāfēi 커피	shāfā 소파	fāyīn 발음

● 1성 + 2성 → ↗ 🔊 높은 음을 한번에 찍어 1성을 길게 발음한 후, 낮은 음에서 높은 음으로 쭉 끌어올리며 2성 발음하기

쯍옹구어	꼬옹위엔	아안취엔	후안이잉
Zhōngguó 중국	gōngyuán 공원	ānquán 안전	huānyíng 환영하다

● 1성 + 3성 → ⌵ 🔊 높은 음을 한번에 찍어 1성을 길게 발음한 후, 음을 최대한 아래로 내렸다가 살짝 올리며 3성 발음하기

꼬옹주우	ⓕ아즈안	ⓕ아앙ⓕ아	우우르안
gōngzhǔ 공주	fāzhǎn 발전	fāngfǎ 방법	wūrǎn 오염

● 1성 + 4성 → ↘ 🔊 높은 음을 한번에 찍어 1성을 길게 발음한 후, 바로 낮은 음으로 끌어내리며 4성 발음하기

쓰엉미잉	씨인짜앙	ⓕ아앙씨앙	쯍어우모어
shēngmìng 생명	xīnzàng 심장	fāngxiàng 방향	zhōumò 주말

● 1성 + 경성 → — 🔊 높은 음을 한번에 찍어 1성을 길게 발음한 후, 힘 빼고 짧게 경성 발음하기

마아마	씨우시	끄어거	꾸안시
māma 엄마	xiūxi 휴식	gēge 오빠, 형	guānxi 관계

3 2성 마스터하기 🎧 성조_2성마스터.mp3 🎧 신나는2성마스터챈트.mp3

2성이 첫 성조이면 첫 음을 낮은 음에서 높은 음으로 쭉 끌어올려준 후, 뒤에 오는 성조를 바로 발음해야 해요. 2성과 3성이 헷갈릴 수 있으니 반드시 낮은 음에서 높은 음으로 쭈욱~ 올려줘야 해요.

● **2성 + 1성** ↗ →
🔊 낮은 음에서 높은 음으로 쭉 끌어올리며 2성을 발음한 후, 그대로 그 음을 유지하며 1성을 길게 발음하기

미잉티엔	위엔이인	구어찌아	지에후언
míngtiān 내일	yuányīn 원인	guójiā 국가	jiéhūn 결혼

● **2성 + 2성** ↗ ↗
🔊 낮은 음에서 높은 음으로 쭉 끌어올리는 2성을 2번 연속 발음하기

하안구어	이인하앙	츄우f아앙	호옹츠아
Hánguó 한국	yínháng 은행	chúfáng 주방	hóngchá 홍차

● **2성 + 3성** ↗ ↘↗
🔊 낮은 음에서 높은 음으로 쭉 끌어올리며 2성을 발음한 후, 음을 최대한 아래로 내렸다가 살짝 올리며 3성 발음하기

피잉구어	피이지어우	니어우나이	츠으디엔
píngguǒ 사과	píjiǔ 맥주	niúnǎi 우유	cídiǎn 사전

● **2성 + 4성** ↗ ↘
🔊 낮은 음에서 높은 음으로 쭉 끌어올리며 2성을 발음한 후, 바로 낮은 음으로 끌어내리며 4성 발음하기

바이쓰어	이어우피아오	자아쯔	우언후아
báisè 흰색	yóupiào 우표	zázhì 잡지	wénhuà 문화

● **2성 + 경성** ↗ —
🔊 낮은 음에서 높은 음으로 쭉 끌어올리며 2성을 발음한 후, 힘 빼고 짧게 경성 발음하기

이에예	터우f아	으얼즈	쥐이즈
yéye 할아버지	tóufa 머리카락	érzi 아들	júzi 귤

4 3성 마스터하기 🎧 성조_3성마스터.mp3 🎧 신나는3성마스터챈트.mp3

3성은 뒤에 오는 성조에 따라 반3성 또는 2성으로 성조가 바뀌어요. 3성 뒤에 1, 2, 4, 경성이 오면 앞의 3성은 내려가는 부분까지만 발음하는데, 이를 '반3성'이라고 해요. 3성 뒤에 바로 3성이 오면 앞의 3성을 2성으로 읽어줘요. 이렇게 성조가 바뀌는 이유는 말을 좀 더 쉽게 하기 위해서예요.

● 3성 + 1성 ⇨ 반3성 + 1성 ↘⋯→
🔊 음을 최대한 아래로 내려 반3성을 발음한 후, 곧바로 높은 음을 찍어 1성을 길게 발음하기

메이티엔 라오쓰 베이찡 셔우뚜우
měitiān 매일 lǎoshī 선생님 Běijīng 베이징 shǒudū 수도

● 3성 + 2성 ⇨ 반3성 + 2성 ↘⋯↗
🔊 음을 최대한 아래로 내려 반3성을 발음한 후, 높은 음으로 쭉 끌어 올리며 2성 발음하기

메이구어 파아구어 하이이앙 위이이엔
Měiguó 미국 Fǎguó 프랑스 hǎiyáng 해양, 바다 yǔyán 언어

● 3성 + 3성 ⇨ 2성 + 3성 ↗↘
🔊 낮은 음에서 높은 음으로 쭉 끌어올리며 2성을 발음한 후, 음을 최대한 아래로 내렸다가 살짝 올리면서 3성 발음하기

슈우에이구어 셔우비아오 위이사안 셔우으얼
shuǐguǒ 과일 shǒubiǎo 손목시계 yǔsǎn 우산 Shǒu'ěr 서울

● 3성 + 4성 ⇨ 반3성 + 4성 ↘⋯↘
🔊 음을 최대한 아래로 내려 반3성을 발음한 후, 바로 높은 음으로 올라가 낮은 음으로 끌어내리며 4성 발음하기

펀쓰어 투우띠이 구우리이 마아루우
fěnsè 분홍색 tǔdì 토지 gǔlì 격려하다 mǎlù 도로

● 3성 + 경성 ⇨ 반3성 + 경성 ↘⋯—
🔊 음을 최대한 아래로 내려 반3성을 발음한 후, 힘 빼고 짧게 경성 발음하기

나이나이 라오라오 시이환 우에이바
nǎinai 할머니 lǎolao 외할머니 xǐhuan 좋아하다 wěiba 꼬리

5 4성 마스터하기 🎧 성조_4성마스터.mp3 🎧 신나는4성마스터챈트.mp3

4성이 첫 성조이면 첫 음을 높은 음에서 낮은 음으로 쭉 끌어내려준 다음, 뒤에 오는 성조를 바로 발음해야 해요. 4성은 첫 소리를 높게 잡는 것이 중요해요.

● 4성 + 1성 ↘ →
🔊 높은 음에서 낮은 음으로 쭉 끌어내려 4성을 발음한 후, 다시 높은 음을 한번에 찍어 1성을 길게 발음하기

허우티엔	쯔안쯩엉	따안까오	치이츠어
hòutiān 모레	zhànzhēng 전쟁	dàngāo 케이크	qìchē 자동차

● 4성 + 2성 ↘ ↗
🔊 높은 음에서 낮은 음으로 쭉 끌어내려 4성을 발음한 후, 다시 높은 음으로 쭉 끌어올리며 2성 발음하기

타이구어	띠이투우	쯔으이어우	리엔시이
Tàiguó 태국	dìtú 지도	zìyóu 자유	liànxí 연습

● 4성 + 3성 ↘ ↗
🔊 높은 음에서 낮은 음으로 쭉 끌어내려 4성을 발음한 후, 음을 최대한 아래로 내렸다가 살짝 올리면서 3성 발음하기

하안바오	띠이티에	쓰츠앙	쌍하이
hànbǎo 햄버거	dìtiě 지하철	shìchǎng 시장	Shànghǎi 상하이

● 4성 + 4성 ↘ ↘
🔊 높은 음에서 낮은 음으로 쭉 끌어내린 4성을 2번 연속 발음하기

뤼이쓰어	또옹우우	라앙f에이	쑤우뚜우
lǜsè 초록색	dòngwù 동물	làngfèi 낭비하다	sùdù 속도

● 4성 + 경성 ↘ ー

🔊 높은 음에서 낮은 음으로 쭉 끌어내려 4성을 발음한 후, 힘 빼고 짧게 경성 발음하기

빠아바	떠우f	쿠아이즈	마오즈
bàba 아빠	dòufu 두부	kuàizi 젓가락	màozi 모자

6 경성 마스터하기 🎧 성조_경성마스터.mp3   🎧 신나는경성마스터챈트.mp3

경성은 앞에 오는 성조가 무엇이냐에 따라 음의 높이가 달라지므로, 앞 성조에 맞춰 자연스럽게 발음하는 연습을 해야 해요. 경성 뒤에 이어지는 성조는 변화 없이 원래 성조대로 발음하면 된답니다.

● 1성 + 경성 → ● 🔊 1성 뒤에 오는 경성은 낮은 음으로 툭 떨어뜨리며 가볍게 발음한 후 이어지는 1성/2성/3성/4성을 발음하기

타아 더 빠오
tā de bāo
그의 가방

타아 더 터우
tā de tóu
그녀의 머리

꾸안시 하오
guānxi hǎo
사이 좋다

마아마 취이
māma qù
엄마가 가다

● 2성 + 경성 ↗ ● 🔊 2성 뒤에 오는 경성은 2성 시작의 음높이로 낮게 떨어뜨려 가볍게 발음한 후 이어지는 1성/2성/3성/4성을 발음하기

프엉여우 찌아
péngyou jiā
친구네 집

마앙 부 마앙
máng bu máng
바빠 안 바빠?

라이 더 자오
lái de zǎo
일찍 오다

하이즈 카안
háizi kàn
아이가 보다

● 3성 + 경성 ⇨ 반3성 + 경성  🔊 3성은 반3성으로 발음하고, 경성은 음높이를 살짝 올려서 가볍게 발음한 후 이어지는 1성/2성/3성/4성을 발음하기

시이환 타아
xǐhuan tā
그를 좋아하다

우어 더 치엔
wǒ de qián
내 돈

자오상 하오
zǎoshang hǎo
굿모닝

파오 더 쿠아이
pǎo de kuài
빨리 뛰다

● 4성 + 경성 ↘ ● 🔊 4성 뒤에 오는 경성은 4성이 끝나는 낮은 음과 똑같은 음높이로 가볍게 발음한 후 이어지는 1성/2성/3성/4성을 발음하기

빠아바 쓔우어
bàba shuō
아빠가 말하다

씨에셰 니인
xièxie nín
감사합니다

뚜에이 부 치이
duì bu qǐ
죄송합니다

카안 부 카안
kàn bu kàn
봐 안 봐?

7 不(bù)와 一(yī)의 성조변화 🎧 성조_bu_yi_성조변화.mp3

중국어에는 뒤에 나오는 글자의 성조에 따라 본래의 성조가 변하는 글자가 있어요. 그것이 바로 不(bù) 와 一(yī) 랍니다. 원래 4성인 不(bù)와 원래 1성인 一(yī) 모두 뒤에 1,2,3성이 오면 4성으로 발음하고 4성이 오면 2성으로 발음하면 돼요. 不와 一는 바뀐 성조를 그대로 표기하니 병음에 표기된 성조를 반복 연습해서 입에 붙이는 것이 중요해요.

● 不(bù)의 성조 변화

'不(bù)+ 1,2,3성'은 원래 성조인 4성(bù) 그대로 읽어요.

不 + 1성	bù hē (不喝) 마시지 않는다	bù shuō (不说) 말하지 않는다
不 + 2성	bù dú (不读) 읽지 않는다	bù néng (不能) 가능하지 않다
不 + 3성	bù pǎo (不跑) 뛰지 않는다	bù hǎo (不好) 좋지 않다

'不(bù)+ 4성'이면 2성(bú)으로 변해요. 4성을 두 번 연속 발음하면 힘들기 때문이에요.

| 不 + 4성 | bú kàn (不看) 보지 않는다 | bú duì (不对) 맞지 않다 |

● 一(yī)의 성조 변화

'一(yī) + 1,2,3성'이면 4성(yì)으로 변하고 '一(yī) + 4성'이면 2성(yí)으로 변해요.

一 + 1성	yì duī (一堆) 한 더미	yì zhāng (一张) 한 장
一 + 2성	yì tái (一台) (기계) 한 대	yì píng (一瓶) 한 병
一 + 3성	yì běn (一本) 한 권	yì wǎn (一碗) 한 그릇
一 + 4성	yí liàng (一辆) (자동차) 한 대	yí cì (一次) 한 차례

一(yī)가 단독 또는 서수로 쓰일 때, 원래 성조인 1성(yī)으로 읽어요.

| 숫자 또는 서수 | yī (一) 숫자 1 | xīngqī yī (星期一) 월요일 | dìyī (第一) 첫 번째, 제일 |

4 왕초보가 가장 헷갈리는 발음만 모아모아! 🎧 헷갈리는발음.mp3

1 운모 e는 '으어'로 발음해요. 영어 알파벳 읽듯이 '에'로 읽으면 안 돼요.

hen [흐언] ('헨'으로 발음하면 안 돼요.)　　ke [크어] ('케'로 발음하면 안 돼요.)
wen [우언] ('웬'으로 발음하면 안 돼요.)　　weng [우엉] ('웽'으로 발음하면 안 돼요.)

2 운모 e가 다른 운모 i 또는 ü와 나란히 있으면 '으어'가 아닌 '에'로 발음해요.

ei [에이]　　ie(ye) [이에]　　uei(wei) [우에이]　　üe(yue) [위에]
jie [찌에]　　nüe [뉘에]　　gei [게이]

3 ian과 üan은 '이안' 및 '위안'이 아니라 '이엔'과 '위엔'으로 발음해요.

ian (yan) [이엔] ('이안'으로 발음하면 안 돼요.)　　jian [찌엔] ('찌안'으로 발음하면 안 돼요.)
üan (yuan) [위엔] ('위안'으로 발음하면 안 돼요.)　　xuan [쒸엔] ('쑤안'으로 발음하면 안 돼요.)

4 ji, qi, xi의 운모 i는 '이'로, zi, ci, si 와 zhi, chi, shi, ri의 운모 'i'는 '으'로 발음해요.

ji [찌이]　　qi [치이]　　xi [씨이]　　zi [쯔으]　　ci [츠으]　　si [쓰으]
zhi [쯔으]　　chi [츠으]　　shi [쓰으]　　ri [르으]

5 ju, qu, xu, yu는 '쭈우, 추우, 쑤우, 이우'가 아니라 '쮜이, 취이, 쒸이, 위이'로 발음해요.

ju [쮜이]　　qu [취이]　　xu [쒸이]　　yu [위이]
juan [쮜엔]　　xue [쒸에]　　yuan [위엔]

6 y나 w로 시작하는 병음은 y나 w를 빼고 발음하는 것과 똑같아요.

yi = i [이이]　　wu = u [우우]　　yu = ü [위이]

7 '3성+3성'은 '2성+3성'으로 발음해요. 3성을 두 번 연속 발음하지 않아요.

nǐ hǎo [니이 하오]　　xǐzǎo [시이자오]　　suǒyǐ [수어이이]　　kěyǐ [크어이이]

DAY 01

잘 지내?
你好吗?
Nǐ hǎo ma?

🎧 바로 듣고 따라하기

다양한 상황에서 사용되는 중국어 인사말을 익혀, 중국인들과 자신 있게 인사를 주고 받을 수 있어요.

🎧 왕초보 단어 미리보기

你 nǐ [대] 너, 당신
好 hǎo [형] 잘 지내다, 좋다
吗 ma [조] ~니?, ~인가요?
我 wǒ [대] 나
很 hěn [부] 매우
呢 ne [조] ~는?
也 yě [부] ~도
谢谢 xièxie [동] 고마워, 감사합니다
再见 zàijiàn [동] 잘 가, 안녕

실전회화로 말문트기

🎧 Day01_실전회화_듣기/따라읽기.mp3   🎧 Day01_실전회화_드라마.mp3

듣기 mp3로 먼저 들어본 후 따라읽기 mp3로 따라서 말해보세요.

민준

니이 하오 마
你好吗? 잘 지내?
Nǐ hǎo ma?

你好吗?는 '잘 지내?'라는 뜻으로 안부를 묻는 문장이기 때문에 이미 아는 사이에서 써요.

우어 흐언 하오   니이 너
我很好，你呢? 나는 잘 지내, 너는?
Wǒ hěn hǎo, nǐ ne?

루루

민준

우어 이에 흐언 하오   씨에씨에
我也很好。谢谢! 나도 잘 지내. 고마워!
Wǒ yě hěn hǎo. Xièxie!

也는 '~도'라는 뜻으로 我也라고 하면 우리말의 '나도'라는 말과 똑같아요.

짜이찌엔
再见! 잘 가!
Zàijiàn!

루루

再见(잘 가)은 헤어질 때 가장 흔히 사용하는 중국어 인사말이에요.

짜이찌엔
再见! 잘 가!
Zàijiàn!

민준

* <중국어 말문트기 워크북>으로 말하기를 집중 훈련하면 실전회화가 저절로 자동발사돼요.

DAY 01 잘 지내? 你好吗? 33

STEP 2
기초어법으로 내공쌓기

🎧 Day01_기초어법.mp3

1 나, 너, 우리 인칭대명사

민준

> 니이 하오 마
> **你好吗?**
> Nǐ hǎo ma?
> (너는) 잘 지내?

'나, 너, 그, 그녀, 그것'과 같이 사람 또는 사물을 대신해서 가리키는 말을 '인칭대명사'라고 해요. 중국어의 인칭대명사에는 다음과 같은 종류들이 있어요.

인칭	단수형		복수형	
1인칭	我 나 wǒ		我们 우리(들) wǒmen	咱们 우리(들) zánmen
2인칭	你 너, 당신 nǐ	您 당신(존칭어) nín	你们 너희(들), 당신들 nǐmen	大家 여러분 dàjiā
3인칭	他/她/它 그/그녀/그것(사물, 동물) tā		他们/她们/它们 그들/그녀들/그것들 tāmen	

따아찌아 하오
大家 好。
Dàjiā hǎo.
여러분 안녕하세요

여러분 안녕하세요.

씨에세 니인
谢谢 您。
Xièxie nín.
감사합니다 당신에게

(당신에게) 감사합니다.

타아 아이 타아
他 爱 她。
Tā ài tā.
그는 사랑한다 그녀를

그는 그녀를 사랑해.

⊕ 플러스 포인트

我们(wǒmen)는 상대방을 포함할 수도 있고 포함하지 않을 수도 있는 '우리'이지만, 咱们(zánmen)은 듣는 상대방을 포함한 '우리'예요.

> A: 우리(我们, wǒmen) 영화 보러 가는데, 너도 갈래?
> B: 응, 나도 갈래!
> A: 그래, 우리(咱们, zánmen) 같이 가자.

단어 好 hǎo 📖 안녕하다, 잘 지내다, 좋다   谢谢 xièxie 📖 감사합니다, 고마워   爱 ài 📖 사랑하다

2 간단하게 되묻는 **어기조사 呢?**(ne, ~는?)

루루
你呢?   너는?
Nǐ ne?

呢(ne, ~는?)를 문장 끝에서 대명사 또는 명사 뒤에 사용하면, 상대방의 상태나 의견을 쉽게 되물어 볼 수 있어요. 보통 앞서 말한 내용을 그대로 되물어 볼 때 쓰여요. 이렇게 문장 끝에 위치해 문장 전체의 뉘앙스를 바꾸거나 감정을 더해주는 단어를 '어기조사'라고 한다는 것도 알아두어요.

A: 我 很 好, 你 呢? 나는 잘 지내, 너는?
    Wǒ hěn hǎo, nǐ ne?
    나는 (매우) 잘 지내다 너 ~는?

B: 我 也 很 好。 나도 잘 지내.
    Wǒ yě hěn hǎo.
    나 도 (매우) 잘 지내다

A: 我 很 饿。 你们 呢? 나는 배고파. 너희는?
    Wǒ hěn è. Nǐmen ne?
    나는 (매우) 배고프다 너희 ~는?

B: 我们 也 很 饿。 우리도 배고파요.
    Wǒmen yě hěn è.
    우리 도 (매우) 배고프다

단어 饿 è 형 배고프다

STEP 3
확장표현으로 중국어 자동발사

🎧 Day01_확장표현.mp3

상황별로 쓰이는 다양한 **중국어 인사말**을 익혀보아요.

만날 때 쓰는 인사말

니이 하오
1. **你好。** 안녕. 안녕하세요.
   Nǐ hǎo.

니이 하오 마
2. **你好吗?** 잘 지내? 잘 지내세요?
   Nǐ hǎo ma?

   你好(안녕)는 처음 만난 사이이거나 이미 아는 사이에서 모두 사용할 수 있지만, 你好吗?(잘 지내?)는 이미 아는 사이에서만 쓸 수 있어요.

자오 아안
3. **早安。** 잘 잤어? 안녕히 주무셨어요?
   Zǎo'ān.

   *격음부호(') 앞 Zǎo와 뒤 ān을 구분해서 읽어요.

자오샹 하오
4. **早上好。** [아침 인사] 안녕. 안녕하세요.
   Zǎoshang hǎo.

우안샹 하오
5. **晚上好。** [저녁 인사] 안녕. 안녕하세요.
   Wǎnshang hǎo.

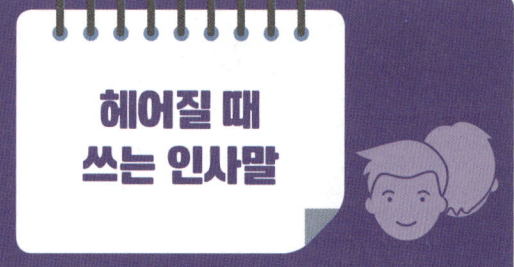

헤어질 때 쓰는 인사말

짜이찌엔
1. **再见。** 잘 가. 또 만나요.
   Zàijiàn.

빠이바이
2. **拜拜。** 잘 가. 잘 가요.
   Bàibai.

   拜拜는 영어 Bye-bye를 중국어 한자로 표기한 말이에요.

마안저우
3. **慢走。** 조심히 가. 살펴 가세요.
   Mànzǒu.

우안 아안
4. **晚安。** 잘 자. 안녕히 주무세요.
   Wǎn'ān.

   *격음부호(') 앞 Wǎn과 뒤 ān을 구분해서 읽어요. '우아 나안'으로 읽지 않아요.

쪼우모어 쿠아이르어
5. **周末快乐。** 주말 잘 보내. 주말 잘 보내세요.
   Zhōumò kuàilè.

*격음부호(')는 뒤의 발음이 a, o, e로 시작할 경우 앞뒤 발음을 명확하게 구분해주는 표시예요.

격려할 때 쓰는 말

찌아이어우
1. **加油!** 힘내! 힘내세요!
   Jiāyóu!

씨인쿠우 러
2. **辛苦了!** 수고했어! 수고하셨습니다!
   Xīnkǔ le!

고마움을 나타내는 말

씨에세
1 谢谢。 고마워. 감사합니다.
   Xièxie.

'고맙다'는 말에 대한 답변

부우 씨에
1 不谢。 천만에요.
   Bú xiè.

부우 이옹 씨에
2 不用谢。 천만에요.
   Bú yòng xiè.

부우 크어치
3 不客气。 천만에요.
   Bú kèqi.

중국인들은 **不谢**(천만에요)나 **不用谢**(천만에요)를 가장 많이 써요.

미안함을 나타내는 말

뿌우 하오 이이스
1 不好意思。 미안해. 미안해요.
   Bù hǎo yìsi.

뚜에이 부 치이
2 对不起。 죄송합니다.
   Duì bu qǐ.

중국인들은 미안함을 표현할 때 **不好意思**(미안해/미안해요)를 가장 흔히 써요. **对不起**(죄송합니다)는 정말 큰일을 냈을 때 쓰는 표현으로 웬만큼 미안한 일이 아니고서는 거의 사용하지 않아요.

'미안하다'는 말에 대한 답변

메이 꾸안시
1 没关系。 괜찮아. 괜찮아요.
   Méi guānxi.

연습문제로 실력다지기 🎧 Day01_연습문제.mp3

🎧 연습문제 바로 듣기

1 알맞은 병음 고르기

음원을 듣고 일치하는 병음을 고르세요.

1) ⓐ nì   ⓑ ní   ⓒ nǐ
2) ⓐ hěn ⓑ hén ⓒ hēn
3) ⓐ né   ⓑ nè   ⓒ ne

2 단어 듣고 병음/뜻 쓰기

다음 단어를 듣고 병음과 뜻을 써보세요.

1) 我们   병음 _____   뜻 _____

2) 大家   병음 _____   뜻 _____

3) 咱们   병음 _____   뜻 _____

3 문장 듣고 병음/뜻 쓰기

다음 문장을 듣고 병음과 뜻을 써보세요.

1) 문장 你好吗?

   병음 _____

   뜻 _____

2) 문장 我很好, 你呢?

   병음 _____

   뜻 _____

3) 문장 他爱她。

   병음 _____

   뜻 _____

정답 p.290

4 문장에 주요 단어 채우기 (HSK 3, 4급 독해 대비 유형)

아래 주어진 단어 중에서 괄호 안에 알맞은 단어를 골라 문장을 완성해보세요.

| 谢谢 xièxie | 她们 tāmen | 也 yě |

1) (　　　)也爱您。　　　그녀들도 당신을 사랑해요.
   (　　　) yě ài nín.

2) 我(　　　)很好。　　　나도 잘 지내.
   Wǒ (　　　) hěn hǎo.

5 대화 완성하기 (HSK 3급 독해 대비 유형)

빈칸에 알맞은 문장을 채워 대화를 완성해보세요.

| 不好意思。 Bù hǎo yìsi. | 你好。 Nǐ hǎo. | 慢走。 Mànzǒu. |

1) A: 拜拜！　　　　　　잘 가!
      Bàibai!

   B: _____　조심히 가.

2) A: _____　미안해.

   B: 没关系！　　　　　괜찮아!
      Méi guānxi!

6 문장 완성하기 (HSK 3, 4급 쓰기 대비 유형)

제시된 단어를 중국어 어순에 맞게 배열하여 문장을 완성해보세요.

1) 饿　　很　　我
   è　　hěn　　wǒ

   _____。　나는 배고파.

2) 也　　我们　　很好
   yě　　wǒmen　　hěn hǎo

   _____。　우리도 잘 지내.

간체자 쓰기

제시된 HSK 단어 및 주요 핵심 단어의 간체자와 병음을 또박또박 써보세요.

HSK 1급

你 nǐ　你你你你你你你　㈹ 너, 당신

HSK 1급

好 hǎo　好好好好好好　㈜ 잘 지내다, 좋다

HSK 1급

吗 ma　吗吗吗吗吗　㈜ ~니?, ~인가요?

HSK 1급

我 wǒ　我我我我我我　㈹ 나

HSK 1급

很 hěn　很很很很很很很　㈜ 매우

HSK 1급
呢
ne 呢呢呢呢呢呢呢   조 ~는?

HSK 2급
也
yě 也也也   부 ~도

HSK 1급
谢谢
xiè xie 谢谢谢谢谢谢谢谢谢谢
谢谢谢谢谢谢谢   동 고마워, 감사합니다

HSK 1급
再见
zài jiàn 再再再再再再
见见见见   동 잘 가, 안녕

不好意思
bù hǎo yì si
不不不不
好好好好好好
意意意意意意意意意意意意意
思思思思思思思   미안해, 미안해요

루루와 떠나는 중국 문화 여행

첫만남에 니하오마?

大家好!(Dàjiā hǎo!) 여러분 안녕하세요~! 여러분과 함께 중국 문화 여행을 시작하게 된 루루예요. 저와 함께 신나고 재밌는 중국 문화 여행을 떠나봐요!

> 처음 보는 중국인에게
> 인사하거나 말을 걸려면
> "你好!"(Nǐ hǎo!)라고 해야 해요.

혹시 처음 보는 중국인에게 '니하오마'라고 했던 적이 있나요? 만약 그랬다면 중국인이 약간 당황했을지도 모르겠네요.
처음 보는 중국인에게 인사하거나 말을 걸려면 "你好!"(Nǐ hǎo!)라고 해야 해요. "你好吗?"(Nǐ hǎo ma?)라고 하면 "잘 지내나요?"라고 묻는 것이 되어서 상대 중국인은 "나를 아시나요?"라는 표정을 지을 수도 있어요.
중국에서 한국 연예인 팬미팅에 간 적이 있는데 그분이 "你好吗?"라고 인사를 해서 팬들이 많이 웃었어요. 그래서 우리는 "你好!"라고 크게 외쳐 주었죠.

만나고 헤어질 때는 보통 "再见!"(Zàijiàn!, 잘 가요)을 써요. 再가 '다시'이고, 见이 '보다' 즉, '다시 보다'라는 의미가 포함된 말이에요. 재밌는 것은 중국인들은 연인과 헤어질 때에도 이 말을 쓴다는 거예요. "永别!"(Yǒngbié!)처럼 "영원히 이별이야!"라는 말을 하기도 하지만요.

중국 여행에서 택시를 타거나 호텔에 도착하면 반갑게 "你好!"라고 말하세요. 택시 기사와 호텔 직원이 "你好 你好!"라고 두 번 말한다면 너무 반갑다는 의미예요! 저도 여러분을 만나서 你好你好!

🎧 바로 쓰는 왕초보 여행 중국어

처음 보는 중국인에게 말을 걸어야 할 때

1 안녕하세요!/실례합니다!
니이 하오
你好!
Nǐ hǎo!

2 미안해요./죄송합니다.
뿌우 하오 이이스
不好意思。
Bù hǎo yìsi.

🎧 바로 듣고 따라하기

DAY 02

바빠요?
你忙吗?
Nǐ máng ma?

바로 듣고 따라하기

형용사 표현으로 상대방의 현재 상태를 묻거나 자신의 상태를 얘기할 수 있어요. 실생활에 자주 사용되는 다양한 형용사 표현을 익혀보아요!

🎧 왕초보 단어 미리보기

- 忙 máng 〔형〕 바쁘다
- 吗 ma 〔조〕 ~니?, ~인가요?
- 不 bù 〔부〕 아니
- 累 lèi 〔형〕 피곤하다
- 还可以 hái kěyǐ 아직은 괜찮아요, 그런대로 괜찮아요
- 拜拜 báibai 안녕, 잘 가, 안녕히 가세요

STEP 1
실전회화로 말문트기

🎧 Day02_실전회화_듣기/따라읽기.mp3   🎧 Day02_실전회화_드라마.mp3

듣기 mp3로 먼저 들어본 후 따라읽기 mp3로 따라서 말해보세요.

장 과장

니이 마앙 마
你忙吗? 바빠요?
Nǐ máng ma?

문장 끝에 **吗?**를 붙이면 '~(인)가요?' 라고 묻는 일반의문문이 돼요.

우어 흐언 마앙   니이 너
我很忙，你呢? 바쁩니다. 과장님(당신)은요?
Wǒ hěn máng, nǐ ne?

동희 씨

很을 형용사 **忙**(바쁘다) 앞에 특별한 의미 없이 썼어요.

장 과장

우어 뿌우 마앙   니이 레이 마
我不忙。你累吗? 안 바빠요. 피곤해요?
Wǒ bù máng. Nǐ lèi ma?

형용사 앞에 **不**(아니)를 붙여 부정문을 만들었어요. 부정문에서는 **很** 자리에 **不**를 써요.

还可以는 '아직'이라는 뜻의 **还**와 '괜찮다, 좋다'라는 뜻의 **可以**가 합쳐져 '아직은 괜찮다'라는 뜻으로 사용되는 말이에요.

하이 크어이이
还可以。 아직은 괜찮습니다.
Hái kěyǐ.

동희 씨

장 과장

빠이바이
拜拜! 안녕!
Bàibai!

* <중국어 말문트기 워크북>으로 말하기를 집중 훈련하면 실전회화가 저절로 자동발사돼요.

STEP 2
기초어법으로 내공쌓기
🎧 Day02_기초어법.mp3

1 형용사로 술술~ 형용사술어문

동희 씨

우어 흐언 마앙
我很忙。
Wǒ hěn máng.
바쁩니다.

형용사가 술어로 사용된 문장을 '형용사술어문'이라고 하며, 어떤 상태나 상황을 표현할 수 있어요. 형용사 술어 앞에는 '很(hěn, 매우)'을 습관적으로 붙여서 의미 없이 사용해요. 很은 원래 '매우'라는 뜻이에요. 그런데 중국인들은 보통 '바쁘다', '피곤하다'와 같은 형용사 표현을 쓸 땐 별다른 의미 없이 앞에 很을 붙여 쓴답니다.

긍정문

우어 흐언 레이
我 很 累。
Wǒ hěn lèi.
나는 (매우) 피곤하다

나는 피곤해.

우어 흐언 으어
我 很 饿。
Wǒ hěn è.
나는 (매우) 배고프다

나는 배고파.

단어 饿 è 囿 배고프다

---

2 부정부사 不(bù, 아니)로 형용사술어문 부정하기

장 과장

우어 뿌우 마앙
我不忙。
Wǒ bù máng.
안 바빠요.

不(bù, 아니)를 술어 앞에 붙이면 부정문이 되는데, 이처럼 문장을 부정문으로 바꾸어주는 부사를 '부정부사'라고 해요. 형용사술어문을 부정문으로 바꿀 땐 很 자리에 不를 쓰면 돼요. 不(bù) 뒤에 累(lèi)와 같이 4성이 올 경우, 不는 2성인 bú로 발음하고 표기도 바뀌는 것에 주의하세요.

부정문

우어 부우 레이
我 不 累。
Wǒ bú lèi.
나는 아니 피곤하다

나는 안 피곤해.

타아 부우 으어
她 不 饿。
Tā bú è.
그녀는 아니 배고프다

그녀는 안 배고파.

3 吗?(ma, ~니?) 만 붙이면 의문문

장 과장

니이 레이 마
你累吗?　　　　피곤해요?
Nǐ lèi ma?

우리말로 질문할 때 보통 '~니?', '~요?', '~까?' 등을 문장 끝에 붙이게 되죠. 이처럼 중국어도 문장 끝에 '吗(ma, ~니?)'만 붙여주면 상대방에게 질문을 하는 의문문이 돼요. 형용사술어문도 끝에 吗?를 붙이면 의문문이 되며, 의문문에서는 很(hěn, 매우)을 사용하지 않음을 알아두세요. 吗도 呢(ne, ~는?)처럼 문장 끝에서 문장 전체의 어조를 바꾸어주는 어기조사 중 하나예요.

니이　레이　마
A: 你　累　吗?　　　　너는 피곤하니?
　　Nǐ　lèi　ma?
　　너는 피곤하다 ~니?

우어　흐언　레이
B: 我　很　累。　　　　나는 피곤해.
　　Wǒ　hěn　lèi.
　　나는 (매우) 피곤하다

니이　으어　마
A: 你　饿　吗?　　　　너는 배고프니?
　　Nǐ　è　ma?
　　너는 배고프다 ~니?

우어　부우　으어
B: 我　不　饿。　　　　나는 안 배고파.
　　Wǒ　bú　è.
　　나는 아니 배고프다

➕ 플러스 포인트

吗(ma, ~니?)의문문은 술어 앞에 부정부사 不(bù, 아니)를 붙이면 부정의문문이 돼요. 부정의문문에 대한 답변은 긍정의문문이랑 똑같아요.

니이　뿌우　마앙　마
A: 你　不　忙　吗?　　　너는 안 바쁘니?
　　Nǐ　bù　máng　ma?
　　너는 아니 바쁘다 ~니?

우어　흐언　마앙
B: 我　很　忙。　　　　나는 바빠.
　　Wǒ　hěn　máng.
　　나는 (매우) 바쁘다

우어　뿌우　마앙
我　不　忙。　　　　나는 안 바빠.
Wǒ　bù　máng.
나는 아니 바쁘다

STEP 3
확장표현으로 중국어 자동발사

🎧 Day02_확장표현.mp3

자주 쓰이는 **기본 형용사**를 형용사 술어를 사용한 吗(ma, ~니?)의문문, 긍정문, 부정문으로 익혀보아요.

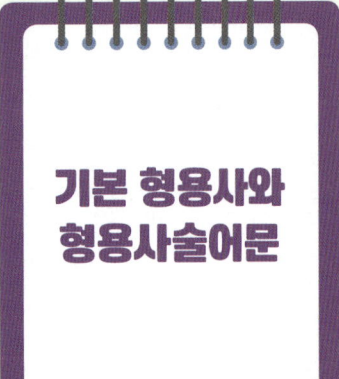

기본 형용사와 형용사술어문

까오
高
gāo
(키가) 크다, 높다

1 她高吗? 그녀는 (키가) 크니?
  Tā gāo ma?

2 她很高。 그녀는 (키가) 커.
  Tā hěn gāo.

3 她不高。 그녀는 (키가) 안 커.
  Tā bù gāo.

아이
矮
ǎi
(키가) 작다, 낮다

1 他矮吗? 그는 (키가) 작니?
  Tā ǎi ma?

2 他很矮。 그는 (키가) 작아.
  Tā hěn ǎi.

3 他不矮。 그는 (키가) 안 작아.
  Tā bù ǎi.

마앙
忙
máng
바쁘다

1 你忙吗? 너는 바쁘니?
  Nǐ máng ma?

2 我很忙。 나는 바빠.
  Wǒ hěn máng.

3 我不忙。 나는 안 바빠.
  Wǒ bù máng.

레이
累
lèi
피곤하다

1 你累吗? 너는 피곤하니?
  Nǐ lèi ma?

2 我很累。 나는 피곤해.
  Wǒ hěn lèi.

3 我不累。 나는 안 피곤해.
  Wǒ bú lèi.

쿠언
困
kùn
졸리다

1 你困吗? 너는 졸리니?
  Nǐ kùn ma?

2 我很困。 나는 졸려.
  Wǒ hěn kùn.

3 我不困。 나는 안 졸려.
  Wǒ bú kùn.

크어
渴
kě
목마르다

1 你渴吗? 너는 목마르니?
  Nǐ kě ma?

2 我很渴。 나는 목말라.
  Wǒ hěn kě.

3 我不渴。 나는 안 목말라.
  Wǒ bù kě.

으어
饿
è
배고프다

1 你饿吗? 너는 배고프니?
  Nǐ è ma?

2 我很饿。 나는 배고파.
  Wǒ hěn è.

3 我不饿。 나는 안 배고파.
  Wǒ bú è.

바오
饱
bǎo
배부르다

1 你饱吗? 너는 배부르니?
  Nǐ bǎo ma?

2 我很饱。 나는 배불러.
  Wǒ hěn bǎo.

3 我不饱。 나는 안 배불러.
  Wǒ bù bǎo.

胖
파앙
pàng
뚱뚱하다

1 他胖吗? 그는 뚱뚱하니?
  Tā pàng ma?

2 他很胖。 그는 뚱뚱해.
  Tā hěn pàng.

3 他不胖。 그는 안 뚱뚱해.
  Tā bú pàng.

瘦
쏘̂어우
shòu
마르다

1 她瘦吗? 그녀는 말랐니?
  Tā shòu ma?

2 她很瘦。 그녀는 말랐어.
  Tā hěn shòu.

3 她不瘦。 그녀는 안 말랐어.
  Tā bú shòu.

漂亮
피아오량
piàoliang
예쁘다

1 她漂亮吗? 그녀는 예쁘니?
  Tā piàoliang ma?

2 她很漂亮。 그녀는 예뻐.
  Tā hěn piàoliang.

3 她不漂亮。 그녀는 안 예뻐.
  Tā bú piàoliang.

帅
쏘̂아이
shuài
멋지다

1 他帅吗? 그는 멋지니?
  Tā shuài ma?

2 他很帅。 그는 멋져.
  Tā hěn shuài.

3 他不帅。 그는 안 멋져.
  Tā bú shuài.

高兴
까오씽
gāoxìng
기쁘다

1 你们高兴吗? 너희는 기쁘니?
  Nǐmen gāoxìng ma?

2 我们很高兴。 우리는 기뻐.
  Wǒmen hěn gāoxìng.

3 我们不高兴。 우리는 안 기뻐.
  Wǒmen bù gāoxìng.

开心
카이씬
kāixīn
즐겁다

1 他们开心吗? 그들은 즐겁니?
  Tāmen kāixīn ma?

2 他们很开心。 그들은 즐거워.
  Tāmen hěn kāixīn.

3 他们不开心。 그들은 안 즐거워.
  Tāmen bù kāixīn.

연습문제로 실력다지기 🎧 Day02_연습문제.mp3

🎧 연습문제 바로 듣기

1 알맞은 병음 고르기

음원을 듣고 일치하는 병음을 고르세요.

1) ⓐ māng　ⓑ máng　ⓒ màng
2) ⓐ shōu　ⓑ shòu　ⓒ shǒu
3) ⓐ ma　ⓑ mā　ⓒ mà

2 단어 듣고 병음/뜻 쓰기

다음 단어를 듣고 병음과 뜻을 써보세요.

1) 累　　병음 _____　뜻 _____

2) 饿　　병음 _____　뜻 _____

3) 渴　　병음 _____　뜻 _____

3 문장 듣고 병음/뜻 쓰기

다음 문장을 듣고 병음과 뜻을 써보세요.

1) **문장** 你忙吗?

　병음 _____

　뜻 _____

2) **문장** 我不饱。

　병음 _____

　뜻 _____

3) **문장** 她很漂亮。

　병음 _____

　뜻 _____

정답 p.290

4 문장에 주요 단어 채우기 (HSK 3, 4급 독해 대비 유형)

아래 주어진 단어 중에서 괄호 안에 알맞은 단어를 골라 문장을 완성해보세요.

| 吗 ma | 不 bù | 帅 shuài |

1) 他很( )。 그는 멋져.
   Tā hěn ( ).

2) 她漂亮( )? 그녀는 예쁘니?
   Tā piàoliang ( )?

5 대화 완성하기 (HSK 3급 독해 대비 유형)

빈칸에 알맞은 문장을 채워 대화를 완성해보세요.

| 拜拜。 Bàibai. | 还可以。 Hái kěyǐ. | 我不忙。 Wǒ bù máng. |

1) A: 你累吗? 피곤해요?
   Nǐ lèi ma?
   B: _____ 아직은 괜찮습니다.

2) A: 再见! 안녕!
   Zàijiàn!
   B: _____ 안녕.

6 문장 완성하기 (HSK 3, 4급 쓰기 대비 유형)

제시된 단어를 중국어 어순에 맞게 배열하여 문장을 완성해보세요.

1) 很   开心   他们
   hěn   kāixīn tāmen

   _____。 그들은 즐거워.

2) 他   吗   胖
   tā   ma   pàng

   _____? 그는 뚱뚱하니?

정답 p.290

간체자 쓰기

제시된 HSK 단어 및 주요 핵심 단어의 간체자와 병음을 또박또박 써보세요.

HSK 2급

忙 máng
忙忙忙忙忙
형 바쁘다

HSK 1급

不 bù
不不不不
부 아니

HSK 2급

累 lèi
累累累累累累累累累累
형 피곤하다

HSK 2급

高 gāo
高高高高高高高高高
형 (키가) 크다, 높다

HSK 3급

矮 ǎi
矮矮矮矮矮矮矮矮矮矮
형 (키가) 작다, 낮다

HSK 3급

渴
kě 渴渴渴渴渴渴渴渴渴渴 　　　　　　　　　　형 목마르다

渴
kě

HSK 3급

饿
è 饿饿饿饿饿饿饿饿饿饿 　　　　　　　　　　형 배고프다

饿
è

HSK 1급

高兴
gāo xìng 高高高高高高高高高高
兴兴兴兴兴兴 　　　　　　　　　　　　　형 기쁘다

高 兴
gāo xìng

HSK 1급

漂亮
piào liang 漂漂漂漂漂漂漂漂漂漂
亮亮亮亮亮亮亮 　　　　　　　　　　　형 예쁘다

漂 亮
piào liang

还可以
hái kě yǐ 还还还还还还
可可可可可
以以以以以 　　　　　　아직은 괜찮아요, 그런대로 괜찮아요

还 可 以
hái kě yǐ

루루와 떠나는 중국 문화 여행

음식을 남겨야 예의 바르다!

제가 한국에 와서 가진 새로운 습관 중 하나가 밥을 먹을 때 그릇을 싹싹 비우는 거예요. 그릇을 하나씩 쌓아 가는 게 어찌나 즐겁던지! 그런데 중국에서도 그릇을 모두 비워야 잘 먹은 것일까요?

> **그릇을 깨끗이 비우지 말고 음식을 남겨야 예의 바른 사람이랍니다!**

중국의 식사 예절은 한국과 조금 달라요. 그릇을 깨끗이 비우지 말고 음식을 남겨야 예의 바른 사람이랍니다! 왜냐고요? 그 이유는 그릇을 싹싹 비우게 되면 초대한 사람이 음식 준비를 많이 하지 않았다는 의미가 되거든요.

중국에서 식사할 때 주의해야 할 몇 가지를 알려 드릴게요! 먼저, 고개를 너무 푹 숙이고 자기 음식에만 집중하면 안 돼요. 이건 한국의 식사 예절과 같죠? 그리고 중국인들과 식사를 하게 되면 생선 요리가 꼭 나올 거예요. 그때! 생선을 뒤집어서는 안 돼요. 우리 중국 사람들에게 생선은 물 위에 띄우는 '배'(船, chuán)와 같아서 막 뒤집게 되면 배가 뒤집히는 것 같거든요.

중국인들은 여럿이 함께 많은 요리를 먹는 것을 좋아해서 돌아가는 유리판이 있는 원탁에서 식사를 해요. 이때 유리판 위에 있는 음식들을 앞 접시에 가져다 먹는답니다. 앞 접시에 있는 음식은 다 먹어도 되지만 요리 그릇에 한 숟가락만 남았다고 해도 먹지 말고 남겨야 해요!

바로 쓰는 왕초보 여행 중국어

배부르게 잘 먹었을 때

1. 좋아(요)! 좋아(요)!
   하오 하오
   好! 好!
   Hǎo! Hǎo!

2. 맛있어요! 맛있어요!
   하오츨 하오츨
   好吃! 好吃!
   Hǎochī! Hǎochī!

3. 배불러(요)! 배불러(요)!
   바오 바오
   饱! 饱!
   Bǎo! Bǎo!

4. 배불러요!(잘 먹었어요!) 감사합니다!
   흐언 바오 씨에세
   很饱! 谢谢!
   Hěn bǎo! Xièxie!

DAY 03

너 커피 마시니?
你喝咖啡吗?
Nǐ hē kāfēi ma?

'喝(마시다)', '吃(먹다)'과 같은 동사를 사용하여 자신이나 상대방의 행동을 표현할 수 있어요. 다양한 마실 것과 먹을 것의 표현들도 함께 익혀보아요!

 왕초보 단어 미리보기

喝	hē	동	마시다
咖啡	kāfēi	명	커피
饿	è	형	배고프다
吃	chī	동	먹다
面包	miànbāo	명	빵

실전회화로 말문트기

🎧Day03_실전회화_듣기/따라읽기.mp3   🎧Day03_실전회화_드라마.mp3

듣기 mp3로 먼저 들어본 후 따라읽기 mp3로 따라서 말해보세요.

민준

> ⓕ는 영어의 f처럼 윗니로 아랫입술을 살짝 물었다 떼면서 발음해요.

니이 흐어 카아ⓕ에이 마
你喝咖啡吗?   너 커피 마시니?
Nǐ hē kāfēi ma?

喝(마시다)라는 동사가 술어로, 咖啡(커피)가 목적어로 사용된 동사술어문에 吗?가 붙어 의문문이 되었어요.

喝(마시다)가 술어, 咖啡(커피)가 목적어로 사용된 동사술어문이에요.

우어 흐어 카아ⓕ에이
我喝咖啡。   나는 커피 마셔.
Wǒ hē kāfēi.

루루

민준

> ⓒ은 이를 앙 물고 혀를 둥근 국자처럼 만 상태에서 공기를 내보내며 발음해요.

니이 으어 마   니이 츠ⓒ 미엔빠오 마
你饿吗?   你吃面包吗?
Nǐ è ma?   Nǐ chī miànbāo ma?
배고프니? 너 빵 먹니?

형용사 饿(배고프다)와 동사 吃(먹다) 앞에 不(아니)를 붙인 부정문이에요.

우어 부우 으어   우어 뿌우 츠ⓒ 미엔빠오
我不饿。 我不吃面包。
Wǒ bú è.   Wǒ bù chī miànbāo.
나는 배 안 고파. 나는 빵을 안 먹어.

루루

* <중국어 말문트기 워크북>으로 말하기를 집중 훈련하면 실전회화가 저절로 자동발사돼요.

STEP 2
기초어법으로 내공쌓기 🎧 Day03_기초어법.mp3

1 동사로 술술~ 동사술어문

루루

> 우어 흐어 카아(f)에이
> 我 **喝** 咖啡。
> Wǒ hē kāfēi.   나는 커피 **마셔**.

동사가 술어인 문장을 '동사술어문'이라고 해요. '我喝(나는 마셔)'처럼 동사 하나만 술어로 쓸 수도 있지만, '我喝咖啡(나는 커피 마셔)'처럼 '咖啡(커피)'를 목적어로 술어 뒤에 붙여 쓸 수도 있어요.

타아 츠(r) 미엔빠오
他 吃 面包。
Tā chī miànbāo.
그는 먹다 빵을

그는 빵을 **먹어**.

타아 츠(r) (f)아안
她 吃 饭。
Tā chī fàn.
그녀는 먹다 밥을

그녀는 밥을 **먹어**.

단어   饭 fàn 몡 밥

2 부정부사 不(bù, 아니)로 동사술어문 부정하기

루루

> 우어 뿌우 츠(r) 미엔빠오
> 我 **不** 吃 面包。
> Wǒ bù chī miànbāo.   나는 빵을 **안** 먹어.

동사술어문에서 동사 앞에 부정부사 不(bù, 아니)를 붙이면 부정문이 돼요.

우어 뿌우 흐어 카아(f)에이
我 不 喝 咖啡。
Wǒ bù hē kāfēi.
나는 아니 마시다 커피를

나는 커피를 **안** 마셔.

우어 뿌우 츠(r) (f)아안
我 不 吃 饭。
Wǒ bù chī fàn.
나는 아니 먹다 밥을

나는 밥을 **안** 먹어.

3 吗?(ma, ~니?)만 붙이면 의문문

민준

니이 흐어 카아ⓕ에이 마
你喝咖啡吗?
Nǐ hē kāfēi ma?

너 커피 마시니?

형용사술어문처럼 동사술어문도 문장 끝에 吗?(ma, ~니?)만 붙이면 의문문이 돼요.

A: 你 吃 饭 吗?
   Nǐ chī fàn ma?
   너는 먹다 밥을 ~니?

너는 밥을 먹니?

B: 我 吃 饭。
   Wǒ chī fàn.
   나는 먹다 밥을

나는 밥을 먹어.

我 不 吃 饭。
Wǒ bù chī fàn.
나는 아니 먹다 밥을

나는 밥을 안 먹어.

A: 你 不 喝 酒 吗?
   Nǐ bù hē jiǔ ma?
   너는 아니 마시다 술을 ~니?

너는 술을 안 마시니?

B: 我 喝 酒。
   Wǒ hē jiǔ.
   나는 마시다 술을

나는 술을 마셔.

我 不 喝 酒。
Wǒ bù hē jiǔ.
나는 아니 마시다 술을

나는 술을 안 마셔.

단어 酒 jiǔ 명 술

STEP 3
확장표현으로 중국어 자동발사

🎧 Day03_확장표현.mp3

자주 쓰이는 **기본 동사**를 동사 술어를 사용한 **吗**(ma, ~니?)의문문, 긍정문, 부정문으로 익혀보아요.

기본 동사와 동사술어문

흐어
喝
hē
마시다

1 你喝吗? 너는 마시니?
  Nǐ hē ma?
2 我喝。 나는 마셔.
  Wǒ hē.
3 我不喝。 나는 안 마셔.
  Wǒ bù hē.

츠
吃
chī
먹다

1 你吃吗? 너는 먹니?
  Nǐ chī ma?
2 我吃。 나는 먹어.
  Wǒ chī.
3 我不吃。 나는 안 먹어.
  Wǒ bù chī.

취이
去
qù
가다

1 你去吗? 너는 가니?
  Nǐ qù ma?
2 我去。 나는 가.
  Wǒ qù.
3 我不去。 나는 안 가.
  Wǒ bú qù.

라이
来
lái
오다

1 他来吗? 그는 오니?
  Tā lái ma?
2 他来。 그는 와.
  Tā lái.
3 他不来。 그는 안 와.
  Tā bù lái.

두우
读
dú
읽다

1 她读吗? 그녀는 읽니?
  Tā dú ma?
2 她读。 그녀는 읽어.
  Tā dú.
3 她不读。 그녀는 안 읽어.
  Tā bù dú.

팅
听
tīng
듣다

1 你听吗? 너는 듣니?
  Nǐ tīng ma?
2 我听。 나는 들어.
  Wǒ tīng.
3 我不听。 나는 안 들어.
  Wǒ bù tīng.

쓰우어
说
shuō
말하다

1 你说吗? 너는 말하니?
  Nǐ shuō ma?
2 我说。 나는 말해.
  Wǒ shuō.
3 我不说。 나는 안 말해.
  Wǒ bù shuō.

시에
写
xiě
쓰다

1 你写吗? 너는 쓰니?
  Nǐ xiě ma?
2 我写。 나는 써.
  Wǒ xiě.
3 我不写。 나는 안 써.
  Wǒ bù xiě.

동사 **喝**(hē, 마시다)와 **吃**(chī, 먹다)을 술어로 사용한 문장으로 **마실 것, 먹을 것** 표현들을 익혀보아요. (빈칸에 아래 단어를 하나씩 넣어서 읽어보세요.)

喝 + 마실 것
hē
~을 마시다

니이 흐어 마
A: 你喝_____吗? 너는 ____ 마시니?
Nǐ hē _____ ma?

우어 흐어   우어 뿌우 흐어
B: 我喝_____。 / 我不喝_____。 나는 ____ 마셔. / 나는 ____ 안 마셔.
Wǒ hē _____. / Wǒ bù hē _____.

뤼이츠아	호옹츠아	나이츠아	슈우에이	피이지어우
绿茶	红茶	奶茶	水	啤酒
lǜchá	hóngchá	nǎichá	shuǐ	píjiǔ
녹차	홍차	밀크티	물	맥주

푸우타오지어우	쌰오지어우	니어우나이	크어르어	쉬에삐이
葡萄酒	烧酒	牛奶	可乐	雪碧
pútáojiǔ	shāojiǔ	niúnǎi	kělè	xuěbì
포도주	소주	우유	콜라	사이다

吃 + 먹을 것
chī
~을 먹다

니이 츠 마
A: 你吃_____吗? 너는 ____ 먹니?
Nǐ chī _____ ma?

우어 츠   우어 뿌우 츠
B: 我吃_____。 / 我不吃_____。 나는 ____ 먹어. / 나는 ____ 안 먹어.
Wǒ chī _____. / Wǒ bù chī _____.

판	라아미엔	미엔티아오	빠오즈
饭	拉面	面条	包子
fàn	lāmiàn	miàntiáo	bāozi
밥	라면	국수	찐빵

따안까오	빠오미이후아	비이싸아비잉	하안바오빠오
蛋糕	爆米花	比萨饼	汉堡包
dàngāo	bàomǐhuā	bǐsàbǐng	hànbǎobāo
케이크	팝콘	피자	햄버거

연습문제로 실력다지기 🎧 Day03_연습문제.mp3

🎧 연습문제 바로 듣기

1 알맞은 병음 고르기

음원을 듣고 일치하는 병음을 고르세요.

1) ⓐ hē ⓑ hè ⓒ hě
2) ⓐ chǐ ⓑ chī ⓒ chì
3) ⓐ qù ⓑ qu ⓒ qū

2 단어 듣고 병음/뜻 쓰기

다음 단어를 듣고 병음과 뜻을 써보세요.

1) 咖啡　　병음 _____　　뜻 _____

2) 面包　　병음 _____　　뜻 _____

3) 饭　　　병음 _____　　뜻 _____

3 문장 듣고 병음/뜻 쓰기

다음 문장을 듣고 병음과 뜻을 써보세요.

1) 문장 你吃拉面吗?

   병음 _____

   뜻 _____

2) 문장 我喝水。

   병음 _____

   뜻 _____

3) 문장 我不喝啤酒。

   병음 _____

   뜻 _____

정답 p.291

4 문장에 주요 단어 채우기 (HSK 3, 4급 독해 대비 유형)

아래 주어진 단어 중에서 괄호 안에 알맞은 단어를 골라 문장을 완성해보세요.

| 面条 miàntiáo | 奶茶 nǎichá | 说 shuō |

1) 我( )。 나는 말해.
   Wǒ ( ).

2) 他吃( )。 그는 국수를 먹어.
   Tā chī ( ).

5 대화 완성하기 (HSK 3급 독해 대비 유형)

빈칸에 알맞은 문장을 채워 대화를 완성해보세요.

| 我不饿。 Wǒ bú è. | 我不听。 Wǒ bù tīng. | 他不来。 Tā bù lái. |

1) A: 你饿吗? 배고프니?
   Nǐ è ma?
   B: _____ 나는 배 안 고파.

2) A: 你听吗? 너는 듣니?
   Nǐ tīng ma?
   B: _____ 나는 안 들어.

6 문장 완성하기 (HSK 3, 4급 쓰기 대비 유형)

제시된 단어를 중국어 어순에 맞게 배열하여 문장을 완성해보세요.

1) 吗   牛奶   你   喝
   ma niúnǎi nǐ hē

   _____? 너는 우유 마시니?

2) 不   蛋糕   我   吃
   bù dàngāo wǒ chī

   _____。 나는 케이크 안 먹어.

정답 p.291

간체자 쓰기

제시된 HSK 단어 및 주요 핵심 단어의 간체자와 병음을 또박또박 써보세요.

HSK 1급

喝
hē
喝喝喝喝喝喝喝喝喝喝
⑧ 마시다

HSK 1급

吃
chī
吃吃吃吃吃吃
⑧ 먹다

HSK 1급

去
qù
去去去去去
⑧ 가다

HSK 1급

来
lái
来来来来来来来
⑧ 오다

HSK 1급

读
dú
读读读读读读读读
⑧ 읽다

HSK 1급

听 tīng — 听听听听听听听 — 동 듣다

HSK 1급

说 shuō — 说说说说说说说说 — 동 말하다

HSK 1급

写 xiě — 写写写写写 — 동 쓰다

HSK 2급

咖啡 kā fēi — 咖咖咖咖咖咖咖 啡啡啡啡啡啡啡啡啡 — 명 커피

HSK 3급

面包 miàn bāo — 面面面面面面面面面 包包包包包包 — 명 빵

루루와 떠나는 중국 문화 여행

차(茶) 없이는 못 살아!

중국인들의 일상생활에서 절대 빠질 수 없는 것이 하나 있는데, 그것은 바로 차(茶)예요. 중국인들은 평소에 물보다 차를 더 많이 마시거든요!

> 중국은 세계에서
> 차를 마시는 습관이
> 가장 오래된 나라예요.

서호용정차는 항저우(杭州, Hángzhōu)의 서호(西湖) 일대에서 재배되고 있어요. 항저우를 여행하게 되면 차밭 주변의 차관(찻집)에서 꼭 서호용정차를 시음해보세요!

중국은 세계에서 차를 마시는 습관이 가장 오래된 나라예요. 중국 신화에 의하면 기원전 2,700년 경에 신농(神农)이라는 임금이 평소에 약초에 관심이 많아서 여러 풀잎을 먹었어요. 한 번은 독초를 먹게 되었는데, 다행히 주변에 있는 잎을 먹어서 해독이 되었어요. ==그 후로 그 잎을 차로 끓여 먹었고, 그때부터 중국인들은 차를 마시게 되었다고 전해지고 있어요.==

한국 사람들에게도 잘 알려진 중국차에는 녹차(绿茶, lǜchá), 보이차(普洱茶, pǔ'ěrchá), 우롱차(乌龙茶, wūlóngchá), 홍차(红茶, hóngchá)가 있어요. 그중 ==중국의 10대 명차 1위로 선정된 적이 있는 차는 바로 녹차의 한 종류인 '서호용정차(西湖龙井茶, Xīhú lóng jǐngchá)==예요.

🎧 바로 쓰는 왕초보 여행 중국어

찻집이나 카페에서 주문할 때

1. 녹차! 녹차! (녹차 주세요)
   뤼이챠아 뤼이챠아
   绿茶! 绿茶!
   Lǜchá! Lǜchá!

2. 밀크티! 밀크티! (밀크티 주세요)
   나이챠아 나이챠아
   奶茶! 奶茶!
   Nǎichá! Nǎichá!

3. 아메리카노! 아메리카노! (아메리카노 주세요)
   메이쓰카아페이 메이쓰카아페이
   美式咖啡! 美式咖啡!
   Měishìkāfēi! Měishìkāfēi!

4. 카페라떼! 카페라떼! (카페라떼 주세요)
   나아티에 나아티에
   拿铁! 拿铁!
   Nátiě! Nátiě!

5. 녹차 주세요!
   게이 우어 뤼이챠아
   给我绿茶!
   Gěi wǒ lǜchá!

🎧 바로 듣고 따라하기

DAY 04

너는 TV 봐 안 봐?
你看不看电视?
Nǐ kàn bu kàn diànshì?

우리말로 '봐 안 봐?'라는 표현이 있듯, 중국어에도 'A 不 A?(A해 안 A해?)'로 표현하는 정반의문문이 있어요. 다양한 동사와 형용사로 정반의문문을 익혀보아요.

🎧 왕초보 단어 미리보기

- 看 kàn 〔동〕 보다
- 电视 diànshì 〔명〕 TV
- 也 yě 〔부〕 ~도
- 电影 diànyǐng 〔명〕 영화
- 一起 yìqǐ 〔부〕 같이, 함께
- 吧 ba 〔조〕 ~하자, ~하렴

실전회화로 말문트기

🎧 Day04_실전회화_듣기/따라읽기.mp3   🎧 Day04_실전회화_드라마.mp3

듣기 mp3로 먼저 들어본 후 따라읽기 mp3로 따라서 말해보세요.

→ ⓕ은 이를 앙 물고 혀를 둥근 국자처럼 만 상태에서 공기를 내보내며 발음해요.

루루

니이 카안 부 카안 띠엔쓔
你看不看电视? 너는 TV 봐 안 봐?
Nǐ kàn bu kàn diànshì?

看不看~?을 우리말로 하면 '봐 안 봐?'예요. 우리말 '봐 안 봐?'의 끝에 '~니/까?'가 없어도 의문문이 되는 것처럼, 의문문을 만드는 '吗?' 없이 의문문이 된답니다.

우어 부우 카안 띠엔쓔   니이 너
我不看电视, 你呢? 나는 TV 안 봐, 너는?
Wǒ bú kàn diànshì, nǐ ne?

민준

루루

우어 이에 부우 카안 띠엔쓔   니이 카안 부 카안 띠엔이잉
我也不看电视, 你看不看电影?
Wǒ yě bú kàn diànshì, nǐ kàn bu kàn diànyǐng?
나도 TV 안 봐, 영화 봐 안 봐?

우어 카안 띠엔이잉
我看电影。 나는 영화 봐.
Wǒ kàn diànyǐng.

민준

루루

우어먼 이이치이 카안 띠엔이잉 바
我们一起看电影吧!
Wǒmen yìqǐ kàn diànyǐng ba!
우리 같이 영화 보자!

一起는 '같이'라는 뜻이고 吧는 '~하자'라는 뜻이에요. 따라서 '我们一起 ~ 吧'는 '우리 같이 ~하자'라는 뜻이 된답니다.

* <중국어 말문트기 워크북>으로 말하기를 집중 훈련하면 실전회화가 저절로 자동발사돼요.

DAY 04 너는 TV 봐 안 봐? 你看不看电视? **69**

STEP 2
기초어법으로 내공쌓기
🎧 Day04_기초어법.mp3

1 할지 말지를 물어보는 정반의문문

루루

니이 카안 부 카안 띠엔쓰
你看不看电视?
Nǐ kàn bu kàn diànshì?

너는 TV 봐 안 봐?

루루의 말 '看不看?(봐 안 봐?)'에서 동사의 긍정형인 看(kàn, 보다)과 부정형인 不看(bú kàn, 안 보다)을 나란히 쓴 것처럼 'A 不 A' 형태를 '정반의문문'이라고 해요. 정반의문문은 그 자체가 의문문 형태이므로 문장 끝에 '吗?'를 쓰면 안 돼요. 정반의문문은 어떤 사실을 직설적으로 묻는 吗의문문과는 달리, 상대에게 답변의 선택권을 주면서 조금은 완곡하게 사실을 물어보는 뉘앙스를 담고 있어요.

● 동사 喝(hē, 마시다)와 吃(chī, 먹다)을 사용한 정반의문문을 따라 익혀보아요. 정반의문문을 발음할 때 '不(bu, 아니다)'는 경성으로 가볍게 발음하면 됩니다.

타아 흐어 부 흐어 나이ㅊ아
她 喝 不 喝 奶茶?
Tā hē bu hē nǎichá?
그녀는 마셔 안 마셔 밀크티를

그녀는 밀크티를 마셔 안 마셔?

타아 츠 부 츠 하안바오빠오
他 吃 不 吃 汉堡包?
Tā chī bu chī hànbǎobāo?
그는 먹어 안 먹어 햄버거를

그는 햄버거를 먹어 안 먹어?

● 형용사를 사용한 정반의문문을 익혀보아요.

니이 마앙 부 마앙
你 忙 不 忙?
Nǐ máng bu máng?
너는 바빠 안 바빠

너는 바빠 안 바빠?

● 高兴(gāoxìng, 기쁘다)처럼 두 글자로 이루어진 2음절 단어의 경우에는 'AB 不 AB' 또는 'A 不 AB'의 형태로 정반의문문을 만들어요. 高兴을 예로 들면, '高兴不高兴' 또는 '高不高兴' 둘 다 되는 것이죠. 하지만 중국인들은 'A 不 AB' 형태를 더 자주 쓴답니다.

니이먼 까오(씨잉) 부 까오씨잉
你们 高(兴) 不 高兴?
Nǐmen gāo(xìng) bu gāoxìng?
너희는 기쁘니 안 기쁘니

너희는 기쁘니 안 기쁘니?

➕ 플러스 포인트
위의 정반의문문과는 달리 아래의 吗(ma, ~니?)의문문은 TV를 보는지를 직설적으로 묻는 뉘앙스가 강하답니다.

吗의문문
니이 카안 띠엔쓰 마
你 看 电视 吗?
Nǐ kàn diànshì ma?
너는 보다 TV를 ~니?

너는 TV를 보니?

단어 奶茶 nǎichá 🅜 밀크티   汉堡包 hànbǎobāo 🅜 햄버거

2 요청하자, 명령하자, 제안하자 어기조사 吧(ba)

루루: 我们一起看电影吧!
Wǒmen yìqǐ kàn diànyǐng ba!
(우어먼 이이치이 카안 띠엔이잉 바)

우리 같이 영화 보**자**!

吧(ba)는 문장 끝에 쓰여 요청, 명령, 제안의 뉘앙스를 만들어낸답니다. 따라서 吧도 吗(ma, ~니?)나 呢(ne, ~는?)와 같이 문장 전체의 뉘앙스를 바꿔주는 어기조사 중에 하나예요. 또한, 어기조사 吧는 다소 딱딱한 문장을 부드럽게 제안하거나 가볍게 명령하는 어조로 바꿔주기도 해요.

你们 吃 饭 吧。
Nǐmen chī fàn ba.
(니이먼 츠 (f)아안 바)
너희 먹다 밥 ~하렴

너희 밥 먹**으렴**.

走 吧!
zǒu ba!
(저우 바)
가다 ~하자

가**자**!

➕ 플러스 포인트
어기조사 吧(ba, ~지?)는 문장 끝에 쓰여 추측의 뉘앙스를 나타내기도 해요.

你 饿 吧?
Nǐ è ba?
(니이 으어 바)
너 배고프다 ~지?

너 배고프**지**?

3 같이, 함께! 一起(yìqǐ, 같이)

루루: 我们一起看电影吧!
Wǒmen yìqǐ kàn diànyǐng ba!
(우어먼 이이치이 카안 띠엔이잉 바)

우리 **같이** 영화 보자!

一起(yìqǐ, 같이)는 '같이 ~하자'라는 문맥에서 자주 쓰이기 때문에 요청, 명령, 제안의 의미를 담고 있는 어기조사 吧(ba)와 자주 같이 쓰인답니다. '一起……吧'가 '같이 ~하자'라는 뜻이어서 我们(wǒmen, 우리)을 주어로 자주 사용한다는 것도 알아두어요.

我们 一起 喝 啤酒 吧!
Wǒmen yìqǐ hē píjiǔ ba!
(우어먼 이이치이 흐어 피이지어우 바)
우리 같이 마시다 맥주 ~하자

우리 **같이** 맥주 마시자!

我们 一起 吃 比萨饼 吧!
Wǒmen yìqǐ chī bǐsàbǐng ba!
(우어먼 이이치이 츠 비이싸아비잉 바)
우리 같이 먹다 피자 ~하자

우리 **같이** 피자 먹자!

STEP 3
확장표현으로 중국어 자동발사

 Day04_확장표현.mp3

정반의문문과 긍정, 부정의 답변을 다양한 동사, 형용사 표현으로 함께 익혀보아요.

쭈어 부 쭈어
坐不坐? 앉니 안 앉니?
zuò bu zuò?

A: 你坐不坐? 너는 앉니 안 앉니?
Nǐ zuò bu zuò?

B: 我坐。 / 我不坐。
Wǒ zuò. / Wǒ bú zuò.
난 앉아. / 난 안 앉아.

저우 부 저우
走不走? 가니 안 가니?
zǒu bu zǒu?

A: 她走不走? 그녀는 가니 안 가니?
Tā zǒu bu zǒu?

B: 她走。 / 她不走。
Tā zǒu. / Tā bù zǒu.
그녀는 가. / 그녀는 안 가.

파오 부 파오
跑不跑? 뛰니 안 뛰니?
pǎo bu pǎo?

A: 他跑不跑? 그는 뛰니 안 뛰니?
Tā pǎo bu pǎo?

B: 他跑。 / 他不跑。
Tā pǎo. / Tā bù pǎo.
그는 뛰어. / 그는 안 뛰어.

쿠우 부 쿠우
哭不哭? 우니 안 우니?
kū bu kū?

A: 她哭不哭? 그녀는 우니 안 우니?
Tā kū bu kū?

B: 她哭。 / 她不哭。
Tā kū. / Tā bù kū.
그녀는 울어. / 그녀는 안 울어.

시이 부 시이
洗不洗? 씻니 안 씻니?
xǐ bu xǐ?

A: 你洗不洗? 너는 씻니 안 씻니?
Nǐ xǐ bu xǐ?

B: 我洗。 / 我不洗。
Wǒ xǐ. / Wǒ bù xǐ.
나는 씻어. / 나는 안 씻어.

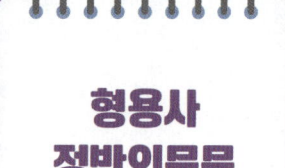

따아 부 따아
大不大? 크니 안 크니?
dà bu dà?

A: 蛋糕大不大? 케이크가 크니 안 크니?
Dàngāo dà bu dà?

B: 蛋糕很大。 케이크가 커.
Dàngāo hěn dà.
蛋糕不大。 케이크가 안 커.
Dàngāo bú dà.

시아오 부 시아오
小不小? 작니 안 작니?
xiǎo bu xiǎo?

A: 蛋糕小不小? 케이크가 작니 안 작니?
Dàngāo xiǎo bu xiǎo?

B: 蛋糕很小。 케이크가 작아.
Dàngāo hěn xiǎo.
蛋糕不小。 케이크가 안 작아.
Dàngāo bù xiǎo.

슝아오 부 슝아오
少不少? 적니 안 적니?
shǎo bu shǎo?

A: 啤酒少不少? 맥주가 적니 안 적니?
Píjiǔ shǎo bu shǎo?

B: 啤酒很少。 / 啤酒不少。 맥주가 적어. / 맥주가 안 적어.
Píjiǔ hěn shǎo. / Píjiǔ bù shǎo.

하오(츠) 부 하오츠
好(吃)不好吃? 맛있니 안 맛있니?
hǎo(chī) bu hǎochī?

A: 汉堡包好(吃)不好吃? 햄버거가 맛있니 안 맛있니?
Hànbǎobāo hǎo(chī) bu hǎochī?

B: 汉堡包很好吃。 / 汉堡包不好吃。
Hànbǎobāo hěn hǎochī. / Hànbǎobāo bù hǎochī.
햄버거가 맛있어. / 햄버거가 맛없어.

동사 看(kàn, 보다)을 활용해 보는 것 표현을 익혀보아요.(빈칸에 아래 단어를 하나씩 넣어서 읽어보세요.)

看 + 보는것
kàn

~을 보다

니이 카안 부 카안
A: 你看不看_____? 너는 ___보니 안 보니?
　　Nǐ kàn bu kàn _____?

우어 카안　　　　　　　우어 부우 카안
B: 我看_____. / 我不看_____. 나는 ___봐. / 나는 ___안 봐.
　　Wǒ kàn _____. / Wǒ bú kàn _____.

띠엔이잉
电影
diànyǐng
영화

띠엔쓰ㅎ
电视
diànshì
TV

쓰ㅎ우
书
shū
책

시아오쓰ㅎ우어
小说
xiǎoshuō
소설

자아쓰ㅎ
杂志
zázhì
잡지

빠오즈ㅎ
报纸
bàozhǐ
신문

쓰ㅎ아오피엔
照片
zhàopiàn
사진

비이싸이
比赛
bǐsài
경기, 시합

연습문제로 실력다지기

🎧 Day04_연습문제.mp3

🎧 연습문제 바로 듣기

1 알맞은 병음 고르기

음원을 듣고 일치하는 병음을 고르세요.

1) ⓐ kǎn   ⓑ kān   ⓒ kàn
2) ⓐ ba   ⓑ bǎ   ⓒ bā
3) ⓐ diànshì   ⓑ diànshi   ⓒ diǎnshì

2 단어 듣고 병음/뜻 쓰기

다음 단어를 듣고 병음과 뜻을 써보세요.

1) 电影   병음 _____   뜻 _____

2) 报纸   병음 _____   뜻 _____

3) 照片   병음 _____   뜻 _____

3 문장 듣고 병음/뜻 쓰기

다음 문장을 듣고 병음과 뜻을 써보세요.

1) 문장 你坐不坐?

   병음 _____

   뜻 _____

2) 문장 啤酒少不少?

   병음 _____

   뜻 _____

3) 문장 蛋糕很小。

   병음 _____

   뜻 _____

정답 p.291

4 문장에 **주요 단어 채우기** (HSK 3, 4급 독해 대비 유형)

아래 주어진 단어 중에서 괄호 안에 알맞은 단어를 골라 문장을 완성해보세요.

| 跑 pǎo | 一起 yìqǐ | 小说 xiǎoshuō |

1) 我们( )吃比萨饼吧! 우리 같이 피자 먹자!
   Wǒmen ( ) chī bǐsàbǐng ba!

2) 他不( )。 그는 안 뛰어.
   Tā bù ( ).

5 대화 완성하기 (HSK 3급 독해 대비 유형)

빈칸에 알맞은 문장을 채워 대화를 완성해보세요.

| 你看不看杂志? Nǐ kàn bu kàn zázhì? | 你洗不洗? Nǐ xǐ bu xǐ? | 你们高不高兴? Nǐmen gāo bu gāoxìng? |

1) A: _____ 너는 잡지 보니 안 보니?

   B: 我看。 나는 봐.
      Wǒ kàn.

2) A: _____ 너는 씻니 안 씻니?

   B: 我不洗。 나는 안 씻어.
      Wǒ bù xǐ.

6 문장 완성하기 (HSK 3, 4급 쓰기 대비 유형)

제시된 단어를 중국어 어순에 맞게 배열하여 문장을 완성해보세요.

1) 一起   我们   比赛   吧   看
   yìqǐ   wǒmen   bǐsài   ba   kàn

   _____。 우리 같이 경기 보자.

2) 好吃   不   汉堡包   好
   hǎochī   bu   Hànbǎobāo   hǎo

   _____? 햄버거가 맛있니 안 맛있니?

정답 p.291

간체자 쓰기

제시된 HSK 단어 및 주요 핵심 단어의 간체자와 병음을 또박또박 써보세요.

HSK 1급

看 kàn — 동 보다

HSK 2급

吧 ba — 조 ~하자, ~하렴

HSK 1급

坐 zuò — 동 앉다

HSK 2급

走 zǒu — 동 가다

HSK 1급

书 shū — 명 책

HSK 2급
报纸
bào zhǐ

报报报报报报
纸纸纸纸纸纸

몡 신문

HSK 2급
好吃
hǎo chī

好好好好好好
吃吃吃吃吃吃

혱 맛있다

HSK 2급
一起
yì qǐ

一
起起起起起起起起起起

児 같이, 함께

HSK 1급
电影
diàn yǐng

电日日日电
影影影影影影影影影影影影影影影

몡 영화

HSK 1급
电视
diàn shì

电日日日电
视视视视视视视视

몡 TV

DAY 04 너는 TV 봐 안 봐? 你看不看电视?

루루와 떠나는 중국 문화 여행

배우가 직접 분장하는 경극(京剧)

중국의 유명 배우 故장국영이 여장을 하고 나왔던 영화 패왕별희(霸王别姬, Bàwángbiéjī)를 보신 적 있나요? 이 영화가 바로 중국의 경극을 소재로 만들어졌답니다.

> 경극에 등장하는 인물들의 가장 큰 특징은 얼굴을 하얗게 칠한 다음 그 위에 색색의 물감을 바르는 거예요.

경극에 등장하는 인물들의 가장 큰 특징은 얼굴을 하얗게 칠한 다음 그 위에 색색의 물감을 바르는 거예요. 이런 얼굴 분장을 전문가가 해줄 것 같죠? 아니에요. **배우가 직접 본인 얼굴에 화장을 해요.**

베이징에서는 꼭 극장에 가지 않아도 경극을 볼 수 있어요. 거리에 간이 무대를 설치해서 공연을 하기도 하고, TV에서 방영해주기도 하거든요. 거리에서 경극을 즐기고 싶다면 베이징의 왕푸징(王府井, Wángfǔjǐng) 거리에 가보세요!

맡은 역할을 스스로가 가장 잘 알고 있으니까 그 역할에 따라 알아서 분장을 하는 거예요. 그런데, 피부가 안 좋아지는거 아니냐고요? 걱정 마세요. **일반 물감이 아니라 콩기름 물감을 사용**해서 괜찮아요.
경극으로 가장 유명한 극장은 베이징의 이원극장(梨园剧场, Líyuánjùchǎng)이에요. 외국인을 위한 상시 공연을 하니까 어느 시기에 가든 경극을 관람하실 수 있을 거예요.

🎧 바로 쓰는 왕초보 여행 중국어

베이징에서 경극 보러 갔을 때

1 경극이죠? (여기서 경극하나요?)
찌잉쮜이 바
京剧吧?
Jīngjù ba?

2 표는요? (표는 어디에서 사나요?)
피아오 너
票呢?
Piào ne?

3 당신도 경극 보나요?
니이 이에 카안 찌잉쮜이 마
你也看京剧吗?
Nǐ yě kàn Jīngjù ma?

4 우리 같이 경극 봐요!
우어먼 이이치 카안 찌잉쮜이 바
我们一起看京剧吧!
Wǒmen yìqǐ kàn Jīngjù ba!

🎧 바로 듣고 따라하기

DAY 05

당신은 학생인가요?
你是学生吗?
Nǐ shì xuésheng ma?

바로 듣고 따라하기

'A는 B이다'를 말할 때 쓰이는 것이 바로 '~이다'라는 의미의 동사 是이에요. 동사 是을 사용한 여러 문장 형태와 다양한 직업/관계 표현을 익혀보아요!

🎧 왕초보 단어 미리보기

- 是 shì 동 ~이다
- 学生 xuésheng 명 학생
- 不是 bú shì 동 ~이 아니다
- 医生 yīshēng 명 의사
- 公司职员 gōngsī zhíyuán 명 직장인

실전회화로 말문트기

🎧 Day05_실전회화_듣기/따라읽기.mp3   🎧 Day05_실전회화_드라마.mp3

듣기 mp3로 먼저 들어본 후 따라읽기 mp3로 따라서 말해보세요.

→ ㊐은 이를 앙 물고 혀를 둥근 국자처럼 만 상태에서 공기를 내보내며 발음해요.

동희 씨

니이 쓰 쉬에승엉 마
你是学生吗?   당신은 학생인가요?
Nǐ shì xuésheng ma?

是은 '~이다'라는 뜻의 동사예요. 그래서 是~吗?는 '~인가요?'라는 뜻의 의문문이 됩니다.

우어 부우 쓰 쉬에승엉
我不是学生。   저는 학생이 아니에요.
Wǒ bú shì xuésheng.

행인 1

不是은 동사 是의 부정 형태예요.

동희 씨

니이먼 쓰 쉬에승엉 마
你们是学生吗?   당신들은 학생인가요?
Nǐmen shì xuésheng ma?

뿌우 우어 쓰 이이승엉 타아 쓰 꼬옹쓰으 즈위엔
不, 我是医生, 他是公司职员。
Bù, wǒ shì yīshēng, tā shì gōngsī zhíyuán.
아뇨, 저는 의사이고, 그는 직장인이에요.

행인 2

是~吗?(~인가요?) 의문문에 '아뇨(아니)'로 답하고 싶을 땐 不라고 간단히 답하면 돼요.

동희 씨

니이 쓰 부 쓰 쉬에승엉
你是不是学生?   당신은 학생이에요 아니에요?
Nǐ shì bu shì xuésheng?

是不是~?은 '~이에요 아니에요?'라는 뜻의 정반의문문이에요.

쓰 우어 쓰 쉬에승엉
是, 我是学生。   네, 저는 학생이에요.
Shì, wǒ shì xuésheng.

행인 3

'是不是~?(~이에요 아니에요?)' 정반의문문에 '네'라고 답하고 싶을 때에는 是이라고 간단히 말하면 돼요.

* <중국어 말문트기 워크북>으로 말하기를 집중 훈련하면 실전회화가 저절로 자동발사돼요.

STEP 2
기초어법으로 내공쌓기 🎧 Day05_기초어법.mp3

1 'A는 B이다'는 'A 是 B'이다

행인 3

> 우어 쓰 쉬에승엉
> 我是学生。
> Wǒ shì xuésheng.
> 저는 학생이에요.

是(shi)은 '~이다'라는 의미를 가진 동사로 是을 술어로 사용한 문장을 '是자문'이라고 해요. '주어 + 是 + 목적어'의 형태가 가장 기본적인 구조이고, 목적어에는 주어와 동격인 대상이 온답니다.

우어 쓰 이이쓩엉
我 是 医生。
Wǒ shì yīshēng.
나는 ~이다 의사
나는 의사이다.

타아 쓰 꼬옹쓰으 즈위엔
他 是 公司职员。
Tā shì gōngsī zhíyuán.
그는 ~이다 직장인
그는 직장인이다.

2 'A는 B가 아니다'는 'A 不是 B'이다

행인 1

> 우어 부우 쓰 쉬에승엉
> 我不是学生。
> Wǒ bú shì xuésheng.
> 저는 학생이 아니에요.

是자문의 부정문은 不是(bú shì, ~가 아니다)이에요. 是(shi)이 4성이므로 不의 성조가 4성에서 2성으로 변한다는 것도 함께 알아두세요.

우어 부우 쓰 이이쓩엉
我 不是 医生。
Wǒ bú shì yīshēng.
나는 ~가 아니다 의사
나는 의사가 아니다.

타아 부우 쓰 꼬옹쓰으 즈위엔
她 不是 公司职员。
Tā bú shì gōngsī zhíyuán.
그녀는 ~이 아니다 직장인
그녀는 직장인이 아니다.

3 'A는 B인가요?'는 'A 是 B 吗?'이다

동희 씨

니이 쓰 쉬에승엉 마
你是学生吗?
Nǐ shì xuésheng ma?

당신은 학생인가요?

是자문 끝에도 어기조사 吗(ma, ~니)를 붙이면 '~인가요?'라는 뜻의 의문문이 된답니다.

니이 쓰 이이승엉 마
你 是 医生 吗?
Nǐ shì yīshēng ma?
당신은 ~이다 의사 ~인가요?

당신은 의사인가요?

타아 쓰 꼬옹쓰으 즈위엔 마
他 是 公司职员 吗?
Tā shì gōngsī zhíyuán ma?
그는 ~이다 직장인 ~인가요?

그는 직장인인가요?

4 'A는 B인가요 아닌가요?'는 'A 是不是 B?'이다

동희 씨

니이 쓰 부 쓰 쉬에승엉
你是不是学生?
Nǐ shì bu shì xuésheng?

당신은 학생이에요 아니에요?

是자문도 긍정형인 是(shì, ~이다)과 부정형인 不是(bú shì, ~이 아니다)을 나란히 배치해 정반의문문 是不是~?(shì bu shì, ~인가요 아닌가요?)을 만들 수 있어요.

니이 쓰 부 쓰 이이승엉
你 是不是 医生?
Nǐ shì bu shì yīshēng?
당신은 ~인가요 아닌가요? 의사

당신은 의사인가요 아닌가요?

타아 쓰 부 쓰 꼬옹쓰으 즈위엔
他 是不是 公司职员?
Tā shì bu shì gōngsī zhíyuán?
그는 ~인가요 아닌가요? 직장인

그는 직장인인가요 아닌가요?

STEP 3
확장표현으로 중국어 자동발사

🎧 Day05_확장표현.mp3

다양한 **직업** 표현을 **是**자문과 함께 익혀보아요.

직업 표현과 是자문

라오쓰
老师 선생님
lǎoshī

1 你是老师吗? 당신은 선생님인가요?
Nǐ shì lǎoshī ma?

2 你是不是老师?
Nǐ shì bu shì lǎoshī?
당신은 선생님인가요 아닌가요?

3 我是老师。 저는 선생님입니다.
Wǒ shì lǎoshī.

4 我不是老师。 저는 선생님이 아닙니다.
Wǒ bú shì lǎoshī.

찌잉리이
经理 사장, 매니저
jīnglǐ

1 你是经理吗? 당신은 사장인가요?
Nǐ shì jīnglǐ ma?

2 你是不是经理?
Nǐ shì bu shì jīnglǐ?
당신은 사장인가요 아닌가요?

3 我是经理。 저는 사장입니다.
Wǒ shì jīnglǐ.

4 我不是经理。 저는 사장이 아닙니다.
Wǒ bú shì jīnglǐ.

뤼이쓰
律师 변호사
lǜshī

1 你是律师吗? 당신은 변호사인가요?
Nǐ shì lǜshī ma?

2 你是不是律师? 당신은 변호사인가요 아닌가요?
Nǐ shì bu shì lǜshī?

3 我是律师。 저는 변호사입니다.
Wǒ shì lǜshī.

4 我不是律师。 저는 변호사가 아닙니다.
Wǒ bú shì lǜshī.

쓰으찌이
司机 운전기사
sījī

1 你是司机吗? 당신은 운전기사인가요?
Nǐ shì sījī ma?

2 你是不是司机? 당신은 운전기사인가요 아닌가요?
Nǐ shì bu shì sījī?

3 我是司机。 저는 운전기사입니다.
Wǒ shì sījī.

4 我不是司机。 저는 운전기사가 아닙니다.
Wǒ bú shì sījī.

미잉씨잉
明星 연예인, 슈퍼스타
míngxīng

1 你是明星吗? 당신은 연예인인가요?
Nǐ shì míngxīng ma?

2 你是不是明星? 당신은 연예인인가요 아닌가요?
Nǐ shì bu shì míngxīng?

3 我是明星。 저는 연예인입니다.
Wǒ shì míngxīng.

4 我不是明星。 저는 연예인이 아닙니다.
Wǒ bú shì míngxīng.

끄어ㄹ어우
歌手 가수
gēshǒu

1 你是歌手吗? 당신은 가수인가요?
Nǐ shì gēshǒu ma?

2 你是不是歌手? 당신은 가수인가요 아닌가요?
Nǐ shì bu shì gēshǒu?

3 我是歌手。 저는 가수입니다.
Wǒ shì gēshǒu.

4 我不是歌手。 저는 가수가 아닙니다.
Wǒ bú shì gēshǒu.

관계를 나타내는 표현을 是자문과 함께 익혀보아요.

관계 표현과 是자문

프엉여우
朋友 친구
péngyou

1 她是朋友吗? 그녀는 친구니?
　Tā shì péngyou ma?

2 她是不是朋友? 그녀는 친구니 아니니?
　Tā shì bu shì péngyou?

3 她是朋友。 그녀는 친구야.
　Tā shì péngyou.

4 她不是朋友。 그녀는 친구가 아니야.
　Tā bú shì péngyou.

아이른언
爱人 배우자
àiren　(남편 혹은 아내)

1 他是爱人吗? 그는 배우자니?
　Tā shì àiren ma?

2 他是不是爱人? 그는 배우자니 아니니?
　Tā shì bu shì àiren?

3 他是爱人。 그는 배우자야.
　Tā shì àiren.

4 他不是爱人。 그는 배우자가 아니야.
　Tā bú shì àiren.

나안프엉여우
男朋友 남자친구
nánpéngyou

1 他是男朋友吗? 그는 남자친구니?
　Tā shì nánpéngyou ma?

2 他是不是男朋友? 그는 남자친구니 아니니?
　Tā shì bu shì nánpéngyou?

3 他是男朋友。 그는 남자친구야.
　Tā shì nánpéngyou.

4 他不是男朋友。 그는 남자친구가 아니야.
　Tā bú shì nánpéngyou.

뉘이프엉여우
女朋友 여자친구
nǚpéngyou

1 她是女朋友吗? 그녀는 여자친구니?
　Tā shì nǚpéngyou ma?

2 她是不是女朋友? 그녀는 여자친구니 아니니?
　Tā shì bu shì nǚpéngyou?

3 她是女朋友。 그녀는 여자친구야.
　Tā shì nǚpéngyou.

4 她不是女朋友。 그녀는 여자친구가 아니야.
　Tā bú shì nǚpéngyou.

* 참고로, 그냥 남자인 친구는 **男的朋友**(nán de péngyou), 그냥 여자인 친구는 **女的朋友**(nǚ de péngyou)라고 해요.

토옹쉬에
同学 학교 친구
tóngxué

1 她是同学吗? 그녀는 학교 친구니?
　Tā shì tóngxué ma?

2 她是不是同学? 그녀는 학교 친구니 아니니?
　Tā shì bu shì tóngxué?

3 她是同学。 그녀는 학교 친구야.
　Tā shì tóngxué.

4 她不是同学。 그녀는 학교 친구가 아니야.
　Tā bú shì tóngxué.

토옹쓰
同事 직장 동료
tóngshì

1 她是同事吗? 그녀는 직장 동료니?
　Tā shì tóngshì ma?

2 她是不是同事? 그녀는 직장 동료니 아니니?
　Tā shì bu shì tóngshì?

3 她是同事。 그녀는 직장 동료야.
　Tā shì tóngshì.

4 她不是同事。 그녀는 직장 동료가 아니야.
　Tā bú shì tóngshì.

연습문제로 실력다지기 🎧 Day05_연습문제.mp3

🎧 연습문제 바로 듣기

1 알맞은 병음 고르기

음원을 듣고 일치하는 병음을 고르세요.

1) ⓐ shì　　ⓑ shí　　ⓒ shǐ
2) ⓐ bù shì　　ⓑ bú shì　　ⓒ bǔ shì
3) ⓐ xuésheng　　ⓑ xuéshéng　　ⓒ xuěshēng

2 단어 듣고 병음/뜻 쓰기

다음 단어를 듣고 병음과 뜻을 써보세요.

1) 医生　　병음 _____　　뜻 _____

2) 公司职员　　병음 _____　　뜻 _____

3) 经理　　병음 _____　　뜻 _____

3 문장 듣고 병음/뜻 쓰기

다음 문장을 듣고 병음과 뜻을 써보세요.

1) **문장** 你是老师吗?

　　병음 _____

　　뜻 _____

2) **문장** 她不是同事。

　　병음 _____

　　뜻 _____

3) **문장** 她是不是同学?

　　병음 _____

　　뜻 _____

정답 p.292

4 문장에 주요 단어 채우기 (HSK 3, 4급 독해 대비 유형)

아래 주어진 단어 중에서 괄호 안에 알맞은 단어를 골라 문장을 완성해보세요.

| 司机 sījī | 不是 bú shì | 吗 ma |

1) 你是(　　)吗?
   Nǐ shì (　　) ma?   당신은 운전기사인가요?

2) 我(　　)歌手。
   Wǒ (　　) gēshǒu.   저는 가수가 아니에요.

5 대화 완성하기 (HSK 3급 독해 대비 유형)

빈칸에 알맞은 문장을 채워 대화를 완성해보세요.

| 是，他是男朋友。 Shì, tā shì nánpéngyou. | 他不是同事。 Tā bú shì tóngshì. | 不是，她不是女朋友。 Bú shì, tā bú shì nǚpéngyou. |

1) A: 他是男朋友吗?
      Tā shì nánpéngyou ma?   그는 남자친구예요?
   B: _____   네, 그는 남자친구예요.

2) A: 她是女朋友吗?
      Tā shì nǚpéngyou ma?   그녀는 여자친구예요?
   B: _____   아니요, 그녀는 여자친구가 아니에요.

6 문장 완성하기 (HSK 3, 4급 쓰기 대비 유형)

제시된 단어를 중국어 어순에 맞게 배열하여 문장을 완성해보세요.

1) 是　我　明星
   shì　wǒ　míngxīng

   _____ 。   저는 연예인입니다.

2) 爱人　是不是　他
   àiren　shì bu shì　tā

   _____ ?   그는 배우자니 아니니?

간체자 쓰기

제시된 HSK 단어 및 주요 핵심 단어의 간체자와 병음을 또박또박 써보세요.

HSK 1급

是
shì
是是是是是是是是是
동 ~이다

是 shì								

HSK 1급

学生
xué sheng
学学学学学学学学
生生生生生
명 학생

学 xué	生 sheng										

HSK 1급

医生
yī shēng
医医医医医医医
生生生生生
명 의사

医 yī	生 shēng										

HSK 1급

老师
lǎo shī
老老老老老老
师师师师师师
명 선생님

老 lǎo	师 shī										

HSK 3급

司机
sī jī
司司司司司
机机机机机机
명 운전기사

司 sī	机 jī										

HSK 1급

朋友 péng you
朋朋朋朋朋朋朋朋
友友友友
명 친구

爱人 ài ren
爱爱爱爱爱爱爱爱爱爱
人人
명 배우자

HSK 1급

同学 tóng xué
同同同同同同
学学学学学学学学
명 학교 친구

HSK 3급

同事 tóng shì
同同同同同同
事事事事事事事事
명 직장 동료

公司职员 gōng sī zhí yuán
公公公公
司司司司司
职职职职职职职职职
员员员员员员
명 직장인

루루와 떠나는 중국 문화 여행

명문대 입학보다 쉬운 하늘의 별 따기!

매년 중국 高考(Gāokǎo, 대학 입시) 응시자는 900만 명이 넘어요!!! 입학 정원은 한정되어 있는데 지원자가 이렇게나 많으니 명문대에 들어가는 것보다 하늘의 별을 따는 게 더 쉬울 수도 있답니다.
베이징에는 중국의 최고 명문대가 두 곳이 있는데 바로 베이징대학(北京大学, Běijīngdàxué)과 칭화대학(清华大学, Qīnghuádàxué)이에요. 중국에는 총 23개의 성(省)이 있는데 각 성에서 적게는 20명, 많게는 200명 정도만 이 두 대학에 들어갈 수 있어요.

> 응시자가 많은 성은 80만 명 이상인데 그중 210명만 합격할 정도예요.

응시자가 많은 성은 80만 명 이상인데 그중 210명만 합격할 정도예요. 중국에서 인구 수가 가장 많은 허난성(河南省, Hénánshěng) 총 인구가 1억이니 얼마나 적은 수가 명문대에 합격하는지 아시겠죠?
사실 이 두 대학은 우열을 가릴 수 없어요. 왜냐면 베이징대학은 인문·법학 분야 1위, 칭화대학은 IT 분야 1위거든요. 그래서 어느 대학이 최고라고 쉽게 말할 수는 없어요.

베이징대학에는 그 이름에 걸맞게 유명한 정문이 있는데, 정문에 쓰인 '北京大學'라는 글자는 중화인민공화국의 초대 국가 주석인 마오쩌둥(毛泽东, Máo Zédōng)이 직접 쓴 거예요. 칭화대학 정문은 웅장한 느낌인데, 이 정문의 '清華大學'라는 글자도 마오쩌둥이 쓴 거예요. 글씨체가 왠지 비슷하죠?!

🎧 바로 쓰는 **왕초보 여행 중국어**

신분이나 관계를 말해야 할 때

1. 대학생(이에요)!
따아쉬에쓩
大学生!
Dàxuéshēng!

2. 친구(예요)!
프엉여우
朋友!
Péngyou!

3. 우리는 대학생이에요.
우어먼 쓰 따아쉬에쓩
我们是大学生。
Wǒmen shì dàxuéshēng.

4. 얘는 친구예요.
쩌어 쓰 프엉여우
这是朋友。
Zhè shì péngyou.

5. 우리는 가족이에요.
우어먼 쓰 찌아르언
我们是家人。
Wǒmen shì jiārén.

🎧 바로 듣고 따라하기

DAY 06

이건 뭐죠?
这是什么?
Zhè shì shénme?

바로 듣고 따라하기

이것(这), 저것(那)과 같이 무언가를 가리킬 때 사용하는 표현을 통해 이것 저것이 무엇인지를 묻고 답할 수 있어요. 다양한 사물 표현을 익혀보아요!

왕초보 단어 미리보기

这 zhè	대 이것, 이
什么 shénme	대 무엇
的 de	조 ~의, ~의 것
手机 shǒujī	명 휴대폰
真 zhēn	부 정말
漂亮 piàoliang	형 예쁘다
那 nà	대 저것, 저
钱包 qiánbāo	명 지갑
呀 ya	조 ~인데요!, ~잖아요!

STEP 1
실전회화로 말문트기

🎧Day06_실전회화_듣기/따라읽기.mp3 🎧Day06_실전회화_드라마.mp3

듣기 mp3로 먼저 들어본 후 따라읽기 mp3로 따라서 말해보세요.

김 사장

ⓗ은 이를 앙 물고 혀를 둥근 국자처럼 만 상태에서 공기를 내보내며 발음해요.

쯔ⓗ어 쓰ⓗ 승언머
这是**什么**? 이건 뭐죠?
Zhè shì shénme?

这(이것)는 가까이 있는 사물을 가리키는 말이에요.
什么는 '무엇'이라는 뜻으로 뭔지 물어볼 때 사용하는 의문사예요.

我的手机는 '나의 휴대폰'이라는 뜻으로, 여기서 的는 '~의'라는 뜻이랍니다.

쯔ⓗ어 쓰ⓗ 우어 더 승어우찌이
这是**我的手机**。 이건 제 휴대폰이에요.
Zhè shì wǒ de shǒujī.

미래 씨

김 사장

쯔ⓗ언 피아오량   나아 쓰ⓗ 승언머
真漂亮！**那**是**什么**? 정말 예쁘네요! 저건 뭐예요?
Zhēn piàoliang! Nà shì shénme?

那(저것)는 조금 떨어져 있는 사물을 가리키는 말이에요.

나아 쓰ⓗ 니인 더 치엔빠오 야
那是您的钱包呀！！！ 저건 사장님 지갑인데요!!!
Nà shì nín de qiánbāo ya!!!

미래 씨

김 사장

나아 쓰ⓗ 우어 더 마
那是**我的**吗? 저게 내 거예요?
Nà shì wǒ de ma?

我的(내 것)에서 的는 '~의 것'이라는 뜻으로 쓰였어요.

* <중국어 말문트기 워크북>으로 말하기를 집중 훈련하면 실전회화가 저절로 자동발사돼요.

STEP 2
기초어법으로 내공쌓기 🎧 Day06_기초어법.mp3

1 이것!을 가리킬 땐 지시대명사 这(zhè, 이것)

미래 씨

这是我的手机。
Zhè shì wǒ de shǒujī.

이건 제 휴대폰이에요.

这(이것)는 가까이 있는 것을 가리킬 때 쓰는 지시대명사예요. 지시대명사란 사물 또는 사람을 가리키는 말이에요. 미래 씨의 말에서처럼 是자문을 사용하여 这是(zhè shì, 이것은 ~이다)의 형태로 자주 사용해요.

긍정문	这 是 手表。 Zhè shì shǒubiǎo. 이것은 ~이다 손목시계	**이것은** 손목시계야.
부정문	这 不是 词典。 Zhè bú shì cídiǎn. 이것은 ~이 아니다 사전	**이것은** 사전이 아니야.
吗의문문	这 是 杂志 吗? Zhè shì zázhì ma? 이것은 ~이다 잡지 ~니?	**이것은** 잡지니?
정반의문문	这 是不是 圆珠笔? Zhè shì bu shì yuánzhūbǐ? 이것은 ~이니 아니니? 볼펜	**이것은** 볼펜이니 아니니?

단어 手表 shǒubiǎo 명 손목시계   词典 cídiǎn 명 사전   杂志 zázhì 명 잡지   圆珠笔 yuánzhūbǐ 명 볼펜

2 저것!을 가리킬 땐 지시대명사 那(nà, 그것, 저것)

미래 씨: 那是您的钱包呀!!! Nà shì nín de qiánbāo ya!!! → 저건 당신(사장님) 지갑인데요!!!

那(nà, 그것, 저것)는 조금 멀리 있는 것을 가리킬 때 쓰이는 지시대명사예요. 这(zhè, 이것)와 마찬가지로 是자문에서 那是(nà shì, 그것/저것은 ~이다)의 형태로 자주 사용해요.

긍정문
那 是 电视。
Nà shì diànshì.
그것은 ~이다 TV
→ 그것은 TV야.

부정문
那 不是 书包。
Nà bú shì shūbāo.
그것은 ~이 아니다 책가방
→ 그것은 책가방이 아니야.

吗의문문
那 是 衣服 吗?
Nà shì yīfu ma?
저것은 ~이다 옷 ~니?
→ 저것은 옷이니?

정반의문문
那 是不是 礼物?
Nà shì bu shì lǐwù?
저것은 ~이니 아니니? 선물
→ 저것은 선물이니 아니니?

단어 电视 diànshì 몡 TV 书包 shūbāo 몡 책가방 衣服 yīfu 몡 옷 礼物 lǐwù 몡 선물

기초어법으로 내공쌓기

3 무엇? 의문대명사 什么 (shénme, 무엇)

김 사장

> 这是什么?
> Zhè shì shénme?
> 이건 뭐죠?

什么(shénme)는 '무엇'이라는 뜻의 의문대명사이므로 문장 끝에 吗?(ma, ~니?)를 붙이지 않아도 의문문을 만들어 줍니다. 주로 동사 是의 목적어 자리에 써요. 의문대명사 什么를 사용한 질문에 답할 때에는 什么 자리에 사물을 나타내는 표현을 쓰면 돼요.

A: 这 是 什么?
　　Zhè shì shénme?
　　이것은 ~이다 무엇

이것은 **뭐예요**?

B: 这 是 照片。
　　Zhè shì zhàopiàn.
　　이것은 ~이다 사진

이것은 사진이에요.

A: 那 是 什么?
　　Nà shì shénme?
　　저것은 ~이다 무엇

저것은 **뭐예요**?

B: 那 是 报纸。
　　Nà shì bàozhǐ.
　　저것은 ~이다 신문

저것은 신문이에요.

단어 照片 zhàopiàn 몡 사진　报纸 bàozhǐ 몡 신문

4 너의 것은 나의 것, 구조조사 的(de, ~의/~의 것)

미래 씨

나아 쓰 니인 더 치엔빠오 야
那是您的钱包呀!!!
Nà shì nín de qiánbāo ya!!!

저건 당신의 지갑인데요!!!

미래 씨 말 중 **您的钱包**(당신의 지갑)에서 **的**(de)가 '~의'라는 뜻으로 쓰였어요. 이처럼 **的**는 일반적으로 명사 앞에 와서 '~ + 的 + 명사(~의 명사)'의 형태로 쓰여요. **的**처럼 말과 말 사이를 연결해주는 단어를 구조조사라고 한답니다.

쯔어 쓰 타아 더 띠엔나오
这 是 她的 电脑。
Zhè shì tā de diànnǎo.
이것은 ~이다 그녀의 컴퓨터

이것은 그녀의 컴퓨터예요.

김 사장

나아 쓰 우어 더 마
那是我的吗?
Nà shì wǒ de ma?

저게 내 거예요?

的(de) 뒤의 명사가 문맥상 무엇을 이야기하는지 알 수 있을 때에는 명사를 생략할 수 있고, 이때 **的**는 '~의 것'이라는 의미가 돼요. 김 사장이 **我的**(내 것)라고 표현한 이유는 '나의 지갑'임을 굳이 말하지 않아도 알 수 있기 때문이에요.

쯔어 부우 쓰 우어 더 띠엔나오 쯔어 쓰 니이 더
这 不是 我的 电脑, 这 是 你的。
Zhè bú shì wǒ de diànnǎo, zhè shì nǐ de.
이것은 ~이 아니다 나의 컴퓨터 이것은 ~이다 너의 것

이것은 나의 컴퓨터가 아니야, 이것은 너의 것이야.

단어 电脑 diànnǎo 명 컴퓨터

STEP 3
확장표현으로 중국어 자동발사

🎧 Day06_확장표현.mp3

사무용품을 나타내는 여러 표현을 这(zhè, 이것)를 사용한 문장으로 익혀보아요. (빈칸에 아래 단어를 하나씩 넣어서 읽어보세요.)

这是 + 사무용품
Zhè shì
이것은 ~이다

A: 这是什么? 이것은 뭐죠?
　　Zhè shì shénme?

B: 这是_____。 이것은 _____이에요/예요.
　　Zhè shì _____.

쭈ⓗ우어즈
桌子
zhuōzi
책상

이ⓗ즈
椅子
yǐzi
의자

미ⓗ잉피엔
名片
míngpiàn
명함

브언즈
本子
běnzi
공책

지엔따오
剪刀
jiǎndāo
가위

타이뜨엉
台灯
táidēng
스탠드

띠엔후아
电话
diànhuà
전화기

이아오ⓗ슬
钥匙
yàoshi
열쇠

주방용품을 나타내는 여러 표현을 那(nà, 저것)를 사용한 문장으로 익혀보아요.(빈칸에 아래 단어를 하나씩 넣어서 읽어보세요.)

那是 + 주방용품
Nà shì
저것은 ~이다

A: 那是什么? 저것은 뭐죠?
　　Nà shì shénme?

B: 那是_____。 저것은 _____이에요/예요.
　　Nà shì _____.

쉬아오즈
勺子
sháozi
숟가락

쿠아이즈
筷子
kuàizi
젓가락

후우
壶
hú
주전자

뻬이즈
杯子
bēizi
컵

삥씨앙
冰箱
bīngxiāng
냉장고

파안즈
盘子
pánzi
쟁반

따오
刀
dāo
칼

꾸어
锅
guō
냄비

연습문제로 실력다지기 🎧 Day06_연습문제.mp3

🎧 연습문제 바로 듣기

1 알맞은 단어 고르기
음원을 듣고 일치하는 단어를 고르세요.

1) ⓐ 这   ⓑ 那   ⓒ 真
2) ⓐ 刀   ⓑ 壶   ⓒ 锅
3) ⓐ 桌子   ⓑ 椅子   ⓒ 筷子

2 문장 듣고 병음/뜻 쓰기
다음 문장을 듣고 병음과 뜻을 써보세요.

1) **문장** 这是什么?

    병음 _____

    뜻 _____

2) **문장** 那是我的吗?

    병음 _____

    뜻 _____

3 문장 듣고 일치/불일치 판단하기 (HSK 3, 4급 듣기 대비 유형)
들려주는 문장의 내용과 제시된 문장의 내용이 일치하면 ✓, 불일치하면 ✗를 체크하세요.

1) 那是报纸。   (   )
   Nà shì bàozhǐ.

2) 这是我的手机。   (   )
   Zhè shì wǒ de shǒujī.

정답 p.292

4 문장에 주요 단어 채우기 (HSK 3, 4급 독해 대비 유형)

아래 주어진 단어 중에서 괄호 안에 알맞은 단어를 골라 문장을 완성해보세요.

| 椅子 yǐzi | 真 zhēn | 不是 bú shì |

1) 这是(　　　)。　　　　　이건 의자예요.
   Zhè shì (　　　).

2) 这(　　　)她的电脑。　　이것은 그녀의 컴퓨터가 아니에요.
   Zhè (　　　) tā de diànnǎo.

5 대화 완성하기 (HSK 3급 독해 대비 유형)

빈칸에 알맞은 문장을 채워 대화를 완성해보세요.

| 那不是礼物。 Nà bú shì lǐwù. | 这是钥匙。 Zhè shì yàoshi. | 真漂亮。 Zhēn piàoliang. |

1) A: 这是什么?　　　　　　　이건 뭐죠?
   Zhè shì shénme?
   B: _____　이건 열쇠예요.

2) A: 那是不是礼物?　　　　　저것은 선물이니 아니니?
   Nà shì bu shì lǐwù?
   B: _____　저것은 선물이 아니에요.

6 문장 완성하기 (HSK 3, 4급 쓰기 대비 유형)

제시된 단어를 중국어 어순에 맞게 배열하여 문장을 완성해보세요.

1) 您 nín　钱包 qiánbāo　的 de　呀 ya　那是 nà shì

   _____!!!　저건 당신의 지갑인데요!!!

2) 的 de　不是 bú shì　你 nǐ　这 zhè

   _____。　이건 당신의 것이 아니에요.

정답 p.292

간체자 쓰기

제시된 HSK 단어 및 주요 핵심 단어의 간체자와 병음을 또박또박 써보세요.

HSK 1급

这 zhè 这这文文这这 떼 이것, 이

HSK 1급

那 nà 刀刁刃那那 떼 저것, 저

HSK 1급

的 de 的的的的的的的的 조 ~의, ~의 것

HSK 1급

什么 shén me 什什什什 / 么么么 떼 무엇

HSK 2급

手机 shǒu jī 手手手手 / 机机机机机 명 휴대폰

钱包
qián bāo

钱钱钱钱钱钱钱钱钱钱
包包包包包

명 지갑

HSK 1급

桌子
zhuō zi

桌桌桌桌桌桌桌桌桌桌
子子子

명 책상

HSK 1급

椅子
yǐ zi

椅椅椅椅椅椅椅椅椅椅椅椅
子子子

명 의자

HSK 1급

杯子
bēi zi

杯杯杯杯杯杯杯杯
子子子

명 컵

HSK 3급

冰箱
bīng xiāng

冰冰冰冰冰冰
箱箱箱箱箱箱箱箱箱箱箱箱箱

명 냉장고

루루와 떠나는 중국 문화 여행

젓가락이 제일 긴 나라는?

한·중·일 세 나라 중에 젓가락이 제일 긴 나라는 어디일까요? 제가 이렇게 질문하면 답이 중국이라는 느낌이 드시죠? 맞아요! 중국의 젓가락이 제일 길답니다! 중국 젓가락은 왜 긴 걸까요?

> 사람이 여러 명이고, 음식 가짓수도 많아서
> 멀리 있는 음식도 잘 집도록
> 젓가락을 길게 만든 거예요.

중국 사람들은 여럿이 함께 식사하는 것을 좋아하기 때문에 큰 그릇에 음식을 가득 담아놓고 먹는답니다. 그런데 사람이 여러 명이고, 음식 가짓수도 많아서 멀리 있는 음식도 잘 집도록 젓가락을 길게 만든 거예요. 중국에는 기름진 음식이 많기 때문에 음식이 잘 미끄러지지 않도록 주로 대나무로 젓가락을 만들어요. 고급 젓가락은 동물의 뼈로 만들기도 한답니다. 그래서 젓가락이 길어도 떨어뜨리지 않고 음식을 먹을 수 있어요. 젓가락과 관련된 재미있는 풍습도 있어요. 중국 일부 지방에서는 결혼하는 신부가 두 쌍의 밥공기와 젓가락을 붉은 끈으로 묶어서 가져가는 풍습이 있어요. 잘 살라는 의미도 있고, 筷子(kuàizi, 젓가락)의 筷(kuài)와 快(kuài, 빨리)의 음이 같아서 옥동자를 빨리 낳기를 바란다는 의미이기도 해요.

중국으로 여행 갈 때 젓가락을 하나 챙겨 가서 길이를 비교해보면 재밌겠죠?

🎧 바로 쓰는 왕초보 여행 중국어

식당에서 뭐 좀 달라고 할 때

1. 젓가락! 젓가락! (젓가락 주세요)
   쿠아이즈   쿠아이즈
   筷子! 筷子!
   Kuàizi! Kuàizi!

2. 컵! 컵! (컵 주세요)
   뻬이즈   뻬이즈
   杯子! 杯子!
   Bēizi! Bēizi!

3. 물! 물! (물 주세요)
   ㅎ우에이 ㅎ우에이
   水! 水!
   Shuǐ! Shuǐ!

4. 젓가락 주세요.
   게이 우어 쿠아이즈
   给我筷子。
   Gěi wǒ kuàizi.

5. 컵 주세요.
   게이 우어 뻬이즈
   给我杯子。
   Gěi wǒ bēizi.

🎧 바로 듣고 따라하기

DAY 07

이들은 누구예요?
他们是谁?
Tāmen shì shéi?

바로 듣고 따라하기

谁(누구)를 사용해서 상대방이 누구인지 묻고 답할 수 있어요. '가족'을 나타내는 표현을 익혀보아요!

🎧 왕초보 단어 미리보기

- **家人** jiārén 〔명〕 가족, 식구
- **照片** zhàopiàn 〔명〕 사진
- **棒** bàng 〔형〕 멋지다, 훌륭하다
- **谁** shéi 〔대〕 누구
- **兄弟姐妹** xiōngdì jiěmèi 형제자매
- **哥哥** gēge 〔명〕 형, 오빠
- **姐姐** jiějie 〔명〕 누나, 언니
- **非常** fēicháng 〔부〕 정말, 매우
- **帅** shuài 〔형〕 잘생기다
- **太…了** tài…le 너무 ~하다
- **漂亮** piàoliang 〔형〕 예쁘다

STEP 1
실전회화로 말문트기

🎧 Day07_실전회화_듣기/따라읽기.mp3 🎧 Day07_실전회화_드라마.mp3

듣기 mp3로 먼저 들어본 후 따라읽기 mp3로 따라서 말해보세요.

→ ⓣ은 이를 앙 물고 혀를 둥근 국자처럼 만 상태에서 공기를 내보내며 발음해요.

동희 씨

쯩앙 크어즁앙   쯩어 쓰 우어 찌아르언 더 쯩아오피엔
张科长，这是我家人的照片。
Zhāng kēzhǎng, zhè shì wǒ jiārén de zhàopiàn.
장 과장님, 이거 제 가족사진입니다.

谁?는 우리말의 '누구예요?'와 똑같은 말이에요.

우아   쯩언 빠앙   타아먼 쓰 승에이   니이 더 씨옹띠이 지에메이 마
哇，真棒！他们是谁？你的兄弟姐妹吗？
Wā, zhēn bàng! Tāmen shì shéi? Nǐ de xiōngdì jiěmèi ma?
와, 정말 멋져요! 이들은 누구예요? 형제자매들인가요?

장 과장

동희 씨

쓰,   쯩어 쓰 우어 끄어거,   쯩어 쓰 우어 지에지에
是，这是我哥哥，这是我姐姐。
Shì, zhè shì wǒ gēge, zhè shì wǒ jiějie.
네, 이건 제 형이고, 이건 제 누나예요.

我哥哥는 '나의 형'이라는 뜻으로 我(나)와 哥哥(형) 사이에 的(~의)가 생략된 형태예요.

非常은 '정말, 매우'라는 뜻의 부사로 帅(잘생기다) 앞에서 잘생긴 정도를 한층 강조하고 있어요.

太…了는 '너무 ~하다'라는 뜻의 관용구적 표현이에요.

→ ⓕ는 영어의 f처럼 윗니로 아랫입술을 살짝 물었다 떼면서 발음해요.

니이 끄어거 ⓕ에이츄앙 쓔우아이   니이 지에지에 타이 피아오량 러
你哥哥非常帅，你姐姐太漂亮了！
Nǐ gēge fēicháng shuài, nǐ jiějie tài piàoliang le!
형은 정말 잘생겼고, 누나는 너무 예쁘네요!

장 과장

동희 씨

씨에씨에   쯩앙 크어즁앙
谢谢，张科长。
Xièxie, Zhāng kēzhǎng.
감사합니다, 장 과장님.

---

* <중국어 말문트기 워크북>으로 말하기를 집중 훈련하면 실전회화가 저절로 자동발사돼요.

STEP 2
기초어법으로 내공쌓기

🎧 Day07_기초어법.mp3

1 누구? 의문대명사 谁(shéi, 누구)

장 과장

他们是谁?
Tāmen shì shéi?
타아먼 쓰 승에이

이들은 **누구**예요?

谁(shéi)는 '누구'라는 뜻의 의문대명사예요. 什么(shénme, 무엇)와 마찬가지로 의문사이므로 문장 끝에 어기조사 吗(ma, ~니?) 없이 의문문을 만들 수 있어요. 谁는 동사 是(shì, ~이다)의 목적어로 자주 쓰여요. 의문대명사 谁를 사용한 질문에 답할 때에는 谁 자리에 사람을 나타내는 표현을 쓰면 돼요.

A: 他 是 谁?
   Tā shì shéi?
   그는 ~이다 누구

   그는 **누구**야?

B: 他 是 东喜。
   Tā shì Dōngxǐ.
   그는 ~이다 동희

   그는 동희야.

2 우리끼리는 的(de, ~의)를 굳이 안 써도 통해요!

동학 씨

这是我姐姐。
Zhè shì wǒ jiějie.
쪄 쓰 우어 지에지에

이건 제 **누나**예요.

우리말 '그의 책'을 중국어로 말할 때에는 的(de, ~의)를 사용하여 他的书라고 해요. 그런데, '우리 형'을 중국어로 말할 때에는 우리말과 똑같이 的를 생략하여 我哥哥라고 하면 된답니다. 우리말의 '우리 가족', '내 친구', '우리 회사'처럼 중국어에서도 가족이나 친구관계, 소속 단체를 표현할 경우에는 的를 생략할 수 있어요.

他 是 我 哥哥。
Tā shì wǒ gēge.
그는 ~이다 우리 형

그는 **우리 형**이야.

这 是 我们 学校。
Zhè shì wǒmen xuéxiào.
이건 ~이다 우리 학교

이건 **우리 학교**야.

단어   学校 xuéxiào 명 학교

3 정도부사로 강조해보자!

장 과장

니이 끄어거 ⓕ에이츮앙 쓔아이
你哥哥非常帅。 (당신) 형은 **정말** 잘생겼네요.
Nǐ gēge fēicháng shuài.

부사 很(hěn, 매우)처럼 어떤 상황이나 상태의 정도를 강조해주는 의미의 부사를 '정도부사'라고 해요. 이러한 정도부사들은 주로 '정말', '매우', '진짜', '너무'와 같은 뜻으로 문장의 의미를 강조해준답니다.

非常 fēicháng 정말, 매우	우어 ⓕ에이츮앙 크어 **我 非常 渴。** Wǒ fēicháng kě. 나는 정말 목마르다		나는 **정말** 목말라.
真 zhēn 진짜	우어 쯮언 쿠언 **我 真 困。** Wǒ zhēn kùn. 나는 진짜 졸리다		나는 **진짜** 졸려.
最 zuì 가장, 제일	우어 쭈에이 까오 **我 最 高。** Wǒ zuì gāo. 나는 가장 (키가) 크다		나는 (키가) **가장** 커.
特别 tèbié 특히	타아 트어비에 피아오량 **她 特别 漂亮。** Tā tèbié piàoliang. 그녀는 특히 예쁘다		그녀는 **특히** 예뻐.
不太 bú tài 그다지 ~않다	타아 부우 타이 아이 **他 不太 矮。** Tā bú tài ǎi. 그는 그다지 ~않다 키가 작다		그는 키가 **그다지** 작지 **않아**.

➕ 플러스 포인트

정도부사 太(tài, 너무)와 挺(tǐng, 꽤)은 단독으로는 사용되지 않고 항상 '太…了', '挺…的'의 형태로 사용되므로 관용구처럼 알아두어요.

太…了 tài … le 너무 ~하다	타아 타이 쓔아이 러 **他 太 帅 了。** Tā tài shuài le. 그는 너무 멋지다 ~하다	그는 **너무** 멋져.
挺…的 tǐng … de 꽤 ~하다	우어먼 티잉 카이씨인 더 **我们 挺 开心 的。** Wǒmen tǐng kāixīn de. 우리는 꽤 즐겁다 ~하다	우리는 **꽤** 즐거워.

단어 渴 kě ⑱ 목마르다　困 kùn ⑱ 졸리다　高 gāo ⑱ (키가) 크다　矮 ǎi ⑱ (키가) 작다　开心 kāixīn ⑱ 즐겁다

STEP 3
확장표현으로 중국어 자동발사
 Day07_확장표현.mp3

다양한 **가족** 표현들을 의문대명사 **谁**(shéi, 누구)에 답하는 문장으로 익혀보아요. (빈칸에 아래 단어를 하나씩 넣어서 읽어보세요.)

我 가족 1
wǒ
우리 ~

쯔어 쓰 쉐에이
A: 这是谁? 이분은 누구인가요?
Zhè shì shéi?

쯔어 쓰 우어
B: 这是我_____。 이분은 우리/나의 ___(이)세요.
Zhè shì wǒ _____.

이에예
爷爷
yéye
할아버지

나이나이
奶奶
nǎinai
할머니

라오예
姥爷
lǎoye
외할아버지

라오라오
姥姥
lǎolao
외할머니

빠아바
爸爸
bàba
아빠

마아마
妈妈
māma
엄마

ⓕ우우무우
父母
fùmǔ
부모님

我 wǒ
우리 ~

나아 쓰 ⓢ에이
A: 那是谁? 저 사람은 누구인가요?
Nà shì shéi?

나아 쓰 우어
B: 那是我_____。 저 사람은 우리/나의 ____이에요/예요.
Nà shì wǒ _____.

끄어거
哥哥
gēge
형/오빠

지에지에
姐姐
jiějie
누나/언니

띠이디
弟弟
dìdi
남동생

메이메이
妹妹
mèimei
여동생

으얼즈
儿子
érzi
아들

뉘이으얼
女儿
nǚ'ér
딸

으얼뉘이
儿女
érnǚ
자녀

하이즈
孩子
háizi
아이

씨옹띠이 지에메이
兄弟姐妹
xiōngdì jiěmèi
형제자매

연습문제로 실력다지기   🎧 Day07_연습문제.mp3

🎧 연습문제 바로 듣기

1 알맞은 단어 고르기

음원을 듣고 일치하는 단어를 고르세요.

1) ⓐ 帅   ⓑ 水   ⓒ 谁
2) ⓐ 姐姐 ⓑ 爷爷 ⓒ 奶奶
3) ⓐ 爸爸 ⓑ 弟弟 ⓒ 哥哥

2 문장 듣고 병음/뜻 쓰기

다음 문장을 듣고 병음과 뜻을 써보세요.

1) 문장 这是谁?

   병음 _____

   뜻 _____

2) 문장 那是我女儿。

   병음 _____

   뜻 _____

3 문장 듣고 일치/불일치 판단하기 (HSK 3, 4급 듣기 대비 유형)

들려주는 문장의 내용과 제시된 문장의 내용이 일치하면 ✓, 불일치하면 ✗를 체크하세요.

1) 她是露露的奶奶。　　　(　　)
   Tā shì Lùlu de nǎinai.

2) 你哥哥不太矮。　　　　(　　)
   Nǐ gēge bú tài ǎi.

정답 p.293

4 문장에 주요 단어 채우기 (HSK 3, 4급 독해 대비 유형)

아래 주어진 단어 중에서 괄호 안에 알맞은 단어를 골라 문장을 완성해보세요.

| 非常 fēicháng | 困 kùn | 姥姥 lǎolao |

1) 这是我(　　).   이분은 우리 외할머니세요.
   Zhè shì wǒ (　　).

2) 我真(　　).   나는 진짜 졸려.
   Wǒ zhēn (　　).

5 대화 완성하기 (HSK 3급 독해 대비 유형)

빈칸에 알맞은 문장을 채워 대화를 완성해보세요.

| 她非常漂亮。 Tā fēicháng piàoliang. | 这是我们学校。 Zhè shì wǒmen xuéxiào. | 那是我孩子。 Nà shì wǒ háizi. |

1) A: 这是我姐姐。   이건 제 언니예요.
      Zhè shì wǒ jiějie.

   B: _____   그녀는 정말 예쁘네.

2) A: 那是谁?   저 사람은 누구인가요?
      Nà shì shéi?

   B: _____   저 사람은 나의 아이예요.

6 문장 완성하기 (HSK 3, 4급 쓰기 대비 유형)

제시된 단어를 중국어 어순에 맞게 배열하여 문장을 완성해보세요.

1) 帅　了　太　他
   shuài　le　tài　tā

   _____。   그는 너무 멋져.

2) 家人　的　这是　照片　我
   jiārén　de　zhè shì　zhàopiàn　wǒ

   _____。   이것은 제 가족사진입니다.

정답 p.293

간체자 쓰기

제시된 HSK 단어 및 주요 핵심 단어의 간체자와 병음을 또박또박 써보세요.

HSK 1급

谁
shéi
谁谁谁谁谁谁谁谁谁谁
대 누구

HSK 4급

帅
shuài
帅帅帅帅帅
형 잘생기다

家人
jiā rén
家家家家家家家家家
人人
명 가족, 식구

HSK 1급

爸爸
bà ba
爸爸爸爸爸爸爸爸
爸爸爸爸爸爸爸爸
명 아빠

HSK 1급

妈妈
mā ma
妈妈妈妈妈妈
妈妈妈妈妈妈
명 엄마

HSK 2급

哥哥
gē ge

哥哥哥哥哥哥哥哥哥
哥哥哥哥哥哥哥哥哥

명 형, 오빠

HSK 2급

姐姐
jiě jie

姐姐姐姐姐姐姐姐
姐姐姐姐姐姐姐姐

명 누나, 언니

HSK 2급

弟弟
dì di

弟弟弟弟弟弟弟
弟弟弟弟弟弟弟

명 남동생

HSK 2급

妹妹
mèi mei

妹妹妹妹妹妹妹妹
妹妹妹妹妹妹妹妹

명 여동생

HSK 2급

非常
fēi cháng

非非非非非非非
常常常常常常常常常常常

부 매우, 정말

DAY 07 이들은 누구예요? 他们是谁?

루루와 떠나는 중국 문화 여행

중국에는 소황제가 5억 명 이상!

중국 부모들은 자기 아이를 '소황제'(小皇帝, Xiǎo huángdì)라고 불러요. 그들은 왜 자녀를 황제처럼 모시는 걸까요?

중국에는 14억이 넘는 사람들이 살고 있답니다. 지금도 계속 증가하고 있고요. 그래서 중국에는 아이를 한 명만 낳도록 제한하는 '한 자녀 정책'(独生子女政策, Dúshēngzǐnǚ zhèngcè)이 있었어요. 이 때문에 중국인들에게는 한 명의 아이가 너무 귀해서 작은 황제라 부르며 모시는 거예요.

그런데 2016년부터는 모든 중국인이 두 명의 아이를 갖도록 정책이 바뀌었어요! 이렇게 정책이 바뀌게 된 것은 중국의 경제 성장과 관련이 있어요. 이전에는 성장하기 위해 인구에 제한을 두었다면 이제는 성장을 유지하기 위해 인구 제한 정책을 완화시킨 거예요.

10년 정도 지나면 소황제 혼자가 아닌 형제자매가 함께 있는 중국 가정의 모습을 많이 볼 수 있겠죠?

> 중국에는 아이를 한 명만 낳도록 제한하는
> '한 자녀 정책'(独生子女政策, Dúshēngzǐnǚ zhèngcè)이 있었어요.

이 정책은 소수민족을 제외한 한족에게만 해당되었는데, 다만, 농촌에 사는 한족의 경우 첫째가 딸이면 네 살 터울로 둘째를 낳을 수 있었어요. 하지만 농촌 이외 지역에 사는 한족이 둘째를 낳으면 엄청난 액수의 벌금을 내야 했어요.

🎧 바로 쓰는 왕초보 여행 중국어

중국인 가족과 얘기하게 될 때

1 형제(예요)?
씨옹띠이
兄弟?
Xiōngdì?

2 자매(예요)?
지에메이
姐妹?
Jiěmèi?

3 당신들은 한 가족인가요?
니이먼 쓰 이이찌아르언 마
你们是一家人吗?
Nǐmen shì yìjiārén ma?

4 그녀(딸)가 정말 예뻐요!
타아 ㈜에이ㅊ츠앙 피아오량
她非常漂亮!
Tā fēicháng piàoliang!

5 그(아들)가 정말 귀여워요!
타아 ㈜에이ㅊ츠앙 크어아이
他非常可爱!
Tā fēicháng kě'ài!

🎧 바로 듣고 따라하기

DAY 08

나 중국어 책 있어.
我有汉语书。
Wǒ yǒu Hànyǔ shū.

🎧 바로 듣고 따라하기

무엇이 있다, 없다를 표현할 때 사용하는 동사 有(~이 있다)를 배우고, 동사 有와 함께 쓸 수 있는 다양한 명사 표현도 익혀보아요!

민준이는 없는데 루루만 있는 것?

너 중국어 책 있어?

우어 이어우 하인위이 쑤우
我有汉语书。
Wǒ yǒu Hànyǔ shū.
나 중국어 책 있어.

🎧 왕초보 단어 미리보기

有 yǒu
[동] ~이 있다, (가지고) 있다

汉语 Hànyǔ
[고유] 중국어, 한어

书 shū [명] 책

今天 jīntiān [명] 오늘

没有 méiyǒu
[동] 없다, (가지고) 있지 않다

课 kè [명] 수업

为什么 wèishénme
[대] 왜, 어째서

问 wèn [동] 묻다

但是 dànshì
[접] 그런데, 그러나

오늘 너 중국어 수업 있니 없니?

우어 메이이어우
我没有。 나 없어.
Wǒ méiyǒu.
왜 물어보니?

오늘 나 중국어 수업이 있어, 그런데 난 책이 없어.

그래? 그런데 왜 이리 목이 마르지~

STEP 1
실전회화로 말문트기

🎧 Day08_실전회화_듣기/따라읽기.mp3 🎧 Day08_실전회화_드라마.mp3

듣기 mp3로 먼저 들어본 후 따라읽기 mp3로 따라서 말해보세요.

민준

→ ㅎ은 이를 앙 물고 혀를 둥근 국자처럼 만 상태에서 공기를 내보내며 발음해요.

니이 이어우 하안위이 쓩우 마
你有汉语书吗? 너 중국어 책 있어?
Nǐ yǒu Hànyǔ shū ma?

有는 '(주어에게) ~이/가 있다' 또는 '(주어가) ~을/를 가지고 있다'라는 뜻의 동사예요.

우어 이어우 하안위이 쓩우
我有汉语书。 나 중국어 책 있어.
Wǒ yǒu Hànyǔ shū.

루루

민준

찌인티엔 니이 이어우 메이이어우 하안위이 크어
今天你有没有汉语课?
Jīntiān nǐ yǒu méiyǒu Hànyǔ kè?
오늘 너 중국어 수업 있니 없니?

没有는 동사 有의 부정형태이고, '없다'라는 뜻이에요. 그래서 有没有~?는 '있니, 없니?'라는 뜻이고, 동사 有의 정반의문문이 돼요.

우어 메이이어우   니이 우에이ㅎ슨머 우언 너
我没有。你为什么问呢?
Wǒ méiyǒu.   Nǐ wèishénme wèn ne?
나 없어. 왜 물어보니?

루루

민준

찌인티엔 우어 이어우 하안위이 크어   따안ㅎ 우어 메이이어우 쓩우
今天我有汉语课,但是我没有书。
Jīntiān wǒ yǒu Hànyǔ kè,   dànshì wǒ méiyǒu shū.
오늘 나 중국어 수업이 있어, 그런데 난 책이 없어.

但是은 '그런데'라는 뜻의 접속사예요.

* <중국어 말문트기 워크북>으로 말하기를 집중 훈련하면 실전회화가 저절로 자동발사돼요.

STEP 2
기초어법으로 내공쌓기 🎧 Day08_기초어법.mp3

1 있다? 없다? 有(yǒu)자문

루루

> 우어 이어우 하안위이 쓩우
> 我有汉语书。
> Wǒ yǒu Hànyǔ shū.

나 중국어 책 있어.

有(yǒu)는 '~이/가 있다', '~을/를 가지고 있다'라는 의미의 동사예요. 그리고 有가 술어로 쓰인 문장을 有자문이라고 한답니다. 주의할 점은 有자문을 부정문으로 만들 때에는 부정부사 不가 아니라 没를 사용하여 没有(méiyǒu, 없다)로 만들어야 한다는 거예요.

긍정문 타아 이어우 뻬이즈
她 有 杯子。
Tā yǒu bēizi.
그녀는 ~이 있다 컵

그녀는 컵이 있어.

부정문 끄어거 메이이어우 이아오슝
哥哥 没有 钥匙。
Gēge méiyǒu yàoshi.
형(오빠)은 ~가 없다 열쇠

형(오빠)은 열쇠가 없어.

● 有자문을 의문문으로 만들 때에는 아래 민준이의 말처럼 문장 끝에 어기조사 吗(ma, ~니?)를 붙이면 돼요. 有를 사용한 질문에 답변을 할 때에는 有 또는 没有를 동사로 사용해요.

민준

> 니이 이어우 하안위이 쓩우 마
> 你有汉语书吗?
> Nǐ yǒu Hànyǔ shū ma?

너 중국어 책 있어?

A: 니인 이어우 미잉피엔 마
您 有 名片 吗?
Nín yǒu míngpiàn ma?
당신은 ~이 있다 명함 ~인가요?

당신은 명함이 있으신가요?

B: 우어 이어우 미잉피엔
我 有 名片。
Wǒ yǒu míngpiàn.
나는 ~이 있다 명함

저는 명함이 있어요.

우어 메이이어우 미잉피엔
我 没有 名片。
Wǒ méiyǒu míngpiàn.
나는 ~이 없다 명함

저는 명함이 없어요.

단어 杯子 bēizi 몡 컵   哥哥 gēge 몡 형, 오빠   钥匙 yàoshi 몡 열쇠   名片 míngpiàn 몡 명함

● **有**자문의 정반의문문은 **有**와 **没有**를 나란히 배치해 **有没有~?**(~이 있니 없니?)로 만들어주면 된답니다. 답변할 때에는 마찬가지로 **有** 또는 **没有**를 동사로 사용하면 돼요.

민준

찌인티엔 니이 이어우 메이이어우 하안위이 크어
今天你有没有汉语课?
Jīntiān nǐ yǒu méiyǒu Hànyǔ kè?

오늘 너 중국어 수업 **있니 없니?**

니이먼 이어우 메이이어우 쿠아이즈
A: **你们 有没有 筷子?**
Nǐmen yǒu méiyǒu kuàizi?
너희는 ~이 있니 없니? 젓가락

너희는 젓가락**이 있니 없니?**

우어먼 이어우 쿠아이즈
B: **我们 有 筷子。**
Wǒmen yǒu kuàizi.
우리는 ~이 있다 젓가락

저희는 젓가락**이 있어요.**

우어먼 메이이어우 쿠아이즈
我们 没有 筷子。
Wǒmen méiyǒu kuàizi.
우리는 ~이 없다 젓가락

저희는 젓가락**이 없어요.**

단어 筷子 kuàizi 명 젓가락

기초어법으로 내공쌓기

2 왜?는 의문대명사 为什么 (wèishénme, 왜)

루루

> 니이 우에이⑤언머 우언 너
> **你为什么问呢?**
> Nǐ wèishénme wèn ne?
> 왜 물어보니?

为什么(wèishénme)는 '왜'라는 의미의 의문대명사이며, 구체적인 원인 또는 목적을 물 때 사용해요. 为什么는 주로 문장 맨 앞에 오거나 주어 뒤에 온답니다. 의문대명사이기 때문에 문장 끝에 吗(ma, ~니?)를 붙이면 안 되겠죠!

A: 우에이⑤언머 니이 뿌우 라이
为什么 你 不 来?
Wèishénme nǐ bù lái?
왜   너는 아니 오다

왜 당신은 안 오나요?

B: 우어 ⑤에이⑤앙 마앙
我 非常 忙。
Wǒ fēicháng máng.
나는 정말 바쁘다

제가 정말 바빠요.

A: 니이 지에지에 우에이⑤언머 뿌우 쑤우어후아
你姐姐 为什么 不 说话?
Nǐ jiějie wèishénme bù shuōhuà?
너희 누나는 왜 아니 말하다

너희 누나는 **왜** 말을 안 해?

B: 타아 타이 쿠언 러
她 太 困 了。
Tā tài kùn le.
그녀는 너무 졸리다 ~하다

그녀는 너무 졸려.

단어 非常 fēicháng ⑼ 정말, 매우 　忙 máng ⑻ 바쁘다 　说话 shuōhuà ⑻ 말하다 　太…了 tài…le 너무 ~하다 　困 kùn ⑻ 졸리다

3 但是(dànshì, 그런데) 말입니다!

민준

찌인티엔 우어 이어우 하안위이 크어 따안쓰 우어 메이이어우 쓔우
今天我有汉语课，但是我没有书。
Jīntiān wǒ yǒu Hànyǔ kè, dànshì wǒ méiyǒu shū.

오늘 나 중국어 수업이 있어, 그런데 난 책이 없어.

但是(dànshì, 그런데)은 이미 제시된 상황과는 다른 상황이 전개될 때 사용하는 접속사예요.

우어 이어우 끄어거 따안쓰 우어 메이이어우 띠이디
我 有 哥哥, 但是 我 没有 弟弟。
Wǒ yǒu gēge, dànshì wǒ méiyǒu dìdi.
나는 ~가/이 있다 오빠/형 그런데 나는 ~이 없다 남동생

나는 오빠가 있어, 그런데 남동생은 없어.

우어 흐언 마앙 따안쓰 우어 부우 레이
我 很 忙, 但是 我 不 累。
Wǒ hěn máng, dànshì wǒ bú lèi.
나는 (매우) 바쁘다 그런데 나는 아니 피곤하다

나는 바빠, 그런데 피곤하진 않아.

우어 이어우 슬찌엔 따안쓰 우어 메이이어우 치엔
我 有 时间, 但是 我 没有 钱。
Wǒ yǒu shíjiān, dànshì wǒ méiyǒu qián.
나는 ~이 있다 시간 그런데 나는 ~이 없다 돈

나는 시간이 있어, 그런데 돈은 없어.

단어 累 lèi 형 피곤하다 时间 shíjiān 명 시간 钱 qián 명 돈

STEP 3
확장표현으로 중국어 자동발사

🎧 Day08_확장표현.mp3

有(yǒu)자문과 함께 쓰일 수 있는 다양한 **추상명사**를 익혀보아요.

추상명사와 有자문

크어
课 수업
kè

1 你有课吗? 당신은 수업이 있나요?
  Nǐ yǒu kè ma?

2 你有没有课?
  Nǐ yǒu méiyǒu kè?
  당신은 수업이 있나요 없나요?

3 我有课。 저는 수업이 있어요.
  Wǒ yǒu kè.

4 我没有课。 저는 수업이 없어요.
  Wǒ méiyǒu kè.

승찌엔
时间 시간
shíjiān

1 你有时间吗? 당신은 시간이 있나요?
  Nǐ yǒu shíjiān ma?

2 你有没有时间?
  Nǐ yǒu méiyǒu shíjiān?
  당신은 시간이 있나요 없나요?

3 我有时间。 저는 시간이 있어요.
  Wǒ yǒu shíjiān.

4 我没有时间。 저는 시간이 없어요.
  Wǒ méiyǒu shíjiān.

꼬옹쭈어
工作 직업
gōngzuò

1 他有工作吗? 그는 직업이 있나요?
  Tā yǒu gōngzuò ma?

2 他有没有工作? 그는 직업이 있나요 없나요?
  Tā yǒu méiyǒu gōngzuò?

3 他有工作。 그는 직업이 있어요.
  Tā yǒu gōngzuò.

4 他没有工作。 그는 직업이 없어요.
  Tā méiyǒu gōngzuò.

카오쓰
考试 시험
kǎoshì

1 你有考试吗? 당신은 시험이 있나요?
  Nǐ yǒu kǎoshì ma?

2 你有没有考试? 당신은 시험이 있나요 없나요?
  Nǐ yǒu méiyǒu kǎoshì?

3 我有考试。 저는 시험이 있어요.
  Wǒ yǒu kǎoshì.

4 我没有考试。 저는 시험이 없어요.
  Wǒ méiyǒu kǎoshì.

아이하오
爱好 취미
àihào

1 你有爱好吗? 당신은 취미가 있나요?
  Nǐ yǒu àihào ma?

2 你有没有爱好? 당신은 취미가 있나요 없나요?
  Nǐ yǒu méiyǒu àihào?

3 我有爱好。 저는 취미가 있어요.
  Wǒ yǒu àihào.

4 我没有爱好。 저는 취미가 없어요.
  Wǒ méiyǒu àihào.

씨인씨인
信心 자신
xìnxīn

1 你有信心吗? 당신은 자신이 있나요?
  Nǐ yǒu xìnxīn ma?

2 你有没有信心? 당신은 자신이 있나요 없나요?
  Nǐ yǒu méiyǒu xìnxīn?

3 我有信心。 저는 자신이 있어요.
  Wǒ yǒu xìnxīn.

4 我没有信心。 저는 자신이 없어요.
  Wǒ méiyǒu xìnxīn.

有没有~?(yǒu méiyǒu, ~이 있니 없니?)를 활용해 다양한 **사물명사**를 익혀보아요.(빈칸에 아래 단어를 하나씩 넣어서 읽어보세요.)

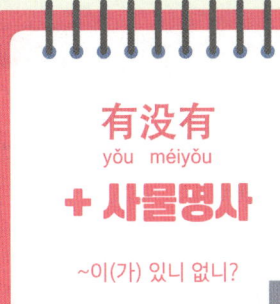

有没有
yǒu méiyǒu
+ 사물명사
~이(가) 있니 없니?

니이 이어우 메이이어우
A: 你有没有_____? 너는 ___이/가 있니 없니?
　　Nǐ yǒu méiyǒu _____?

우어 이어우　　　우어 메이이어우
B: 我有_____。/ 我没有_____。 나는 ___이/가 있어. / 나는 ___이/가 없어.
　　Wǒ yǒu _____. / Wǒ méiyǒu _____.

비이찌이브언
笔记本
bǐjìběn
노트북

셔우찌이
手机
shǒujī
휴대폰

셔우비아오
手表
shǒubiǎo
손목시계

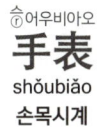

위이사안
雨伞
yǔsǎn
우산

으얼찌이
耳机
ěrjī
이어폰

츠으디엔
词典
cídiǎn
사전

띠엔나오
电脑
diànnǎo
컴퓨터

차안찌인즈
餐巾纸
cānjīnzhǐ
냅킨

연습문제로 실력다지기 🎧 Day08_연습문제.mp3

🎧 연습문제 바로 듣기

1 알맞은 단어 고르기

음원을 듣고 일치하는 단어를 고르세요.

1) ⓐ 本　　ⓑ 有　　ⓒ 为

2) ⓐ 耳机　ⓑ 但是　ⓒ 雨伞

3) ⓐ 手表　ⓑ 电脑　ⓒ 词典

2 문장 듣고 병음/뜻 쓰기

다음 문장을 듣고 병음과 뜻을 써보세요.

1) **문장** 我有汉语书。

   병음 _____

   뜻 _____

2) **문장** 你为什么问呢?

   병음 _____

   뜻 _____

3 문장 듣고 일치/불일치 판단하기 (HSK 3, 4급 듣기 대비 유형)

들려주는 문장의 내용과 제시된 문장의 내용이 일치하면 ✓, 불일치하면 ✗를 체크하세요.

1) 我有汉语课。　　　　　(　　)
   Wǒ yǒu Hànyǔ kè.

2) 我没有弟弟。　　　　　(　　)
   Wǒ méiyǒu dìdi.

정답 p.293

4 문장에 주요 단어 채우기 (HSK 3, 4급 독해 대비 유형)

아래 주어진 단어 중에서 괄호 안에 알맞은 단어를 골라 문장을 완성해보세요.

| 没有 méiyǒu | 时间 shíjiān | 但是 dànshì |

1) 我有(　　)。 나는 시간이 있어.
   Wǒ yǒu (　　).

2) 你有(　　)信心? 너는 자신이 있니 없니?
   Nǐ yǒu (　　) xìnxīn?

5 대화 완성하기 (HSK 3급 독해 대비 유형)

빈칸에 알맞은 문장을 채워 대화를 완성해보세요.

| 我非常忙。 Wǒ fēicháng máng. | 我没有。 Wǒ méiyǒu. | 我不累。 Wǒ bú lèi. |

1) A: 为什么你不来? 왜 당신은 안 오나요?
   Wèishénme nǐ bù lái?
   B: _____ 제가 정말 바빠요.

2) A: 你有没有耳机? 너는 이어폰이 있니 없니?
   Nǐ yǒu méiyǒu ěrjī?
   B: _____ 나는 없어.

6 문장 완성하기 (HSK 3, 4급 쓰기 대비 유형)

제시된 단어를 중국어 어순에 맞게 배열하여 문장을 완성해보세요.

1) 筷子　有　你们　没有
   kuàizi   yǒu   nǐmen   méiyǒu

   _____? 너희는 젓가락이 있니 없니?

2) 没有　今天你　有　汉语课
   méiyǒu   jīntiān nǐ   yǒu   Hànyǔ kè

   _____? 오늘 너 중국어 수업 있니 없니?

정답 p.293

간체자 쓰기

제시된 HSK 단어 및 주요 핵심 단어의 간체자와 병음을 또박또박 써보세요.

HSK 2급

课 kè
课课课课课课课课
课课课课课课课课
몡 수업

HSK 2급

问 wèn
问问问问问问
동 묻다

HSK 1급

有 yǒu
有有有有有有
동 ~이 있다, (가지고) 있다

HSK 1급

没有 méi yǒu
没没没没没没
有有有有有有
동 없다, (가지고) 있지 않다

HSK 1급

今天 jīn tiān
今今今今
天天天天
몡 오늘

HSK 2급

但是

dàn shì

但但但但但但但
是是是是是是是是是

접 그런데, 그러나

但 是
dàn shì

HSK 2급

考试

kǎo shì

考考考考考考
试试试试试试试试

명 시험

考 试
kǎo shì

HSK 2급

时间

shí jiān

时时时时时时时
间间间间间间间

명 시간

时 间
shí jiān

HSK 3급

词典

cí diǎn

词词词词词词词
典典典典典典典典

명 사전

词 典
cí diǎn

HSK 2급

为什么

wèi shén me

为为为为
什什什什
么么么

대 왜, 어째서

为 什 么
wèi shén me

DAY 08

해커스 자동발사 중국어 첫걸음 1탄

루루와 떠나는 중국 문화 여행

중국 여행 중 핸드폰 분실!!!

중국 여행 중 핸드폰을 분실하면? 당장이라도 여행을 그만두고 싶을 것 같은데요. 그럴 때는 가까운 중국 통신사 대리점에 가서 개통을 하면 돼요. 물론 핸드폰도 새로 사야 하지만 중국의 저렴한 여러 핸드폰 브랜드를 써볼 수 있겠죠?

중국의 대표적 통신사로는 이똥(移动, Yídòng)과 리엔통(联通, Liántōng)이 있어요. 이똥은 신호가 강하고, 리엔통은 인터넷 속도가 빠르다는 장점이 있어요. 여행을 할 때는 아무래도 인터넷 속도가 빠른 것이 좋겠죠?

> 중국에서 휴대폰을 개통하려면
> 여권을 지참하고 통신사 대리점에 가서
> 유심을 사러 왔다고 하면 돼요.

있고, 아니면 편의점이나 간이 상점에서 50元, 100元 단위로 판매하는 충전카드를 살 수도 있어요.

통신사 대리점은 각 지역 여러 곳에 위치하고 있으니 쉽게 찾으실 수 있을 거예요.

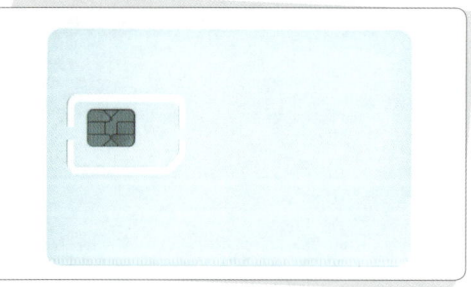

중국에서 휴대폰을 개통하려면 여권을 지참하고 통신사 대리점에 가서 유심을 사러 왔다고 아먼 돼요. 그러면 직원이 여러 번호가 적혀 있는 유심을 보여주는데 그 중 마음에 드는 번호를 고르면 돼요.

요금제는 어떨까요? 중국은 선불제와 후불제 방식이 있는데, 사용할 양만큼의 돈을 내고 충전하면 되는 선불제 방식을 더 많이 쓴답니다. 충전은 대리점에서 할 수도

🎧 바로 쓰는 왕초보 여행 중국어

핸드폰을 잃어버려서 개통하고 싶을 때

1 핸드폰! 핸드폰! (핸드폰 살래요)
   셔우찌이 셔우찌이
   手机！手机！
   Shǒujī!　Shǒujī!

2 유심카드! 유심카드! (유심카드 주세요)
   유심 카아　유심 카아
   USIM卡！USIM卡！
   USIM kǎ!　USIM kǎ!

3 개통! 개통! (개통해주세요)
   카이토옹　카이토옹
   开通！开通！
   Kāitōng!　Kāitōng!

4 핸드폰 살게요.
   우어 마이 셔우찌이
   我买手机。
   Wǒ mǎi shǒujī.

5 유심카드 주세요.
   게이 우어　유심 카아
   给我USIM卡。
   Gěi wǒ USIM kǎ.

 바로 듣고 따라하기

DAY 09

숟가락 네 개 주세요!
给我四个勺子!
Gěi wǒ sì ge sháozi!

물건의 개수를 셀 때에는 '옷 한 벌', '책 두 권'과 같이 물건 이름, 숫자, 물건을 세는 단위, 이 세 가지를 사용하는 것처럼 중국어도 똑같아요. 중국어 숫자와 물건을 세는 단위, 그리고 물건을 나타내는 다양한 표현을 익혀 보아요.

🎧 왕초보 단어 미리보기

- 点 diǎn 동 주문하다
- 给 gěi 동 주다
- 巧克力 qiǎokèlì 명 초콜릿
- 冰淇淋 bīngqílín 명 아이스크림
- 还是 háishi 접 아니면, 또는
- 还 hái 부 또, 더
- 别的 biéde 대 다른 것
- 四 sì 수 넷(4)
- 勺子 sháozi 명 숟가락

STEP 1
실전회화로 말문트기

🎧 Day09_실전회화_듣기/따라읽기.mp3   🎧 Day09_실전회화_드라마.mp3

듣기 mp3로 먼저 들어본 후 따라읽기 mp3로 따라서 말해보세요.

→ ⓒ은 이를 앙 물고 혀를 둥근 국자처럼 만 상태에서 공기를 내보내며 발음해요.

점원

니인 하오, 니인 디엔 슈언머
您好, 您点什么?
Nín hǎo,   nín diǎn shénme?
안녕하세요, 뭐 주문하실 건가요?

您点什么?(뭐 주문하실 건가요?)에서는 您(당신)이 주어, 点(주문하다)이 동사, 什么(무엇)가 목적어로 쓰였어요.

个(ge)는 '개'라는 뜻으로 아이스크림을 세는 단위예요.

게이 우어 이이 거 치아오크어리이 삐잉치이리인
给我一个巧克力冰淇淋。
Gěi wǒ yí ge qiǎokèlì bīngqílín.
초콜릿 아이스크림 한 개 주세요.

동희 씨

점원

따아 뻬이 하이슈 시아오 뻬이
大杯还是小杯?
Dà bēi háishi xiǎo bēi?
큰 컵인가요 아니면 작은 컵인가요?

还是는 '아니면, 또는'의 뜻으로 선택의문문을 만드는 접속사예요.

的가 형용사 小(작다) 다음에 쓰여 '작은 것'이 되었어요.

시아오 더 바
小的吧。 작은 걸로요.
Xiǎo de ba.

동희 씨

점원

하오 더   하이 이어우 비에 더 마
好的。 还有别的吗? 네, 또 다른 건 있으세요?
Hǎo de. Hái yǒu biéde ma?

여기서 还는 '또, 더'라는 뜻의 부사예요. 그래서 还有라고 하면 '또 있다'라는 말이 됩니다.

동사 给(주다)는 '给+사람+물건'의 형태로 '~에게 ~을 주다'라는 뜻으로 쓰일 수 있어요. 영어의 give와 매우 비슷하죠.

게이 우어 쓰 거 슈아오즈
给我四个勺子! 숟가락 네 개 주세요!
Gěi wǒ sì ge sháozi!

동희 씨

* <중국어 말문트기 워크북>으로 말하기를 집중 훈련하면 실전회화가 저절로 자동발사돼요.

STEP 2
기초어법으로 내공쌓기 🎧 Day09_기초어법.mp3

1 한 개, 두 개 세어보자! 수사와 양사

동희 씨

게이 우어 이이 거 치아오크어리이 삐잉치이리인
给我一个巧克力冰淇淋。
Gěi wǒ yí ge qiǎokèlì bīngqílín.

초콜릿 아이스크림 **한 개** 주세요.

책을 셀 때 우리말로 '책 한 권'이라고 하죠? 여기서 '한(하나)'과 '권'처럼 중국어에도 숫자를 나타내는 '수사'와 사람 또는 사물의 수를 세는 단위인 '양사'가 있어요. 위 동희 씨의 말 중 一个(yí ge, 한 개)에서 一(yí, 일)가 수를 나타내는 수사이고 个(ge, 개)가 개수를 나타내는 양사예요.

● 1부터 10까지의 숫자 및 100(백), 1,000(천), 10,000(만)을 나타내는 표현은 아래와 같아요.

이이 一 yī 1	으얼/리앙 二/两 èr/ liǎng 2 / 둘 * 양사가 나오면 二이 아닌 两을 써요.	싸안 三 sān 3	쓰으 四 sì 4	우우 五 wǔ 5
리어우 六 liù 6	치이 七 qī 7	빠아 八 bā 8	지어우 九 jiǔ 9	승 十 shí 10
	바이 百 bǎi 100		치엔 千 qiān 1,000	우안 万 wàn 10,000

● '두 권', '한 잔'과 같이 우리 말도 수를 세는 단위가 사물의 종류별로 다르듯이 중국어도 같이 쓰이는 명사에 따라 양사가 달라요. 따라서 양사는 반드시 짝이 맞는 명사와 함께 '수사 + 양사 + 명사'의 형태로 사용해야 해요. 우리 말은 '책 한 권'으로 '명사 + 수사 + 양사' 순서이지만 중국어는 '한 권의 책'으로 '수사 + 양사 + 명사'로 쓰인다는 것을 알아두세요.

本 běn 권	우어 我 Wǒ 나는	이어우 有 yǒu ~이있다	리앙 两 liǎng 두	브언 本 běn 권의	쓰우 书。 shū. 책	나는 **두 권**의 책이 있다. (→ 양사 本이 나와서 二이 아닌 两을 썼어요.)
杯 bēi 잔	니이 你 Nǐ 너는	흐어 부 흐어 喝不喝 hē bu hē 마시니 안 마시니?		이이 뻬이 一杯 yì bēi 한 잔의	승우에이 水? shuǐ? 물을	너는 물 **한 잔** 마실래 안 마실래?

단어 书 shū 명 책   水 shuǐ 명 물

2　~에게 ~을 주다　给 (gěi, 주다)

동희 씨

게이 우어 쓰으 거 ㉮아오즈
给我四个勺子!
Gěi wǒ sì ge sháozi!

(저에게) 숟가락 네 개 **주세요**!

给(gěi)는 '주다'라는 뜻의 동사예요. 동사 给 뒤에는 동희 씨의 말에서처럼 我(나), 四个勺子(숟가락 네 개) 이렇게 두 개의 목적어가 올 수 있으며, '~에게 ~을/를'이라는 뜻이 돼요. 이렇게 목적어가 두 개 붙는 것을 '이중목적어'라고 해요.

게이　우어　리어우 거　빠오즈
给　我　六个　包子。
Gěi　wǒ　liù ge　bāozi.
주다　나에게　여섯 개의　찐빵을

저**에게** 찐빵 여섯 개를 **주세요**.

게이　우어　이이 뻬이　피이지어우
给　我　一杯　啤酒。
Gěi　wǒ　yì bēi　píjiǔ.
주다　나에게　한 잔의　맥주를

나**에게** 맥주 한 잔을 **주세요**.

➕ 플러스 포인트

给(gěi)는 '~에게'라는 뜻의 전치사로도 쓰여요. 문장이 '给 + 사람 + 술어(동사) + 목적어'의 형태일 경우 给는 '주다'라는 뜻의 동사가 아닌 '~에게'라는 뜻의 전치사가 된답니다. 참고로, 전치사는 중국어 어법에서 개사라고도 하며, 주로 명사나 대명사 앞에 쓰여요.

마아마　메이티엔　게이　우어 다아　띠엔후아
妈妈　每天　**给**　我　打　电话。
Māma　měitiān　gěi　wǒ　dǎ　diànhuà.
엄마는　매일　~에게　나　걸다　전화를

엄마는 매일 나**에게** 전화하셔.

우어 게이　니이 찌에㉮아오 우어 더 프엉여우
我　**给**　你　介绍　我的朋友。
Wǒ　gěi　nǐ　jièshào　wǒ de péngyou.
나는　~에게　너　소개하다　나의 친구를

(내가) 너**에게** 내 친구를 소개할게.

단어　每天 měitiān 몡 매일　打电话 dǎ diànhuà 전화를 걸다　介绍 jièshào 툉 소개하다　朋友 péngyou 몡 친구

기초어법으로 내공쌓기

3 이걸로 할까, 저걸로 할까? 선택의문문 还是 (háishi, 아니면)

점원

따아 뻬이 하이슝 시아오 뻬이
大杯还是小杯?
Dà bēi háishi xiǎo bēi?

큰 컵인가요 **아니면** 작은 컵인가요?

还是(háishi)은 '아니면, 또는'의 뜻으로 선택의문문을 만들어 주는 접속사이며, 'A 还是 B?(A예요 아니면 B예요?)'의 형태로 사용해요. 还是은 그 자체로 의문문을 만들어 주므로 문장 끝에 吗(ma, ~니?)를 붙이지 않아도 돼요.

A: 你 去 还是 我 去?
   Nǐ qù háishi wǒ qù?
   너는 가다 아니면 나는 가다

네가 갈래 **아니면** 내가 갈까?

B: 你 去 吧。
   Nǐ qù ba.
   너는 가다 ~해

네가 가.

A: 你 吃 比萨饼 还是 汉堡包?
   Nǐ chī bǐsàbǐng háishi hànbǎobāo?
   너는 먹다 피자를 아니면 햄버거를

너는 피자 먹니 **아니면** 햄버거 먹니?

B: 我 吃 汉堡包。
   Wǒ chī hànbǎobāo.
   나는 먹다 햄버거를

나는 햄버거 먹어.

A: 她 是 你的 姐姐 还是 妹妹?
   Tā shì nǐ de jiějie háishi mèimei?
   그녀는 ~이다 너의 언니(누나) 아니면 여동생

그녀는 네 언니니 **아니면** 여동생이니?

B: 她 是 我 妹妹。
   Tā shì wǒ mèimei.
   그녀는 ~이다 나(의) 여동생

그녀는 내 여동생이야.

단어 比萨饼 bǐsàbǐng 명 피자 汉堡包 hànbǎobāo 명 햄버거 姐姐 jiějie 명 언니, 누나 妹妹 mèimei 명 여동생

4 '~한 것'은 형용사 + 的(de)

동희 씨

> 시아오 더 바
> **小的**吧。 작은 걸로요.
> Xiǎo de ba.

的(de)는 '~의', '~의 것'이라는 뜻의 구조조사예요. 이러한 的가 형용사 뒤에 오면 '~한 것'이라는 뜻으로 사용될 수 있어요. '형용사 + 的 + 명사(~한 명사)'의 형태로도 사용할 수 있어요.

게이 우어 피엔이 더
给 我 便宜 的。   저에게 **싼 것**을 주세요.
Gěi wǒ piányi de.
주다 나에게 (값이) 싸다 ~한 것을

게이 타 피아오량 더 ㉠어우찌이
给 她 漂亮 的 手机。   그녀에게 **예쁜 휴대폰**을 주세요.
Gěi tā piàoliang de shǒujī.
주다 그녀에게 예쁘다 ~한 휴대폰을

단어 便宜 piányi 혭 (값이) 싸다   漂亮 piàoliang 혭 예쁘다   手机 shǒujī 몡 휴대폰

STEP 3
확장표현으로 중국어 자동발사

🎧 Day09_확장표현.mp3

중국어로 **숫자 읽는 방법**을 익혀보아요.

중국어로 숫자 말하기

```
    5   4   7   8   1
    ↓   ↓   ↓   ↓   ↓
만 자리  천 자리  백 자리  십 자리  일 자리
~万(~wàn)  ~千(~qiān)  ~百(~bǎi)  ~十(~shí)  숫자 그대로
으로 읽어요. 으로 읽어요. 로 읽어요. 로 읽어요. 읽어주면 돼요.
```

우우우안 쓰으치엔 치이바이 빠아스이이
五万四千七百八十一 오만 사천 칠백 팔십 일
wǔwàn sìqiān qībǎi bāshíyī

* 중국어는 우리말과 같이 큰 단위부터 순서대로 읽으면 돼요.

12

스으얼
十二 십이
shí'èr

* 두 자리 수에서 십 단위 숫자가 1일 경우, 一(yī) 없이 바로 十(shí)로 시작해요.

20

으얼스
二十 이십
èrshí

* 일 자리가 0으로 끝날 경우 그 앞의 단위까지만 읽어요. 우리말과 똑같아요.

417

쓰으바이 이이스치이
四百一十七 사백 십 칠
sìbǎi yīshíqī

* 세 자리 수 이상에서 십 단위가 1일 경우, 一를 생략하지 않고 꼭 읽어야 해요. 이때, 一는 4성(yì)으로 발음하지 않고 원래 성조인 1성(yī)으로 발음해요.

803

빠아바이 리잉 싸안
八百零三 팔백 삼
bābǎi líng sān

* 0이 중간에 나오면 반드시 0을 뜻하는 零(líng)을 읽어줘야 해요.

5,009

우우치엔 리잉 지어우
五千零九 오천 구
wǔqiān líng jiǔ

* 0이 여러 개가 나와도 零(líng)은 한 번만 읽어요.

22,200

리앙우안 리앙치엔 리앙바이
两万两千两百 이만 이천 이백
liǎngwàn liǎngqiān liǎngbǎi

* 이만, 이천, 이백을 나타낼 때 二과 两을 둘 다 쓸 수 있지만, 회화에서는 **两万**(liǎngwàn), **两千**(liǎngqiān), **两百**(liǎngbǎi)를 더 많이 사용해요.

11,111

이이우안 이이치엔 이이바이 이이스이이
一万一千一百一十一 일만 일천 일백 일십 일
yíwàn yìqiān yìbǎi yīshíyī

* 만, 천, 백 단위가 1일 경우, 一(yī)를 생략하지 않고 꼭 읽어줘요. 이때, 一(yī)의 성조 변화에 주의해서 읽어야 해요.

실생활에 자주 쓰이는 **양사** 표현을 숫자와 명사를 조합하여 익혀보아요.

수와 양사와 명사

끄어
个 개, 명
gè

1 一**个**杯子 컵 한 개
　yí ge bēizi
2 四**个**人 네 명
　sì ge rén

* 个(ge)가 양사로 쓰이면 경성으로 발음해요.

커우
口 식구
kǒu

1 四**口**人 4인 식구
　sì kǒu rén

* 가족 인원을 말할 땐 个가 아닌 口를 써요.

브언
本 권
běn

1 五**本**词典 사전 다섯 권
　wǔ běn cídiǎn
2 六**本**杂志 잡지 여섯 권
　liù běn zázhì
3 七**本**课本 교과서 일곱 권
　qī běn kèběn

 쟝
张 개, 장
zhāng

1 八**张**桌子 책상 여덟 개
　bā zhāng zhuōzi
2 九**张**名片 명함 아홉 장
　jiǔ zhāng míngpiàn
3 十**张**照片 사진 열 장
　shí zhāng zhàopiàn

타이
台 대
tái

1 九**台**笔记本 노트북 아홉 대
　jiǔ tái bǐjìběn
2 八**台**空调 에어컨 여덟 대
　bā tái kōngtiáo
3 七**台**冰箱 냉장고 일곱 대
　qī tái bīngxiāng

쯔
支 자루
zhī

1 六**支**铅笔 연필 여섯 자루
　liù zhī qiānbǐ
2 五**支**钢笔 만년필 다섯 자루
　wǔ zhī gāngbǐ

피잉
瓶 병
píng

1 四**瓶**啤酒 맥주 네 병
　sì píng píjiǔ
2 三**瓶**烧酒 소주 세 병
　sān píng shāojiǔ
3 两**瓶**可乐 콜라 두 병
　liǎng píng kělè

바아
把 개, 자루
bǎ

1 一**把**雨伞 우산 한 개
　yì bǎ yǔsǎn
2 两**把**椅子 의자 두 개
　liǎng bǎ yǐzi
3 三**把**钥匙 열쇠 세 개
　sān bǎ yàoshi

우안
碗 그릇
wǎn

1 三**碗**拉面 라면 세 그릇
　sān wǎn lāmiàn
2 四**碗**面条 국수 네 그릇
　sì wǎn miàntiáo

찌엔
件 벌, 건
jiàn

1 六**件**衣服 옷 여섯 벌
　liù jiàn yīfu
2 七**件**事 일 일곱 건
　qī jiàn shì

티아오
条 줄기, 개
tiáo

1 一**条**河 강 한 줄기
　yì tiáo hé
2 九**条**裤子 바지 아홉 개
　jiǔ tiáo kùzi

연습문제로 실력다지기

🎧 Day09_연습문제.mp3

🎧 연습문제 바로 듣기

1 알맞은 **숫자 고르기**

음원을 듣고 일치하는 숫자를 고르세요.

1) ⓐ 13   ⓑ 23   ⓒ 33
2) ⓐ 420   ⓑ 4,200 ⓒ 42,000
3) ⓐ 843   ⓑ 978   ⓒ 684

2 문장 듣고 **숫자/병음/뜻 쓰기**

다음 문장을 듣고 숫자를 쓴 후, 병음과 뜻을 써보세요.

1) **문장** 给我_____杯啤酒。

   병음 _____

   뜻 _____

2) **문장** 给我_____个勺子!

   병음 _____

   뜻 _____

3 문장 듣고 **일치/불일치 판단하기** (HSK 3, 4급 듣기 대비 유형)

들려주는 문장의 내용과 제시된 문장의 내용이 일치하면 ✓, 불일치하면 ✗를 체크하세요.

1) 给我一个冰淇淋。   (   )
   Gěi wǒ yí ge bīngqílín.

2) 给我们六个包子。   (   )
   Gěi wǒmen liù ge bāozi.

정답 p.294

4 문장에 주요 단어 채우기 (HSK 3, 4급 독해 대비 유형)

아래 주어진 단어 중에서 괄호 안에 알맞은 단어를 골라 문장을 완성해보세요.

| 本 běn | 杯 bēi | 个 gè |

1) 给我两(　　)书。　　　　　　책 두 권 주세요.
   Gěi wǒ liǎng (　　) shū.

2) 给我一(　　)水。　　　　　　물 한 잔 주세요.
   Gěi wǒ yì (　　) shuǐ.

5 대화 완성하기 (HSK 3급 독해 대비 유형)

빈칸에 알맞은 문장을 채워 대화를 완성해보세요.

| 您点什么? Nín diǎn shénme? | 你去还是我去? Nǐ qù háishi wǒ qù? | 大杯还是小杯? Dà bēi háishi xiǎo bēi? |

1) A: _____　　　뭐 주문하실 건가요?

   B: 给我三碗面条。　　　　　　　　국수 세 그릇 주세요.
      Gěi wǒ sān wǎn miàntiáo.

2) A: _____　　　네가 갈래 아니면 내가 갈까?

   B: 你去吧。　　　　　　　　　　　네가 가.
      Nǐ qù ba.

6 문장 완성하기 (HSK 3, 4급 쓰기 대비 유형)

제시된 단어를 중국어 어순에 맞게 배열하여 문장을 완성해보세요.

1) 一　　个　　给　　我　　巧克力冰淇淋
   yí　　ge　　gěi　　wǒ　　qiǎokèlì bīngqílín

   _____。　　초콜릿 아이스크림 한 개 주세요.

2) 吗　　别的　　还有
   ma　　biéde　　hái yǒu

   _____?　　또 다른 건 있으세요?

간체자 쓰기

제시된 HSK 단어 및 주요 핵심 단어의 간체자와 병음을 또박또박 써보세요.

HSK 1급

个
gè

个个个

양 개, 명

HSK 1급

本
běn

一十才木本

양 권

HSK 2급

件
jiàn

件件件件件件

양 벌, 건

HSK 3급

张
zhāng

张张张张张张张

양 개, 장

HSK 3급

碗
wǎn

碗碗碗碗碗碗碗碗碗碗

양 그릇

HSK 2급

给

gěi 给给给给给给给给给

동 주다

给 gěi								

HSK 1급

点

diǎn 点点点点点点点点点

동 주문하다

点 diǎn								

HSK 2급

还

hái 还还还还还还还

부 또, 더

还 hái								

别的

bié de

别别别别别别别

的的的的的的的的

대 다른 것

别 bié	的 de										

HSK 4급

勺子

sháo zi

勺勺勺

子子子

명 숟가락

勺 sháo	子 zi										

DAY 09

해커스 자동발사 중국어 첫걸음 1탄

루루와 떠나는 중국 문화 여행

오리야, 오리야, 베이징 카오야

베이징의 전통요리인 베이징 카오야(北京烤鸭, Běi jīngkǎoyā, 북경오리)를 들어보신 적 있나요? 먹어보신 분도 계시다고요? 그렇다면 베이징 카오야는 어떻게 생겨나게 됐고, 어떻게 조리되는지 한 번 알아볼까요?

> 명나라가 베이징으로 수도를 옮기면서
> 난징 카오야도 베이징으로 옮겨가게 되었고,
> 황제가 즐겨 먹는 궁중 음식이 되었어요.

베이징 카오야의 원래 이름은 난징 카오야(南京烤鸭, Nánjīngkǎoyā, 남경오리)였어요. 14세기에 명나라 초대 황제 주원장(朱元璋)이 난징을 수도로 명나라를 세우면서 그 지역 별미인 오리구이를 먹고는 이렇게 부르기 시작했어요. 그런데 나중에 명나라가 베이징으로 수도를 옮기면서 난징 카오야도 베이징으로 옮겨가게 되었고, 황제가 즐겨 먹는 궁중 음식이 되었어요. 그래서 명칭도 베이징 카오야가 된 것이랍니다.

베이징에 있는 가장 유명한 카오야 식당은 바로 140년 전통의 '전취덕'(全聚德, Quánjùdé)이라는 곳이에요. 전통적인 베이징 카오야를 맛보고 싶다면 꼭 이곳을 방문해보세요! 참! 카오야를 밀전병, 춘장과 함께 먹으면 더 맛있다는 것도 기억해두세요!

베이징 카오야를 만들려면 우선 오리의 깃털과 내장을 제거하고 겉에 엿을 발라서 그늘에 나흘간 말려요. 그 다음에 배나무 장작 불 위에 두어 진한 갈색으로 익을 때까지 오랜 시간 구워낸답니다. 다 구워지면 주방장이 오리가 담긴 접시를 직접 가지고 와서 먹기 좋게 잘라줘요.

🎧 바로 쓰는 왕초보 여행 중국어

베이징 카오야를 주문할 때

1 베이징 카오야! (베이징 카오야 주세요)
베이찌잉카오이아
北京烤鸭!
Běijīngkǎoyā!

2 한 마리! (한 마리 주세요)
이이 타오
一套!
Yí tào!

3 카오야 한 마리 주세요.
게이 우어 이이 타오 카오이아
给我一套烤鸭。
Gěi wǒ yí tào kǎoyā.

4 카오야 반 마리 주세요.
게이 우어 빠안 타오 카오이아
给我半套烤鸭。
Gěi wǒ bàn tào kǎoyā.

🎧 바로 듣고 따라하기

DAY 10

오늘 몇 명 오니?
今天来几个人?
Jīntiān lái jǐ ge rén?

바로 듣고 따라하기

수량을 묻는 의문사 几(몇)와 종류를 묻는 什么(무슨)를 학습하고, 다양한 직업 표현과 음식 표현을 익혀보아요.

🎧 왕초보 단어 미리보기

今天	jīntiān	명	오늘
几	jǐ	수	몇
一共	yígòng	부	다 합쳐서
准备	zhǔnbèi	동	준비하다
什么	shénme	대	무슨, 어떤
菜	cài	명	요리
做	zuò	동	하다, 만들다
只	zhī	양	마리
炸鸡	zhájī	명	치킨
蛋糕	dàngāo	명	케이크
和	hé	접	~와
份	fèn	양	인분(음식 양을 세는 단위)
烤肉	kǎoròu	명	불고기
行	xíng	동	그렇게 하자, 된다

실전회화로 말문트기

🎧 Day10_실전회화_듣기/따라읽기.mp3 🎧 Day10_실전회화_드라마.mp3

듣기 mp3로 먼저 들어본 후 따라읽기 mp3로 따라서 말해보세요.

루루 엄마

> ⓒ은 이를 앙 물고 혀를 둥근 국자처럼 만 상태에서 공기를 내보내며 발음해요.

찌인티엔 라이 지이 거 ⓡ언
今天来几个人?   오늘 몇 명 오니?
Jīntiān lái jǐ ge rén?

'**几个人**'은 '몇 명'이라는 뜻이에요. **几**가 의문사이므로 문장 끝에 **吗?**(~니?)는 사용하지 않아요.

사람을 세는 단위인 양사 **个**를 사용하여 **三个**(세 명)라고 표현했어요.

이이꼬옹 싸안 거 ⓡ언   타먼 떠우 쓰 우어 토옹쉬에
一共三个人。   **他们都是我同学。**
Yígòng sān ge rén.   Tāmen dōu shì wǒ tóngxué.
다 합쳐서 세 명이요.   그들은 모두 제 학교 친구예요.

루루

루루 엄마

우어먼 ⓒ우언뻬이 ⓢ언머 차이
我们准备什么菜?   우리 무슨 요리 준비할까?
Wǒmen zhǔnbèi shénme cài?

什么菜는 '무슨 요리'라는 뜻이에요. 의문사 **什么**가 사용되었으므로 **吗?**(~니?) 없이 의문문이 되었어요.

做는 '하다, 만들다, 쓰다'의 뜻을 가진 동사로, 영어의 do처럼 매우 다양한 상황에서 광범위하게 사용되므로 꼭 알아두세요.

우어먼 쭈어 우우 쯔 ⓒ아찌이
我们做五只炸鸡,   우리 치킨 다섯 마리,
Wǒmen zuò wǔ zhī zhájī,

리앙 거 따안까오 흐어 ⓢ언 카오ⓡ어우 바
两个蛋糕和十份烤肉吧!
liǎng ge dàngāo hé shí fèn kǎoròu ba!
케이크 두 개와 불고기 십 인분 만들어요!

루루

루루 엄마

시잉
行!   그렇게 하자!
Xíng!

行은 '그렇게 하자', '된다'라는 의미로 친한 사람끼리 빠르게 확답을 건넬 때 자주 쓰이는 표현이에요.

* <중국어 말문트기 워크북>으로 말하기를 집중 훈련하면 실전회화가 저절로 자동발사돼요.

STEP 2
기초어법으로 내공쌓기 🎧 Day10_기초어법.mp3

1 몇 개? 몇 명? 의문사 几(jǐ)로 묻기!

루루 엄마

찌인티엔 라이 지이 거 르언
今天来几个人?
Jīntiān lái jǐ ge rén?

오늘 **몇** 명 오니?

几(jǐ)는 '몇'이라는 뜻의 의문사로 10보다 적은 개수나 사람 수를 물을 때 주로 사용해요. 우리말의 '몇 개?'와 같이 几 뒤에는 반드시 '개'에 해당하는 양사가 와야 해요. 几는 의문사이므로 문장 끝에 어기조사 吗(ma, ~니?)를 쓰지 않고 의문문을 만들어 준답니다. 의문사 几를 사용한 질문에 답할 때에는 几를 쓴 자리에 숫자만 넣어주면 돼요.

니이 이어우 지이 거 하이즈
你 有 几 个 孩子?
Nǐ yǒu jǐ ge háizi?
당신은 있다 몇 명의 아이가

당신은 **몇** 명의 아이가 있나요?

우어 게이 니이 지이 거 미엔빠오
A: **我 给 你 几 个 面包?**
Wǒ gěi nǐ jǐ ge miànbāo?
나는 주다 너에게 몇 개의 빵을

내가 너에게 **몇** 개의 빵을 줄까?

니이 게이 우어 싸안 거 미엔빠오 바
B: **你 给 我 三 个 面包 吧。**
Nǐ gěi wǒ sān ge miànbāo ba.
너는 주다 나에게 세 개의 빵을 ~하세요

저에게 세 개의 빵을 주세요.

단어 孩子 háizi 阌 아이, 자녀   面包 miànbāo 阌 빵

2 '무슨, 어떤' 什么(shénme) + 명사

루루 엄마

우어먼 즈우언뻬이 승언머 차이
我们准备什么菜?
Wǒmen zhǔnbèi shénme cài?

우리 **무슨** 요리 준비할까?

什么(shénme, 무엇)는 这是什么?(이것은 무엇인가요?)에서처럼 단독으로 동사 是(shì, ~이다)의 목적어로 쓰이기도 하고, 또한 루루 엄마의 말 '什么菜'에서처럼 什么가 '무슨, 어떤'이라는 뜻으로 사용되어 뒤에 나오는 명사를 꾸며주기도 해요. '什么(무슨, 어떤) + 명사'를 사용한 질문에 답할 때에는 '什么 + 명사' 자리에 관련된 표현을 대신 쓰면 된답니다.

우어먼 디엔 승언머 이인리아오
A: **我们 点 什么 饮料?**
Wǒmen diǎn shénme yǐnliào?
우리는 주문하다 무슨 음료를

우리 **무슨 음료** 주문할까?

우어먼 디엔 싸안 뻬이 삐잉 나아티에 바
B: **我们 点 三 杯 冰拿铁 吧。**
Wǒmen diǎn sān bēi bīng nátiě ba.
우리는 주문하다 세 잔의 아이스라떼를 ~하자

우리 **아이스라떼 세 잔** 주문하자.

단어 饮料 yǐnliào 阌 음료   杯 bēi 阌 잔, 컵   冰拿铁 bīng nátiě 阌 아이스라떼

3 '다 합친 합계'는 一共 (yígòng, 다 합쳐서)
이이꼬옹

루루

> 이이꼬옹 싸안 거 르언
> **一共**三个人。 **다 합쳐서** 세 명이요.
> Yígòng sān ge rén.

一共(yígòng, 다 합쳐서)은 루루의 말에서처럼 다 합친 합계를 나타낼 때 사용해요.

A: 我 有 一本 词典, 她 也 有 一本 词典。
　　우어 이어우 이 브언 츠으디엔 타아 이에 이어우 이 브언 츠으디엔
　　Wǒ yǒu yì běn cídiǎn, tā yě yǒu yì běn cídiǎn.
　　나는 있다 한 권의 사전이 그녀 도 있다 한 권의 사전이

나는 사전이 한 권 있고, 그녀도 사전이 한 권 있어.

B: 你们 一共 有 两本 词典。
　　니이먼 이이꼬옹 이어우 리앙 브언 츠으디엔
　　Nǐmen yígòng yǒu liǎng běn cídiǎn.
　　너희는 다 합쳐서 있다 두 권의 사전이

너희는 **다 합쳐서** 사전 두 권이 있네.

➕ 플러스 포인트

1. 一共(yígòng, 다 합쳐서)과 뜻이 비슷한 단어로 都(dōu, 모두)가 있어요. 都는 관련된 것들 모두 또는 전부를 나타냅니다.

我们 都 有 勺子。
우어먼 떠우 이어우 ㉠아오즈
Wǒmen dōu yǒu sháozi.
우리는 모두 있다 숟가락이

우리는 **모두** 숟가락이 있어.

2. 一共과 都의 차이를 다음 두 문장을 통해 좀 더 확실히 이해해보아요.

我们 两个人 一共 买 两个 礼物。
우어먼 리앙 거 르언 이이꼬옹 마이 리앙 거 리이우우
Wǒmen liǎng ge rén yígòng mǎi liǎng ge lǐwù.
우리 두 사람은 다 합쳐서 사다 두 개의 선물을

우리 두 사람은 **다 합쳐서** 선물 두 개를 산다.
(→ 두 사람이 다 합쳐서 두 개를 산다.)

我们 两个人 都 买 两个 礼物。
우어먼 리앙 거 르언 떠우 마이 리앙 거 리이우우
Wǒmen liǎng ge rén dōu mǎi liǎng ge lǐwù.
우리 두 사람은 모두 사다 두 개의 선물을

우리 두 사람 **모두** 선물 두 개를 산다.
(→ 두 사람이 다 합쳐서 네 개를 산다.)

단어　词典 cídiǎn 명 사전　都 dōu 분 모두　勺子 sháozi 명 숟가락　买 mǎi 동 사다　礼物 lǐwù 명 선물

확장표현으로 중국어 자동발사

🎧 Day10_확장표현.mp3

다양한 **직업** 표현을 익혀보아요. (빈칸에 아래 단어를 하나씩 넣어서 읽어보세요.)

직업 표현과
几 / 一共 / 都
몇 / 다 합쳐서 / 모두

찌인티엔 라이 지이 거 *르*언
A: 今天来几个人? 오늘 몇 명 오나요?
Jīntiān lái jǐ ge rén?

이이꼬옹　　　거 *르*언　타먼 떠우 *쓰*ㅎ
B: 一共_____个人。他们都是_____。
Yígòng _____ ge rén. Tāmen dōu shì _____.
다 합쳐서 ___명이요. 그들은 모두 ___예요/이에요.

싸안
三(3)
sān

*츄*우*쓰*ㅎ
厨师
chúshī
요리사

리앙
两(2)
liǎng

후아찌아
画家
huàjiā
화가

리어우
六(6)
liù

*f*우우우위엔
服务员
fúwùyuán
종업원

지어우
九(9)
jiǔ

꼬옹우우위엔
公务员
gōngwùyuán
공무원

빠아
八(8)
bā

찌이*즈*어
记者
jìzhě
기자

치이
七(7)
qī

찌아오*쓰*ㅎ어우
教授
jiàoshòu
교수

다양한 **음식** 표현을 익혀보아요. (빈칸에 아래 단어를 하나씩 넣어서 읽어보세요.)

음식 표현과 什么菜 무슨 요리

우어먼 ⓗ우언뻬이 ⓗ언머 차이
A: 我们准备什么菜? 우리 무슨 요리 준비할까?
Wǒmen zhǔnbèi shénme cài?

우어먼 쭈어 　　 바
B: 我们做＿＿＿吧! 우리 ＿＿ 만들자!
Wǒmen zuò ＿＿ ba!

ⓗ르어거우
热狗
règǒu
핫도그

싸안미잉ⓗ쯔
三明治
sānmíngzhì
샌드위치

ⓗ차오ⓕ아안
炒饭
chǎofàn
볶음밥

ⓗ차오미엔
炒面
chǎomiàn
볶음면

빠안ⓕ아안
拌饭
bànfàn
비빔밥

르엉미엔
冷面
lěngmiàn
냉면

후어꾸어
火锅
huǒguō
샤브샤브

DAY 10 오늘 몇 명 오니? 今天来几个人?

연습문제로 실력다지기 🎧 Day10_연습문제.mp3

🎧 연습문제 바로 듣기

1 알맞은 단어 고르기

음원을 듣고 일치하는 단어를 고르세요.

1) ⓐ 几   ⓑ 家   ⓒ 鸡
2) ⓐ 一个   ⓑ 一共   ⓒ 一本
3) ⓐ 行   ⓑ 双   ⓒ 点

2 문장 듣고 병음/뜻 쓰기

다음 문장을 듣고 병음과 뜻을 써보세요.

1) **문장** 今天来几个人?

   병음 _____

   뜻 _____

2) **문장** 他们都是我同学。

   병음 _____

   뜻 _____

3 문장 듣고 일치/불일치 판단하기 (HSK 3, 4급 듣기 대비 유형)

들려주는 문장의 내용과 제시된 문장의 내용이 일치하면 ✓, 불일치하면 ✗를 체크하세요.

1) 他们都是公务员。   (   )
   Tāmen dōu shì gōngwùyuán.

2) 我们一共有两本词典。   (   )
   Wǒmen yígòng yǒu liǎng běn cídiǎn.

정답 p.294

4 문장에 주요 단어 채우기 (HSK 3, 4급 독해 대비 유형)

아래 주어진 단어 중에서 괄호 안에 알맞은 단어를 골라 문장을 완성해보세요.

服务员	一共	冰拿铁
fúwùyuán	yígòng	bīng nátiě

1) 他们都是 (　　　)。　　　　그들은 모두 종업원이에요.
   Tāmen dōu shì (　　　).

2) (　　　)三个人。　　　　다 합쳐서 세 명이에요.
   (　　　) sān ge rén.

5 대화 완성하기 (HSK 3급 독해 대비 유형)

빈칸에 알맞은 문장을 채워 대화를 완성해보세요.

我们做三明治吧!	我们点烤肉吧!	你给我三个面包吧!
Wǒmen zuò sānmíngzhì ba!	Wǒmen diǎn kǎoròu ba!	Nǐ gěi wǒ sān ge miànbāo ba!

1) A: 我们准备什么菜?　　　　우리 무슨 요리 준비할까?
   　　Wǒmen zhǔnbèi shénme cài?

   B: _____　　우리 샌드위치 만들자!

2) A: 我给你几个面包?　　　　내가 너에게 몇 개의 빵을 줄까?
   　　Wǒ gěi nǐ jǐ ge miànbāo?

   B: _____　　저에게 세 개의 빵을 주세요!

6 문장 완성하기 (HSK 3, 4급 쓰기 대비 유형)

제시된 단어를 중국어 어순에 맞게 배열하여 문장을 완성해보세요.

1) 买　　两个人　　礼物　　两个　　我们　　都
   mǎi　liǎng ge rén　lǐwù　liǎng ge　wǒmen　dōu

   _____。　　우리 두 사람 모두 선물 두 개를 산다.

2) 点　　饮料　　我们　　什么
   diǎn　yǐnliào　wǒmen　shénme

   _____?　　우리 무슨 음료 주문할까?

정답 p.294

간체자 쓰기

제시된 HSK 단어 및 주요 핵심 단어의 간체자와 병음을 또박또박 써보세요.

HSK 1급

几 jǐ 几几 ㊲ 몇

HSK 1급

做 zuò 做做仿仿佑佑做做做 ⑧ 하다, 만들다

HSK 1급

菜 cài 菜菜菜菜菜菜菜菜菜菜 ⑨ 요리

HSK 3급

只 zhī 只只只只只 ㉳ 마리

HSK 4급

份 fèn 份份份份份份 ㉳ 인분(음식 양을 세는 단위)

HSK 3급

一共
yí gòng

一共共共共共共

㈜ 다 합쳐서

HSK 2급

准备
zhǔn bèi

准准准准准准准准准准
备备各各各各各备备

㈜ 준비하다

HSK 3급

蛋糕
dàn gāo

蛋蛋蛋蛋蛋蛋蛋蛋蛋蛋蛋
糕糕糕糕糕糕糕糕糕糕糕糕糕糕糕糕

㈜ 케이크

HSK 4급

教授
jiào shòu

教教教教教教教教教教教
授授授授授授授授授授

㈜ 교수

HSK 2급

服务员
fú wù yuán

服服服服服服服服
务务务务务
员员员员员员员

㈜ 종업원

DAY 10 오늘 몇 명 오니? 今天来几个人?

루루와 떠나는 중국 문화 여행

중국식 샤브샤브~!

중국 여행을 가면 꼭 먹고 와야 하는 음식이 있어요. 힌트를 드리자면 세숫대야 같은 냄비에서 고기나 야채를 건져먹는 거예요! 그 음식은 바로 '훠궈'(火锅, huǒguō)랍니다. 훠궈는 '중국식 샤브샤브'로 음식이 맵기로 유명한 사천(四川, Sìchuān)의 대표 요리예요.

> 훠궈는 '중국식 샤브샤브'로
> 음식이 맵기로 유명한
> 사천(四川, Sìchuān)의 대표 요리예요.

른 샤브샤브를 맛보고 싶다면 꼭 훠궈를 드셔보세요! 혹시 혼자 여행을 할 계획이라면 1인 훠궈를 파는 곳도 있으니 너무 걱정하지 마세요. 1인 훠궈 냄비는 반으로 나뉘어 있지 않고 먹고 싶은 육수를 하나 고를 수 있어요.

훠궈가 다른 나라의 샤브샤브와 가장 다른 것은 바로 냄비인데, 세숫대야처럼 크고 반으로 나뉘어져 있어요. 한쪽에는 맑은 육수인 칭탕(清汤, qīngtāng)을 다른 한쪽에는 매운 육수인 홍탕(红汤, hóngtāng)을 넣는답니다. 칭탕은 여러분 입맛에 잘 맞을 건데, 홍탕은 맵거나 향이 강하다고 느낄 수 있어요.

훠궈 안에 넣어 먹는 것들은 주로 소고기나 양고기, 각종 야채, 감자, 고구마, 어묵, 버섯, 새우, 중국식 납작 당면 등이 있어요.

중국 여행 중에 중국의 맛을 느끼고 싶다면, 그리고 색다

🎧 바로 쓰는 왕초보 여행 중국어

식당에 들어가고 주문할 때

1 세 명(이요)!
   싸안 거
   三个!
   Sān ge!

2 주문! 주문! (주문할게요)
   디엔 디엔
   点! 点!
   Diǎn! Diǎn!

3 전부 세 명이요.
   이꼬옹 싸안 거 를언
   一共三个人。
   Yígòng sān ge rén.

4 우리는 훠궈를 주문할게요.
   우어먼 디엔 후어꾸어
   我们点火锅。
   Wǒmen diǎn huǒguō.

5 계산서! 계산서! (계산할게요)
   마이따안   마이따안
   买单! 买单!
   Mǎidān! Mǎidān!

바로 듣고 따라하기

DAY 11

스무 살이에요.
我二十岁。
Wǒ èrshí suì.

나이, 키, 몸무게를 묻고 답하는 표현과, 길이/무게 단위, 그리고 띠를 나타내는 표현을 익혀보아요!

🎧 왕초보 단어 미리보기

好久 hǎojiǔ	형 (시간이) 오래다
见 jiàn	동 만나다
多 duō	부 얼마나
岁 suì	명 살, 세
那 nà	접 그러면, 그렇다면
属 shǔ	동 ~띠이다
虎 hǔ	명 호랑이, 범
个子 gèzi	명 (사람의) 키, 체격
高 gāo	형 높다, (키가) 크다
米 mǐ	양 미터

실전회화로 말문트기

🎧 Day11_실전회화_듣기/따라읽기.mp3   🎧 Day11_실전회화_드라마.mp3

듣기 mp3로 먼저 들어본 후 따라읽기 mp3로 따라서 말해보세요.

외할아버지

미인쮜인   하오지어우 부우 찌엔   니이 뚜어 따아
民俊，好久不见。你多大？
Mínjùn,   hǎojiǔ bú jiàn.   Nǐ duō dà?
민준아, 오랜만이구나. 너 몇 살이니?

你多大?는 나이를 물을 때 가장 자주 쓰이는 표현이에요. '얼마나'라는 뜻의 多와 '(수량이) 많다'라는 뜻의 大가 결합하여 나이를 묻는 표현이 되었어요.

→ ⓖ은 이를 앙 물고 혀를 둥근 국자처럼 만 상태에서 공기를 내보내며 발음해요.

我二十岁(스무 살이에요)에 동사 是(~이다)이 없어 이상하지 않았나요? 이렇게 나이와 같은 숫자를 말할 때에는 동사 是을 쓰지 않는답니다.

우어 으얼ⓖ 쑤에이
我二十岁。   스무 살이에요.
Wǒ èrshí suì.

민준

외할아버지

나아 니이 슈우 슈언머
那你属什么？   그럼 너 무슨 띠니?
Nà nǐ shǔ shénme?

우어 슈우 후우
我属虎。   저는 호랑이띠예요.
Wǒ shǔ hǔ.

민준

외할아버지

니이 끄어즈 이에 흐언 까오 아
你个子也很高啊！   키도 크구나!
Nǐ gèzi yě hěn gāo a!

高는 '높다'라는 뜻의 형용사예요. 키가 크다는 것을 말할 때 사용해요.

我一米八는 '나는 1미터 80이에요.'라는 뜻으로 우리말과 똑같이 센티미터는 언급하지 않아요. 그런데, 이 문장에서도 一米八(1미터 80)라는 숫자가 사용되어서 동사 是(~이다)이 생략되었어요.

뚜에이   우어 이이 미이 빠아
对，我一米八。   네, 1미터 80이에요.
Duì, wǒ yì mǐ bā.

민준

* <중국어 말문트기 워크북>으로 말하기를 집중 훈련하면 실전회화가 저절로 자동발사돼요.

STEP 2
기초어법으로 내공쌓기 🎧 Day11_기초어법.mp3

1 명사로 술술~ 명사술어문

민준

> 우어 으얼슝 쑤에이
> 我 二十岁。 (나는) 스무 살이에요.
> Wǒ èrshí suì.

민준이의 말에서 二十岁(èrshí suì, 스무 살이에요)가 주어 我(wǒ, 나) 바로 다음에 나와 술어로 사용되었어요. 이와 같이 명사 또는 명사구가 술어로 쓰인 문장을 명사술어문이라 해요. 명사술어문은 나이, 키, 가격, 수량, 시간/날짜 등과 같이 숫자를 언급하는 문장에서 주로 사용됩니다.

긍정문
타아 이이 미이 리우 우우
她 一米六五。
Tā yì mǐ liù wǔ.
그녀는 1미터 65다

그녀는 1미터 65입니다.

긍정문
타아먼 싸안 거 르언
他们 三个人。
Tāmen sān ge rén.
그들은 세 명이다

그들은 세 명이야.

● 긍정문에서는 '~이다'라는 뜻의 동사 是(shì)을 사용하지 않지만, 부정문을 만들 때에는 不是(bú shì, ~이 아니다)을 술어로 사용해야 해요.

부정문
타아 부우 슝 이이 미이 리우 우우
她 不是 一米六五。
Tā bú shì yì mǐ liù wǔ.
그녀는 ~가 아니다 1미터 65

그녀는 1미터 65가 아닙니다.

부정문
타아먼 부우 슝 싸안 거 르언
他们 不是 三个人。
Tāmen bú shì sān ge rén.
그들은 ~이 아니다 세 명

그들은 세 명이 아니야.

2 나이를 묻는 세 가지 방법, '몇 살이야?', '몇 살이에요?', '연세가 어떻게 되세요?'

외할아버지

니이 뚜어 따아
你多大?
Nǐ duō dà?

너 몇 살이니?

우리말과 마찬가지로 중국어도 상대의 연령대에 따라 나이를 묻는 방법이 조금씩 달라요. 10세 미만의 아이에게 나이를 물을 때에는 의문사 几(jǐ, 몇), 나이가 비슷하거나 더 어린 사람에게는 多大(duō dà, 얼마나 많은지), 그리고 연세가 많으신 분에게는 多大年纪(duō dà niánjì, 연세가 얼마나 많은지)를 사용해요.

10세 미만 어린 아이의 나이를 물을 때

A: 你 几 岁?
    니이 지이 쑤에이
    Nǐ jǐ suì?
    너는 몇 살

몇 살이야?

B: 我 五岁。
    우어 우우 쑤에이
    Wǒ wǔ suì.
    나는 다섯 살이다

다섯 살이요.

나이가 비슷하거나 더 어린 사람의 나이를 물을 때

A: 你 多 大?
    니이 뚜어 따아
    Nǐ duō dà?
    너는 얼마나 많은지

몇 살이에요?

B: 我 三十三岁。
    우어 싼안ⓢ싸안 쑤에이
    Wǒ sānshísān suì.
    나는 서른 세 살이다

저는 서른 세 살이에요.

어르신의 연세를 여쭐 때

A: 您 多 大 年纪?
    니인 뚜어 따아 니엔찌이
    Nín duō dà niánjì?
    당신은 얼마나 많은지 연세가

연세가 어떻게 되세요?

B: 我 八十四岁。
    우어 빠아ⓢ쓰으 쑤에이
    Wǒ bāshísì suì.
    나는 여든 네 살이다

저는 여든 네 살입니다.

단어 年纪 niánjì 몡 연세

기초어법으로 내공쌓기

3 나이, 키, 몸무게는 多~ 하나로 통일! 의문사 多~(duō, 얼마나 ~)

외할아버지

你多大?
Nǐ duō dà?
니이 뚜어 따아

너 몇 살이니?

나이, 키, 몸무게 등을 물어볼 땐 의문사 多(duō, 얼마나) 다음에 각각 大(dà, 많다, 크다), 高(gāo, 높다), 重(zhòng, 무겁다)을 붙이면 돼요. 多가 의문사이므로 '주어 + 多大/多高/多重?'은 모두 의문문이 됩니다. 나이, 키, 몸무게를 묻는 질문에 대한 답변에는 숫자가 포함되므로 항상 동사 是(shì, ~이다)이 없는 명사술어문을 사용한다는 것을 알아두어요.

나이
A: 你 多 大?
　　Nǐ duō dà?
　　너는 얼마나 많은지

나이가 어떻게 되세요?

B: 我 十九岁。
　　Wǒ shíjiǔ suì.
　　나는 열아홉 살이다

열아홉 살이에요.

A: 你 多 大?
　　Nǐ duō dà?
　　너는 얼마나 많은지

나이가 어떻게 되세요?

B: 我 二十八岁。
　　Wǒ èrshíbā suì.
　　나는 스물 여덟 살이다

스물 여덟 살이에요.

키
A: 你 多 高?
　　Nǐ duō gāo?
　　너는 얼마나 (키가) 큰지

키가 어떻게 되시나요?

B: 我 一米八四。
　　Wǒ yì mǐ bā sì.
　　나는 1미터 84다

1미터 84예요.

	니이 뚜어 까오 A: 你 多 高? 　　Nǐ　duō　gāo? 　　너는　얼마나　(키가) 큰지	키가 **어떻게 되시나요**?
	우어　이이 미이 우우 빠아 B: 我 一米五八。 　　Wǒ　　yì mǐ wǔ bā. 　　나는　　1미터 58이다	1미터 58이에요.
몸무게	니이 뚜어 쯩옹 A: 你 多 重? 　　Nǐ　duō　zhòng? 　　너는　얼마나　무거운지	몸무게가 **어떻게 되시나요**?
	우어　지어우 찌인 B: 我 九十斤。 　　Wǒ　 jiǔshí jīn. 　　나는　90근(45킬로그램)이다	90근(45킬로그램)이에요.
	니이 뚜어 쯩옹 A: 你 多 重? 　　Nǐ　duō　zhòng? 　　너는　얼마나　무거운지	몸무게가 **어떻게 되시나요**?
	우어　이이바이 빠아 찌인 B: 我 一百八十斤。 　　Wǒ　　yìbǎi bāshí jīn. 　　나는　　180근(90킬로그램)이다	180근(90킬로그램)이에요.

* 중국 사람들은 무게를 얘기할 때 kg이 아닌 근을 사용해요. 중국에서 1kg은 2근이고, 따라서 40kg은 80근, 90kg은 180근이랍니다.

단어　重 zhòng 阌 무겁다　斤 jīn 阌 근 (500그램)

STEP 3
확장표현으로 중국어 자동발사

🎧 Day11_확장표현.mp3

길이/무게 단위 표현을 명사술어문과 함께 익혀보아요.

길이/무게 단위 표현과 명사술어문

미이
米
mǐ
미터

A: 这多长? 이건 길이가 어떻게 되나요?
　 Zhè duō cháng?

B: 这一百米。 이건 100미터예요.
　 Zhè yìbǎi mǐ.

꼬옹리이
公里
gōnglǐ
킬로미터

A: 那多长? 저건 길이가 어떻게 되나요?
　 Nà duō cháng?

B: 那三公里。 저건 3킬로미터예요.
　 Nà sān gōnglǐ.

리이미이
厘米
límǐ
센티미터

A: 这多长? 이건 길이가 어떻게 되나요?
　 Zhè duō cháng?

B: 这七十厘米。 이건 70센티미터예요.
　 Zhè qīshí límǐ.

찌인
斤
jīn
근 (500그램)

A: 这多重? 이건 무게가 어떻게 되나요?
　 Zhè duō zhòng?

B: 这五斤。 이건 다섯 근이에요.
　 Zhè wǔ jīn.

꼬옹찌인
公斤
gōngjīn
킬로그램

A: 那多重? 저건 무게가 어떻게 되나요?
　 Nà duō zhòng?

B: 那九公斤。 저건 9킬로그램이에요.
　 Nà jiǔ gōngjīn.

* 중국인들은 公斤보다는 斤을 많이 써요.

띠 표현을 익혀보아요. (빈칸에 아래 단어를 하나씩 넣어서 읽어보세요.)

니이 슈우 슝언머
A: 你属什么? 너 무슨 띠니?
Nǐ shǔ shénme?

우어 슈우
B: 我属_____。 나는 _____ 띠야.
Wǒ shǔ _____.

슈우
鼠 쥐
shǔ

니어우
牛 소
niú

후우
虎 호랑이
hǔ

투우
兔 토끼
tù

로옹
龙 용
lóng

슈어
蛇 뱀
shé

마아
马 말
mǎ

이앙
羊 양
yáng

허우
猴 원숭이
hóu

찌이
鸡 닭
jī

거우
狗 개
gǒu

쭈우
猪 돼지
zhū

판다와 고양이도 중국어로 말해보아요.

판다, 고양이

시옹마오
熊猫
xióngmāo
판다

마오
猫
māo
고양이

연습문제로 실력다지기 🎧 Day11_연습문제.mp3

1 알맞은 단어 고르기

음원을 듣고 일치하는 단어를 고르세요.

1) ⓐ 重　　ⓑ 高　　ⓒ 岁
2) ⓐ 多　　ⓑ 斤　　ⓒ 牛
3) ⓐ 属　　ⓑ 书　　ⓒ 猪

2 문장 듣고 병음/뜻 쓰기

다음 문장을 듣고 병음과 뜻을 써보세요.

1) **문장** 你多大?

   병음 _____

   뜻 _____

2) **문장** 我二十岁。

   병음 _____

   뜻 _____

3 문장 듣고 일치/불일치 판단하기 (HSK 3, 4급 듣기 대비 유형)

들려주는 문장의 내용과 제시된 문장의 내용이 일치하면 ✓, 불일치하면 ✗를 체크하세요.

1) 我属虎。　　　　　　　(　　)
   Wǒ shǔ hǔ.

2) 他一米八。　　　　　　(　　)
   Tā yī mǐ bā.

정답 p.295

4 문장에 주요 단어 채우기 (HSK 3, 4급 독해 대비 유형)

아래 주어진 단어 중에서 괄호 안에 알맞은 단어를 골라 문장을 완성해보세요.

| 米 mǐ | 蛇 shé | 个 ge |

1) 我属(　　).   나는 뱀띠야.
   Wǒ shǔ (　　).

2) 她一(　　)六五.   그녀는 1미터 65입니다.
   Tā yì (　　) liù wǔ.

5 대화 완성하기 (HSK 3급 독해 대비 유형)

빈칸에 알맞은 문장을 채워 대화를 완성해보세요.

| 我三十三岁。 Wǒ sānshísān suì. | 这五十公里。 Zhè wǔshí gōnglǐ. | 这五十斤。 Zhè wǔshí jīn. |

1) A: 这多长?
   　　Zhè duō cháng?

   B: _____   이건 길이가 어떻게 되나요?
   　　　　　　　　　　　　　　　　이건 50킬로미터예요.

2) A: 这多重?
   　　Zhè duō zhòng?

   B: _____   이건 무게가 어떻게 되나요?
   　　　　　　　　　　　　　　　　이건 50근이에요.

6 문장 완성하기 (HSK 3, 4급 쓰기 대비 유형)

제시된 단어를 중국어 어순에 맞게 배열하여 문장을 완성해보세요.

1) 多　　年纪　　您　　大
   duō　niánjì　nín　dà

   _____?　　연세가 어떻게 되세요?

2) 三个　　不　　他们　　人　　是
   sān ge　bú　tāmen　rén　shì

   _____。　　그들은 세 명이 아니야.

정답 p.295

간체자 쓰기

제시된 HSK 단어 및 주요 핵심 단어의 간체자와 병음을 또박또박 써보세요.

HSK 1급

岁
suì
岁岁岁岁岁岁
명 살, 세

岁 suì								

HSK 1급

多
duō
多多多多多多
부 얼마나

多 duō								

属
shǔ
属属属属属属属属属属属属
동 ~띠이다

属 shǔ								

HSK 4급

重
zhòng
重重重重重重重重重
형 무겁다

重 zhòng								

HSK 3급

米
mǐ
米米米米米米
양 미터

米 mǐ								

斤
jīn 　 斤斤斤斤 　 　 　 　 　 　 　 ⑲ 근 (500그램)

狗
HSK 1급
gǒu 　 狗狗狗狗狗狗狗狗 　 　 　 ⑲ 개

猫
HSK 1급
māo 　 猫猫猫猫猫猫猫猫猫猫猫 　 　 ⑲ 고양이

熊猫
HSK 3급
xióng māo 　 熊熊熊熊熊熊熊熊熊熊 猫猫猫猫猫猫猫猫猫猫 　 ⑲ 판다

个子
HSK 3급
gè zi 　 个个个 子子子 　 　 　 ⑲ (사람의) 키, 체격

루루와 떠나는 중국 문화 여행

나는 120근이에요.

무슨 말이냐고요? 바로 몸무게를 말하는 거랍니다. 중국에서는 몸무게를 물어보면 자연스럽게 '몇 근이에요'라고 대답을 해요. 왜냐하면 중국 사람들은 무게를 잴 때 항상 근(斤, jīn)이라는 단위를 사용하거든요. ==중국에서 한 근은 500g이에요. 그래서 "나는 120근이에요."는 "나는 60kg이에요."라는 말이랍니다.==

> 중국에서는 몸무게뿐만 아니라 고기, 야채, 과일 등 무게를 잴 수 있는 것들은 모두 근 단위를 사용해요.

비교하며 무게를 재는 거예요. 중국 여행 중에 길거리에서 과일이나 야채를 사게 되면 이 막대 저울을 꼭 구경해보세요.

중국에서는 몸무게뿐만 아니라 고기, 야채, 과일 등 무게를 잴 수 있는 것들은 모두 근 단위를 사용해요. 사진에서 볼 수 있듯이 낱개 사탕도 근으로 판매한답니다. 양꼬치 식당 같은 곳에서는 음식을 근으로 판매하기도 해요. ==물론 마트나 백화점에서는 '킬로그램'이나 '그램'도 사용해요.==
==중국 길거리에서는 깐핑(杆枰, gānpíng)이라고 하는 막대 저울로 무게를 재며 물건을 판매하는 상인들을 볼 수 있어요.== 이 막대 저울은 무게추와 물건의 무게를

🎧 바로 쓰는 왕초보 여행 중국어

시장에서 과일 살 때

1 반 근! (반 근 주세요)
   빠안 찌인
   半斤!
   Bàn jīn

2 한 근! (한 근 주세요)
   이이 찌인
   一斤!
   Yì jīn

3 사과 다섯 근 살게요.
   마이 우우 찌인 피잉구어
   买五斤苹果。
   Mǎi wǔ jīn píngguǒ.

4 포도 세 근 주세요.
   게이 싸안 찌인 푸우타오
   给三斤葡萄。
   Gěi sān jīn pútáo.

🎧 바로 듣고 따라하기

DAY 12

이 지갑 얼마예요?
这个钱包多少钱?
Zhè ge qiánbāo duōshao qián?

의문사 多少(얼마)와 怎么(어떻게)로 가격을 묻는 방법과, 중국어로 가격을 말하는 방법을 익혀보아요!

🎧 왕초보 단어 미리보기

- **多少** duōshao 대 얼마, 몇
- **钱** qián 명 돈
- **打折** dǎzhé 동 할인하다
- **怎么** zěnme 대 어떻게, 어째서, 왜
- **卖** mài 동 팔다
- **贵** guì 형 비싸다
- **还** hái 부 또, 더
- **送** sòng 동 주다, 증정하다
- **名片夹** míngpiànjiā 명 명함집

실전회화로 말문트기

🎧Day12_실전회화_듣기/따라읽기.mp3 🎧Day12_실전회화_드라마.mp3

듣기 mp3로 먼저 들어본 후 따라읽기 mp3로 따라서 말해보세요.

ⓔ은 이를 앙 물고 혀를 둥근 국자처럼 만 상태에서 공기를 내보내며 발음해요.

장 과장

쯔어 거 치엔빠오 뚜어슝아오 치엔
这个钱包多少钱? 이 지갑 얼마예요?
Zhè ge qiánbāo duōshao qián?

多少钱?(얼마예요?)은 가격을 물을 때 굉장히 자주 쓰는 표현이니 꼭 알아두세요.

打八折는 '20% 할인하다'라는 뜻인데 숫자 八(8)를 사용했어요. 직역하면 '8할(80%)로 자르겠다'가 되어서 '20% 할인하다'라는 의미가 되었어요.

이이치엔 빠아바이 쿠아이 치엔 다아 빠아 즈어
一千八百块钱, 打八折。
Yìqiān bābǎi kuài qián, dǎ bā zhé.
1,800위안인데, 20% 할인됩니다.

백화점 직원

장 과장

나아 즈언머 마이
那怎么卖? 그럼 어떻게 팔아요?
Nà zěnme mài?

怎么卖?는 '어떻게 팔아요?'라는 뜻으로 多少钱?과 마찬가지로 가격을 물을 때 정말 자주 쓰이는 표현이에요.

이이치엔 쓰으바이 쓰으슝 쿠아이 치엔
一千四百四十块钱。 1,440위안입니다.
Yìqiān sìbǎi sìshí kuài qián.

백화점 직원

장 과장

타이 꾸에이 러
太贵了。 너무 비싸요.
Tài guì le.

太贵了(너무 비싸요)는 쇼핑할 때 정말 자주 쓸 수 있는 표현이니 꼭 알아두세요.

一个名片夹(한 개의 명함집)가 一(수)+个(양사)+名片夹(명사)의 형태라는 것도 확인해두세요.

우어먼 하이 쏘옹 니인 이이 거 미잉피엔찌아
我们还送您一个名片夹。
Wǒmen hái sòng nín yí ge míngpiànjiā.
저희는 또 명함집도 하나 드리고 있어요.

백화점 직원

＊〈중국어 말문트기 워크북〉으로 말하기를 집중 훈련하면 실전회화가 저절로 자동발사돼요.

STEP 2
기초어법으로 내공쌓기 🎧 Day12_기초어법.mp3

1 액수나 양을 물을 땐 의문사 多少 (duōshao, 얼마, 몇)

장 과장

这个钱包多少钱?
Zhè ge qiánbāo duōshao qián?

이 지갑 얼마예요?

多少(duōshao)는 '얼마, 몇'이라는 뜻의 의문사로 10 이상의 수량을 물을 때 주로 사용해요. 하지만 꼭 10 이상의 수량이 아니더라도 금액이나 양을 물을 때 자주 사용된답니다. 多少를 사용한 대표적인 표현은 가격을 묻는 多少钱(duōshao qián, 얼마예요?)이고, 인원수나 휴대폰 번호를 물을 때에도 사용한다는 것을 함께 알아두세요.

A: 你们班 有 多少 个 学生?
Nǐmen bān yǒu duōshao ge xuésheng?
너희 반 ~이 있다 몇 명 학생

너희 반은 학생이 **몇** 명 있니?

B: 我们班 有 三十个 学生。
Wǒmen bān yǒu sānshí ge xuésheng.
우리 반 ~이 있다 30명의 학생

우리 반은 30명의 학생이 있어요.

➕ 플러스 포인트

의문사 多少(duōshao, 얼마)는 휴대폰 번호를 물을 때에도 사용할 수 있어요. 그런데 휴대폰 번호나 방 번호에 숫자 1이 포함되어 있을 때에는 숫자 1을 一(yī)가 아닌 幺(yāo)로 사용한다는 것을 반드시 알아두세요.

A: 您的 手机号码 是 多少?
Nín de shǒujī hàomǎ shì duōshao?
당신의 휴대폰 번호는 ~이다 얼마

당신의 휴대폰 번호는 **몇** 번인가요?

B: 我的 手机号码 是 零幺零 二三四五 六七八九。
Wǒ de shǒujī hàomǎ shì líng yāo líng èr sān sì wǔ liù qī bā jiǔ.
나의 휴대폰 번호는 ~이다 010 2345 6789

저의 휴대폰 번호는 010-2345-6789입니다.

단어 班 bān 똉 반, 그룹 手机 shǒujī 똉 휴대폰 号码 hàomǎ 똉 번호, 숫자 零 líng ㈜ 숫자 0 幺 yāo ㈜ 숫자 1 대신 쓰이는 글자

2 알쏭달쏭한 할인 打折(dǎzhé, 할인하다)

백화점 직원

> 打八折。 20% 할인됩니다.
> Dǎ bā zhé.

打折(dǎzhé)는 '할인하다'라는 뜻인데, 打와 折 사이에 숫자 1~9를 넣어주면 그 숫자에 상응하는 분할(%) 만큼의 돈을 받는다는 뜻이 된답니다. 그래서 '打八折'라고 하면 80% 할인이 아니라 '20%를 할인해서 8할(80%) 만큼의 돈을 받아 판매한다'라는 말이 돼요.

打 (九、 八、 七、 六、 五、 四、 三、 二、 一) 折。   (10~90)% 할인됩니다.
Dǎ (jiǔ bā qī liù wǔ sì sān èr yī) zhé.
하다 (10%, 20%, 30%, 40%, 50%, 60%, 70%, 80%, 90%) 할인

A: 这 条 裙子 多少钱?   이 치마는 얼마예요?
   Zhè tiáo qúnzi duōshao qián?
   이 (개) 치마는 얼마예요?

B: 打 七 折, 两百 块钱。   30% 할인해서, 200위안이에요.
   Dǎ qī zhé, liǎngbǎi kuài qián.
   하다 30% 할인 200 위안

단어 裙子 qúnzi 명 치마

기초어법으로 내공쌓기

3 어찌합니까 어떻게 할까요 의문대명사 怎么(zěnme, 어떻게)

장 과장

> 나아 즈언머 마이
> 那 怎么 卖?
> Nà zěnme mài?

그럼 **어떻게** 팔아요?

怎么(zěnme)는 '어떻게'라는 뜻의 의문대명사예요. 동사 술어 앞에 와서 방법이나 방식을 물을 때 사용합니다. '怎么去?(어떻게 가나요?)'라고 하면 교통수단이나 길을 찾는 방법을 묻는 질문이 돼요. 다만, 장 과장의 말에서처럼 怎么卖?(어떻게 파나요?)는 판매 방법이 아니라 가격을 묻는 말이라는 것을 구별해서 알아두세요.

A: 北京站 怎么 去?
   Běijīng zhàn zěnme qù?
   베이징 역은 어떻게 가다

베이징 역은 **어떻게** 가나요?

B: 坐 出租车 吧。
   Zuò chūzūchē ba.
   타다 택시를 ~하세요

택시를 타세요.

➕ 플러스 포인트

怎么(zěnme, 어떻게)는 '이유'를 물을 때에도 사용해요. 그런데 이 경우에는 정말 궁금해서 이유를 묻기보다는 불만이나 불평을 드러내는 뉘앙스를 담고 있어요.

你 怎么 不 吃?
Nǐ zěnme bù chī?
너는 어째서 아니 먹다

너는 **어째서(왜)** 안 먹니?

你 怎么 不 去?
Nǐ zěnme bú qù?
너는 어째서 아니 가다

너는 **어째서(왜)** 안 가니?

단어 北京 Běijīng [고유] 베이징 | 站 zhàn [명] 역, 정류장 | 坐 zuò [동] 타다, 앉다 | 出租车 chūzūchē [명] 택시

4 이미 충분하지만 한 번 더, 还(hái, 또, 더, 그래도 또한)

백화점 직원

우어먼 하이 쏘옹 니인 이이 거 미잉피엔찌아
我们还送您一个名片夹。
Wǒmen hái sòng nín yí ge míngpiànjiā.

저희는 **또** 명함집도 하나 드리고 있어요.

还(hái)는 '또, 더, 그래도 또한'이라는 뜻의 부사로, 동사 앞에 사용되어 동작을 한 번 더 한다는 것을 나타내는 부사예요. 이미 충분한 상황이 되었음에도 추가로 한 번 더 한다는 의미임을 알아두세요.

우어 하이 마이 이이 쯔앙 쯔우어즈
我　还　买　一张　桌子。
Wǒ　hái　mǎi　yì zhāng　zhuōzi.
나는　더　사다　한 개의　책상을

나는 책상 한 개를 **더** 산다.

타아 하이 게이 타아 이이바이 쿠아이 치엔
她　还　给　他　一百块钱。
Tā　hái　gěi　tā　yìbǎi kuài qián.
그녀는　또　주다　그에게　100위안을

그녀는 그에게 100위안을 **또** 준다.

확장표현으로 중국어 자동발사

🎧 Day12_확장표현.mp3

중국 화폐의 종류를 알아보아요.

人民币
Rénmínbì

인민폐

* 중국 화폐는 한자 그대로 인민폐라고 불러요.

글로 쓸 때 사용하는 화폐 단위

元 yuán 위안
角 jiǎo 지아오 (0.1위안)
分 fēn 편 (0.01위안)

말할 때 사용하는 화폐 단위

块 kuài 콰이
毛 máo 마오 (0.1콰이)
分 fēn 편 (0.01콰이)

圆 yuán이 적힌 지폐가 있어요. 말할 때에는 块 kuài라고 표현해요.

* 지폐에는 圆이 적혀 있지만 표기할 땐 元을 사용하고, 중국 화폐를 우리말로 표기 또는 말할 때에는 '위안'이라고 해요.

100元짜리 지폐
一百块(yìbǎi kuài)라고 말해요.

50元짜리 지폐
五十块(wǔshí kuài)라고 말해요.

20元짜리 지폐
二十块(èrshí kuài)라고 말해요.

10元짜리 지폐
十块(shí kuài)라고 말해요.

5元짜리 지폐
五块(wǔ kuài)라고 말해요.

 or
1元짜리 지폐 (동전도 있어요)
一块(yí kuài)라고 말해요.

角 jiǎo가 적힌 동전이 있어요. 말할 때에는 毛 máo라고 표현해요.

5角짜리 동전
五毛(wǔ máo)라고 말해요.

2角짜리 동전
两毛(liǎng máo)라고 말해요.

1角짜리 동전
一毛(yì máo)라고 말해요.

分 fēn이 적힌 동전이 있어요. 말할 때에도 分 fēn이라고 표현해요.

* 分은 지폐도 있지만 거의 사용하지 않아요.

5分짜리 동전
五分(wǔ fēn)이라고 말해요.

2分짜리 동전
两分(liǎng fēn)이라고 말해요.

1分짜리 동전
一分(yì fēn)이라고 말해요.

중국어로 금액 말하는 방법을 익혀보아요.

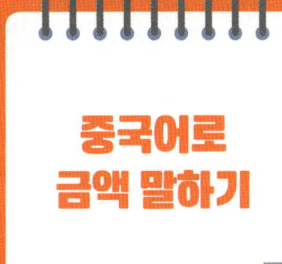
중국어로 금액 말하기

254.78元

元(yuán) 자리, 块(kuài)로 읽어요.
角(jiǎo) 자리, 毛(máo)로 읽어요.
分(fēn) 자리, 分(fēn)으로 읽어요.

两百五十四**块** 七**毛** 八**分** (钱)
liǎngbǎi wǔshísì kuài qī máo bā fēn (qián)

중국에서는 금액을 표현할 때 소수점을 사용해요. 소수점 앞은 元 단위이며 块로 읽고, 소수점 다음 첫째 자리는 角(jiǎo)이며 毛(máo)로 읽고, 두 번째 자리는 分(fēn)이에요.

마지막에 붙는 화폐단위 块, 毛, 分은 말할 때 생략할 수 있어요.

43元 → 四十三(**块**)
43위안 sìshísān (kuài)

5.60元 → 五块六(**毛**)
5.6위안 wǔ kuài liù (máo)

8.17元 → 八块一毛七(**分**)
8.17위안 bā kuài yì máo qī (fēn)

한 자리 수 금액은 화폐단위를 생략하지 않고 꼭 말해야 해요.

9元 → 九**块**
9위안 jiǔ kuài

3角 → 三**毛**
0.3위안 sān máo

4分 → 四**分**
0.04위안 sì fēn

**11~19는 一(yī)가 생략된 十(shí)로 시작하고,
1로 시작되는 百, 千, 万 자리는 一(yī)를 꼭 말해야 해요.**

11元 → **十**一(块)
11위안 shíyī (kuài)

12元 → **十**二(块)
12위안 shí'èr (kuài)

135元 → **一**百三十五(块)
135위안 yìbǎi sānshíwǔ (kuài)

2로 시작하는 수는 两(liǎng)으로 말해요.

2元 → **两**块
2위안 liǎng kuài

200元 → **两**百(块)
200위안 liǎngbǎi (kuài)

* 단, 20元의 2는 반드시 二(èr)로 말해야 해요.

20元 → **二**十(块)
20위안 èrshí (kuài)

0이 중간에 나오면 반드시 零(líng)으로 말해요.

505元 → 五百**零**五(块)
505위안 wǔbǎi líng wǔ (kuài) (오백공오)

6006元 → 六千**零**六(块)
6006위안 liùqiān líng liù (kuài) (육천공육)

70007元 → 七万**零**七(块)
70007위안 qīwàn líng qī (kuài) (칠만공칠)

* 0이 중간에 여러 개 나와도 零(líng)은 한 번만 말해주면 돼요.

0으로 끝나는 수는 마지막 단위를 생략할 수 있어요.

130元 → 一百三(**十**)(块)
130위안 yìbǎi sān(shí) (kuài)

1400元 → 一千四(**百**)(块)
1400위안 yìqiān sì(bǎi) (kuài)

* 단, 0이 중간에 나오고, 0으로 끝나는 수의 마지막 단위는 생략할 수 없어요. 생략하면 다른 숫자가 되어버려요.

6060元 → 六千**零**六**十**(块)
6060위안 liùqiān líng liùshí (kuài) (육천공육십)
(十을 생략하면 60006이 되어버려요.)

연습문제로 실력다지기 🎧 Day12_연습문제.mp3

🎧 연습문제 바로 듣기

1 알맞은 단어 고르기

음원을 듣고 일치하는 단어를 고르세요.

1) ⓐ 多少   ⓑ 什么   ⓒ 怎么
2) ⓐ 裙子   ⓑ 打折   ⓒ 学生
3) ⓐ 桌子   ⓑ 名片   ⓒ 电话

2 문장 듣고 금액/병음/뜻 쓰기

다음 문장을 듣고 금액을 쓴 후, 병음과 뜻을 써보세요.

1) 문장 _____块钱，打七折。

   병음 _____ kuài qián, dǎ qī zhé.

   뜻 _____

2) 문장 _____块钱，打九折。

   병음 _____ kuài qián, dǎ jiǔ zhé.

   뜻 _____

3 문장 듣고 일치/불일치 판단하기 (HSK 3, 4급 듣기 대비 유형)

들려주는 문장의 내용과 제시된 문장의 내용이 일치하면 ✓, 불일치하면 ✗를 체크하세요.

1) 这个钱包怎么卖？   (   )
   Zhè ge qiánbāo zěnme mài?

2) 这个名片夹五块五毛。   (   )
   Zhè ge míngpiànjiā wǔ kuài wǔ máo.

정답 p.295

4 문장에 주요 단어 채우기 (HSK 3, 4급 독해 대비 유형)

아래 주어진 단어 중에서 괄호 안에 알맞은 단어를 골라 문장을 완성해보세요.

| 多少 duōshao | 送 sòng | 怎么 zěnme |

1) 这条裙子( )钱?
   Zhè tiáo qúnzi ( ) qián?
   이 치마는 얼마예요?

2) 我们还( )您一个名片夹。
   Wǒmen hái ( ) nín yí ge míngpiànjiā.
   저희는 또 명함집도 하나 드리고 있어요.

5 대화 완성하기 (HSK 3급 독해 대비 유형)

빈칸에 알맞은 문장을 채워 대화를 완성해보세요.

| 电话号码是多少? Diànhuà hàomǎ shì duōshao? | 那怎么卖? Nà zěnme mài? | 你怎么不买? Nǐ zěnme bù mǎi? |

1) A: _____
   B: 一千三百块钱。
      Yìqiān sānbǎi kuài qián.

   그럼 어떻게 파나요?
   1,300위안입니다.

2) A: _____
   B: 太贵了。
      Tài guì le.

   너 어째서(왜) 안 사니?
   너무 비싸요.

6 문장 완성하기 (HSK 3, 4급 쓰기 대비 유형)

제시된 단어를 중국어 어순에 맞게 배열하여 문장을 완성해보세요.

1) 还   一百块钱   给   她   他
   hái yìbǎi kuài qián gěi tā tā

   _____。
   그녀는 그에게 100위안을 또 준다.

2) 毛   八   块   五十四   七   两百   分
   máo bā kuài wǔshísì qī liǎngbǎi fēn

   _____。
   254.78위안입니다.

정답 p.295

간체자 쓰기

제시된 HSK 단어 및 주요 핵심 단어의 간체자와 병음을 또박또박 써보세요.

HSK 1급

钱 qián
钱钱钱钱钱钱钱钱钱钱
⑲ 돈

HSK 2급

卖 mài
卖卖卖卖卖卖卖
⑧ 팔다

HSK 2급

送 sòng
送送送送送送送送
⑧ 주다, 증정하다

HSK 1급

块 kuài
块块块块块块块
⑳ 콰이

HSK 3급

元 yuán
元元元元
⑳ 위안

HSK 3급

角
jiǎo　角角角角角角角　　　　　　　　　양 지아오 (0.1위안)

HSK 3급

分
fēn　分分分分　　　　　　　　　양 펀 (0.01위안)

HSK 1급

多少
duō shao　多多多多多多
　　　　少少少少　　　　　　　　　대 얼마, 몇

HSK 1급

怎么
zěn me　怎怎怎怎怎怎怎怎
　　　　么么么　　　　　　　　　대 어떻게, 어째서, 왜

HSK 4급

打折
dǎ zhé　打打打打打
　　　　折折折折折折　　　　　　동 할인하다

루루와 떠나는 중국 문화 여행

한국은 990원, 중국은 88위안!

한국 마트나 백화점에 가보면 90원이나 900원으로 끝나는 가격이 많은데, 중국은 8로 끝나는 가격이 많아요! 왜 그럴까요?

중국에서 거리를 돌아다니다 보면 8로 끝나는 가격표를 많이 보실 수 있을 거예요. 그때 친구나 가족과 함께 여행을 하고 있는 중이라면 중국인이 8을 좋아하는 이유를 자신 있게 설명해주세요!

==중국인들은 8을 제일 좋아하거든요!== 그렇다면 1등이라는 의미의 1도 있고, 럭키 세븐을 의미하는 7도 있는데, 왜 8일까요? 8의 발음 '八'(bā)가 '크게 부유해지다'라는 뜻의 '发'(fā)와 발음이 비슷하기 때문이에요.

> 8의 발음 '八'(bā)가
> '크게 부유해지다'라는 뜻의 '发'(fā)와
> 발음이 비슷하기 때문이에요.

8과 관련된 또 하나 재미있는 것은 중국에서 자동차 번호판을 살 때 ==8이 많이 들어갈수록 비싸진다는 거예요.== 번호판에 8888이 들어간다면 어마어마하게 비싸답니다! 그렇다면 중국인이 싫어하는 숫자는 무엇일까요? ==중국도 한국처럼 숫자 4를 싫어해요.== 숫자 4(四, sì)의 발음이 죽다(死, sǐ)의 발음과 비슷하기 때문이에요. 그래서 결혼식 날짜를 잡을 때에도 4가 들어간 날은 최대한 피해서 잡아요.

🎧 바로 쓰는 왕초보 여행 중국어

가격을 물어볼 때

1 얼마예요?
뚜어↗샤오 치엔
多少钱?
Duōshao qián?

2 이거 얼마예요?
쯔어 거 뚜어↗샤오 치엔
这个多少钱?
Zhè ge duōshao qián?

3 몇 % 할인해요?
다아 지이↗어
打几折?
Dǎ jǐ zhé?

4 이거 할인 안 하나요?
쯔어 거 뿌우 다아↗즈어 마
这个不打折吗?
Zhè ge bù dǎzhé ma?

🎧 바로 듣고 따라하기

DAY 13

더 깎아주세요!
再便宜点儿吧!
Zài piányi diǎnr ba!

마트나 시장에서 물건을 사거나 가격을 깎는 방법과, 여러 채소 및 과일 표현을 익혀 보아요.

🎧 왕초보 단어 미리보기

五花肉 wǔhuāròu
명 삼겹살

辛奇 xīnqí 명 김치

有点儿 yǒudiǎnr
부 조금, 약간

贵 guì 형 비싸다

再 zài 부 더, 또

便宜 piányi
동 싸게 해 주다 형 싸다

(一)点儿 (yì)diǎnr
양 조금, 약간

不行 bù xíng 동 안 된다

有点儿贵，再便宜点儿吧!
Yǒudiǎnr guì, zài piányi diǎnr ba!
조금 비싸네요, 조금 더 깎아주세요!

STEP 1
실전회화로 말문트기

🎧 Day13_실전회화_듣기/따라읽기.mp3   🎧 Day13_실전회화_드라마.mp3

듣기 mp3로 먼저 들어본 후 따라읽기 mp3로 따라서 말해보세요.

> ㄹ은 이를 앙 물고 혀를 둥근 국자처럼 만 상태에서 공기를 내보내며 발음해요.

동희 씨

우어 마이 이이 찌인 우우후아르어우 흐어 이이 찌인 씨인치이
我买一斤五花肉和一斤辛奇,
Wǒ mǎi yì jīn wǔhuāròu hé yì jīn xīnqí,
삼겹살 한 근과 김치 한 근을 살 건데,

즈언머 마이
怎么卖? 어떻게 파나요?
zěnme mài?

一斤五花肉는 '수(一)+양사(斤)+五花肉(삼겹살)'의 형태이고, 一斤辛奇도 '수(一)+양사(斤)+辛奇(김치)'의 형태임을 알아두세요.

우우후아르어우 으얼스우 쿠아이 치엔 이이 찌인
五花肉二十五块钱一斤,
Wǔhuāròu èrshíwǔ kuài qián yì jīn,
삼겹살은 한 근에 25위안이고,

씨인치이 쓰으스 쿠아이 치엔 이이 찌인
辛奇四十块钱一斤。
xīnqí sìshí kuài qián yì jīn.
김치는 한 근에 40위안이에요.

가게 주인

二十五块钱一斤과 四十块钱一斤이 술어로 사용된 명사술어문이에요.

동희 씨

이이꽁 뚜어슈아오 치엔
一共多少钱? 다 합쳐서 얼마예요?
Yígòng duōshao qián?

이이꽁 리어우스우 쿠아이 치엔   게이 니이 리어우스 쿠아이 치엔 바
一共六十五块钱, 给你六十块钱吧。
Yígòng liùshíwǔ kuài qián, gěi nǐ liùshí kuài qián ba.
다 합쳐서 65위안인데, 60위안에 드릴게요.

가게 주인

동희 씨

이어우디알 꾸에이   짜이 피엔이 디알 바
有点儿贵, 再便宜点儿吧!
Yǒudiǎnr guì, zài piányi diǎnr ba!
조금 비싸네요, 조금 더 깎아주세요!

便宜点儿吧는 '조금 깎아주세요'라는 뜻이고, 맨 앞에 再를 붙이면 '조금 더 깎아주세요'라는 뜻이 돼요.

不行은 '안 된다, 허락하지 않는다'라는 의미예요. '行!'이라고 하면 '좋아, 허락하지'라는 말이 된답니다.

쯔언 뿌우 시잉
真不行。 진짜 안 돼요.
Zhēn bù xíng.

가게 주인

* <중국어 말문트기 워크북>으로 말하기를 집중 훈련하면 실전회화가 저절로 자동발사돼요.

STEP 2
기초어법으로 내공쌓기
🎧 Day13_기초어법.mp3

1 다음에 한번 더, 再(zài, 더)

동희 씨

짜이 피엔이 디알 바
再便宜点儿吧!
Zài piányi diǎnr ba!

조금 **더** 깎아주세요!

부사 再(zài, 더)는 어떤 행위를 조만간 또는 미래에 반복한다는 의미예요. 再见(Zàijiàn, 다시 만나요)의 再가 바로 이러한 의미로 사용된 것이랍니다. 동희 씨도 가격을 깎는 행위를 앞으로 한 번 더 반복해달라는 의미로 再를 사용했어요.

짜이 게이 우어 이이 핑 피이지우
再 给 我 一 瓶 啤酒。
Zài gěi wǒ yì píng píjiǔ.
더 주다 나에게 한 병의 맥주를

저에게 맥주 한 병 **더** 주세요.

짜이 마이 싸안 찌인 우우후아⒭어우 바
再 买 三 斤 五花肉 吧!
Zài mǎi sān jīn wǔhuāròu ba!
더 사다 세 근의 삼겹살을 ~하자

삼겹살 세 근 **더** 사자!

우어먼 짜이 츠ⓡ 리앙 우안 미이ⓕ안 바
我们 **再** 吃 两 碗 米饭 吧。
Wǒmen zài chī liǎng wǎn mǐfàn ba.
우리는 더 먹다 두 그릇의 밥을 ~하자

우리 밥 두 그릇 **더** 먹자.

➕ 플러스 포인트

1. 再(zài, 더)와 의미가 비슷한 又(yòu, 또)가 있어요. 再는 미래 행위의 반복을 나타내지만 又는 과거의 행동을 다시 반복한다는 의미예요.

   쯔ⓡ어 거 치엔빠오 이어우 다ⓡ즈ⓡ어 마
   这 个 钱包 **又** 打折 吗?
   Zhè ge qiánbāo yòu dǎzhé ma?
   이 (개) 지갑 또 할인하다 ~니?

   이 지갑 **또** 할인해요?

   타아 이어우 츠ⓡ 하안바오빠오
   他 **又** 吃 汉堡包。
   Tā yòu chī hànbāobāo.
   그는 또 먹다 햄버거를

   그는 **또** 햄버거를 먹는다.

2. 还(더, 게다가)도 再(디니) 又(또)의 의미는 비슷하지만 이미 충분한 상황인데도 한 번 더 행위를 반복한다는 의미로 구별해야 해요.

   우어먼 하이 쏘옹 니인 이이 찌엔 이이⒰ㅜ
   我们 **还** 送 您 一 件 衣服。
   Wǒmen hái sòng nín yí jiàn yīfu.
   우리는 게다가 주다 당신에게 한 벌의 옷을

   게다가 저희는 당신에게 옷 한 벌도 드립니다.

단어 啤酒 píjiǔ 몡 맥주   买 mǎi 툉 사다   米饭 mǐfàn 몡 밥   钱包 qiánbāo 몡 지갑   又 yòu 튀 또, 다시   汉堡包 hànbāobāo 몡 햄버거
送 sòng 툉 주다, 증정하다   衣服 yīfu 몡 옷

2 쫌 맘에 안 들면, 有点儿(yǒudiǎnr, 조금) / 조금이라도 원할 땐, 一点儿(yìdiǎnr, 조금)

동희 씨

이어우디알 꾸에이
有点儿贵。
Yǒudiǎnr guì.

조금 비싸네요.

有点儿과 一点儿 모두 '조금, 약간'의 의미를 가지고 있지만 뉘앙스와 용법이 다르므로 잘 구별해서 알아두어야 해요. 有点儿(조금, 약간)은 정도를 나타내는 부사로 형용사 앞에서 사용되며, 기대하는 것과 차이가 있어 불만을 나타낼 때 사용해요. 동희 씨가 有点儿贵(조금 비싸네요)라고 말한 것도 생각보다 비싸서 불만인 것을 나타낸답니다.

쪄어 찌엔 이이우 이어우디알 꾸에이
这件 衣服 有点儿 贵。
Zhè jiàn yīfu yǒudiǎnr guì.
이 (벌) 옷은 약간 비싸다

이 옷은 **약간** 비싸네요.

우어먼 떠우 이어우디알 쿤
我们 都 有点儿 困。
Wǒmen dōu yǒudiǎnr kùn.
우리는 모두 조금 피곤하다

우리는 모두 **좀** 피곤해요.

동희 씨

짜이 피엔이 (이이)디알 바
再便宜(一)点儿吧!
Zài piányi (yì)diǎnr ba!

조금 더 깎아주세요!

一点儿은 정도가 경미하거나 수량이 적음을 나타내며 형용사나 동사 다음에 사용되거나, 명사 앞에서 명사를 꾸미는 관형어로도 사용돼요. 동희 씨가 再便宜点儿吧(조금 더 깎아주세요)라고 말할 때 쓰인 것이 바로 一点儿이랍니다. 一点儿의 一는 생략할 수 있어요.

니이 흐어 (이이)디알 슈우에이 바
你 喝 (一)点儿 水 吧。
Nǐ hē (yì)diǎnr shuǐ ba.
너는 마시다 조금 물 ~하렴

너 물 **좀** 마셔.

니이먼 츠 (이이)디알 비이싸아비잉
你们 吃 (一)点儿 比萨饼。
Nǐmen chī (yì)diǎnr bǐsàbǐng.
너희는 먹다 조금 피자

너희들 피자 **좀** 먹어.

단어   贵 guì 형 비싸다   困 kùn 형 피곤하다   水 shuǐ 명 물   比萨饼 bǐsàbǐng 명 피자

STEP 3
확장표현으로 중국어 자동발사

🎧 Day13_확장표현.mp3

채소와 과일 표현을 再给我~(Zài gěi wǒ, ~더 주세요) 표현과 함께 익혀보아요.

채소와 과일
再给我~
Zài gěi wǒ ~
(~더 주세요)

초옹
葱
cōng
파

再给我一斤葱。 파 한 근 더 주세요.
Zài gěi wǒ yì jīn cōng.

이양초옹
洋葱
yángcōng
양파

再给我五个洋葱。
Zài gěi wǒ wǔ ge yángcōng.
양파 다섯 개 더 주세요.

떠우
豆
dòu
콩

再给我四斤豆。 콩 네 근 더 주세요.
Zài gěi wǒ sì jīn dòu.

바이차이
白菜
báicài
배추

再给我两个白菜。 배추 두 개 더 주세요.
Zài gěi wǒ liǎng ge báicài.

후앙꾸아
黄瓜
huángguā
오이

再给我两个黄瓜。 오이 두 개 더 주세요.
Zài gěi wǒ liǎng ge huángguā.

라아찌아오
辣椒
làjiāo
고추

再给我十个辣椒。 고추 열 개 더 주세요.
Zài gěi wǒ shí ge làjiāo.

피잉구어
苹果
píngguǒ
사과

再给我三个苹果。 사과 세 개 더 주세요.
Zài gěi wǒ sān ge píngguǒ.

씨이꾸아
西瓜
xīguā
수박

再给我一个西瓜。 수박 한 개 더 주세요.
Zài gěi wǒ yí ge xīguā.

씨앙찌아오
香蕉
xiāngjiāo
바나나

再给我两斤香蕉。 바나나 두 근 더 주세요.
Zài gěi wǒ liǎng jīn xiāngjiāo.

푸우타오
葡萄
pútáo
포도

再给我一斤葡萄。 포도 한 근 더 주세요.
Zài gěi wǒ yì jīn pútáo.

贵(guì, 비싸다)/便宜(piányi, 싸게 해 주다)를 활용한 가격 흥정 표현 및 '할인/우대'를 나타내는 표현을 익혀보아요.

贵 / 便宜
guì / piányi

비싸다 / 싸게 해 주다

타이 꾸에이 러
太贵了。
Tài guì le.
너무 비싸요.

A: 白菜二十六块钱一斤。
　　Báicài èrshíliù kuài qián yì jīn.
　　배추 한 근에 26콰이(위안)에요.

B: 太贵了。 너무 비싸요.
　　Tài guì le.

이어우디알 꾸에이
有点儿贵。
Yǒudiǎnr guì.
조금 비싸네요.

A: 黄瓜十七块钱一斤。
　　Huángguā shíqī kuài qián yì jīn.
　　오이 한 근에 17콰이(위안)에요.

B: 有点儿贵。 조금 비싸네요.
　　Yǒudiǎnr guì.

피엔이 디알
便宜点儿。
Piányi diǎnr.
좀 깎아주세요. (좀 싸게 해 주세요.)

A: 洋葱十四块钱一斤。 양파 한 근에 14콰이(위안)에요.
　　Yángcōng shísì kuài qián yì jīn.

B: 便宜点儿。 좀 깎아주세요.
　　Piányi diǎnr.

짜이 피엔이 디알 바
再便宜点儿吧。
Zài piányi diǎnr ba.
좀 더 깎아주시겠어요? (좀 더 싸게 해 주시겠어요?)

A: 西瓜打八折。 수박 20% 할인해요.
　　Xīguā dǎ bā zhé.

B: 再便宜点儿吧。 좀 더 깎아주시겠어요?
　　Zài piányi diǎnr ba.

할인/우대 표현

마이 이이 쏘옹 이이
买一送一
mǎi yī sòng yī

원 플러스 원, 하나를 사면 하나를 더 준다

트어찌아
特价
tèjià

특가

찌아그어 이어우후에이
价格优惠
jiàgé yōuhuì

가격 우대

연습문제로 실력다지기 🎧 Day13_연습문제.mp3

🎧 연습문제 바로 듣기

1 알맞은 단어 고르기

음원을 듣고 일치하는 단어를 고르세요.

1) ⓐ 再   ⓑ 斤   ⓒ 钱
2) ⓐ 葡萄   ⓑ 苹果   ⓒ 香蕉
3) ⓐ 五花肉   ⓑ 汉堡包   ⓒ 比萨饼

2 문장 듣고 병음/뜻 쓰기

다음 문장을 듣고 병음과 뜻을 써보세요.

1) **문장** 一共多少钱?

   병음 _____

   뜻 _____

2) **문장** 真不行。

   병음 _____

   뜻 _____

3 문장 듣고 일치/불일치 판단하기 (HSK 3, 4급 듣기 대비 유형)

들려주는 문장의 내용과 제시된 문장의 내용이 일치하면 ✓, 불일치하면 ✗를 체크하세요.

1) 给我一个苹果。   (   )
   Gěi wǒ yí ge píngguǒ.

2) 辛奇四十块钱一斤。   (   )
   Xīnqí sìshí kuài qián yì jīn.

정답 p.296

4 문장에 주요 단어 채우기 (HSK 3, 4급 독해 대비 유형)

아래 주어진 단어 중에서 괄호 안에 알맞은 단어를 골라 문장을 완성해보세요.

有点儿	便宜	香蕉
yǒudiǎnr	piányi	xiāngjiāo

1) 我买三斤( ), 怎么卖?   바나나 세 근 살건데, 어떻게 파나요?
   Wǒ mǎi sān jīn ( ), zěnme mài?

2) 这件衣服( )贵。   이 옷은 약간 비싸네요.
   Zhè jiàn yīfu ( ) guì.

5 대화 완성하기 (HSK 3급 독해 대비 유형)

빈칸에 알맞은 문장을 채워 대화를 완성해보세요.

我们都有点儿困。	你喝一点儿水吧。	再便宜点儿吧。
Wǒmen dōu yǒudiǎnr kùn.	Nǐ hē yìdiǎnr shuǐ ba.	Zài piányi diǎnr ba.

1) A: 给你六十块钱吧。   60위안에 드릴게요.
   Gěi nǐ liùshí kuài qián ba.
   B: _____   조금 더 깎아주세요.

2) A: 我很渴。   나 목말라.
   Wǒ hěn kě.
   B: _____   너 물 좀 마셔.

6 문장 완성하기 (HSK 3, 4급 쓰기 대비 유형)

제시된 단어를 중국어 어순에 맞게 배열하여 문장을 완성해보세요.

1) 再吃   我们   吧   两碗   米饭
   zài chī wǒmen ba liǎng wǎn mǐfàn

   _____。   우리 밥 두 그릇 더 먹자.

2) 给   两个   再   白菜   我
   gěi liǎng ge zài báicài wǒ

   _____。   배추 두 개 더 주세요.

정답 p.296

간체자 쓰기

제시된 HSK 단어 및 주요 핵심 단어의 간체자와 병음을 또박또박 써보세요.

HSK 2급

贵
guì
贵贵贵贵贵贵贵贵
형 비싸다

HSK 2급

再
zài
再再再再再再
부 더, 또

HSK 1급

苹果
píng guǒ
苹苹苹苹苹苹苹苹
果果果果果果果果
명 사과

HSK 2급

西瓜
xī guā
西西西西西西
瓜瓜瓜瓜瓜
명 수박

HSK 3급

香蕉
xiāng jiāo
香香香香香香香香香
蕉蕉蕉蕉蕉蕉蕉蕉蕉蕉蕉蕉
명 바나나

HSK 4급

葡萄
pú táo
葡葡葡葡葡葡葡葡葡葡葡葡
萄萄萄萄萄萄萄萄萄萄萄萄

명 포도

辛奇
xīn qí
辛辛辛辛辛辛辛
奇奇奇奇奇奇奇奇

명 김치

不行
bù xíng
不不不不
行行行行行行

동 안 되다

HSK 2급

便宜
pián yi
便便便便便便便便便
宜宜宜宜宜宜宜宜

동 싸게 해 주다 형 싸다

特价
tè jià
特特特特特特特特特特
价价价价价价

명 특가

DAY 13 더 깎아주세요! 再便宜点儿吧!

루루와 떠나는 중국 문화 여행

중국에서 배우는 흥정 스킬!

중국 여행 중 물건을 살 때에는 깎아야 한다는 말을 많이 듣죠? 이것은 사실이에요.
중국 여행에서 관광지들을 방문하면 상점들이 굉장히 많아요. 그런데 워낙 많은 외국인들이 중국으로 관광을 오고, 가는 관광지가 거의 비슷하다 보니 ==중국 상인들이 외국인들에게 가격을 조금 높여 말하기도 해요.== 그래서 물건을 살 때는 조금이라도 흥정을 해서 싸게 사는 게 좋아요.

참! 중요한 게 하나 있는데요! 가격이 비싼 것 같으면 물건을 구입하지 않아도 되지만 ==원하는 가격에 주겠다고 했는데도 물건을 구입하지 않으면 실례라는 걸== 잊지 마세요!

> 하지만 무조건 깎기보다는
> 기분 좋게 흥정을 시도해보세요.

하지만 무조건 깎기보다는 기분 좋게 흥정을 시도해보세요. ==중국 상인들은 가격이 얼마냐고 물어보면 종종 "你说吧。"(Nǐ shuō ba, 당신이 말해보세요)라고 해요.== 이때 처음부터 가격을 조금 낮게 말해보세요. 예를 들어, 150元짜리 신발을 사려고 한다면 50元(한화 8,500원) 정도로 말해보는 거예요. 만약 주인 생각에 가격이 너무 싸면 10元, 20元 정도를 더 붙여서 말할 거예요. 그러면 ==적당하다고 생각되는 가격을 서로 합의하면 돼요.==

🎧 바로 쓰는 왕초보 여행 중국어

물건 가격을 깎고 싶을 때

1. 비싸요!
   꾸에이
   贵!
   Guì!

2. 싸게 해주세요!
   피엔이 바
   便宜吧!
   Piányi ba!

3. 깎아주세요!
   피엔이 디알
   便宜点儿!
   Piányi diǎnr!

4. 좀 더 깎아주세요!
   짜이 피엔이 디알 바
   再便宜点儿吧!
   Zài piányi diǎnr ba!

🎧 바로 듣고 따라하기

DAY 14

당신은 어느 나라 사람이세요?
你是哪国人?
Nǐ shì nǎ guó rén?

국적과 이름을 묻고 답하는 표현을 익히고, 세계 여러 국가명과 이름을 중국어로 익혀 보아요.

왕초보 단어 미리보기

- 手册 shǒucè [명] 수첩
- 哪 nǎ [대] 어느, 무엇
- 国 guó [명] 나라, 국가
- 日本 Rìběn [고유] 일본
- 叫 jiào [동] ~라고 불리다, 부르다
- 名字 míngzi [명] 이름
- 桃子 Táozǐ 모모코
- 认识 rènshi [동] 알다, 인식하다
- 高兴 gāoxìng [형] 기쁘다

STEP 1
실전회화로 말문트기

🎧Day14_실전회화_듣기/따라읽기.mp3 🎧Day14_실전회화_드라마.mp3

듣기 mp3로 먼저 들어본 후 따라읽기 mp3로 따라서 말해보세요.

동희 씨

ⓗ은 이를 앙 물고 혀를 둥근 국자처럼 만 상태에서 공기를 내보내며 발음해요.

쯔어 쓰ⓗ 스ⓗ에이 더 스ⓗ어우츠어
这是谁的手册? 이것은 누구 수첩이에요?
Zhè shì shéi de shǒucè?

谁的手册(누구의 수첩)는 '**谁**(누구)+**的**(~의)+**手册**(수첩)'의 형태로 우리말과 어순이 똑같아요.

나아 쓰ⓗ 우어 더 스ⓗ어우츠어
那是我的手册。 그것은 제 수첩이에요.
Nà shì wǒ de shǒucè.

모모코

동희 씨

니이 쓰ⓗ 나아 구어 르ⓗ언
你是哪国人? 당신은 어느 나라 사람이세요?
Nǐ shì nǎ guó rén?

哪(nǎ)는 '어느'라는 뜻의 의문사예요. **那**(nà, 그것)와 한자 및 성조를 구별해서 알아두어야 해요.

우어 쓰ⓗ 르ⓗ브언 르ⓗ언
我是日本人。 저는 일본인이에요.
Wǒ shì Rìběn rén.

모모코

동희 씨

아아 쓰ⓗ 마 우어 찌아오 리이 또옹시이
啊, 是吗? 我叫李东喜。
À, shì ma? Wǒ jiào Lǐ Dōngxǐ.
아, 그러시군요? 저는 이동희라고 합니다.

니이 찌아오 스ⓗ언머 미잉즈
你叫什么名字? 당신은 이름이 어떻게 되시죠?
Nǐ jiào shénme míngzi?

是吗?는 '그래?(그래요?)'라는 뜻으로 회화에서 자주 쓰이는 답변 표현이므로 꼭 알아두세요. 동사 **叫**(~라고 불리다)는 이름을 묻고 답할 때 쓰여요.

认识你很高兴.(만나서 반갑습니다.)은 영어의 'Nice to meet you.'의 영향을 받은 표현으로 생긴 지 오래되지 않은 중국어 표현이에요.

우어 찌아오 타오즈ㅇ 르ⓗ언스ⓗ 니이 흐언 까오씨잉
我叫桃子。 认识你很高兴。
Wǒ jiào Táozǐ. Rènshi nǐ hěn gāoxìng.
저는 모모코라고 해요. 만나서 반갑습니다.

모모코

* <중국어 말문트기 워크북>으로 말하기를 집중 훈련하면 실전회화가 저절로 자동발사돼요.

STEP 2
기초어법으로 내공쌓기
🎧 Day14_기초어법.mp3

1 어느 것을 고를까요, 의문대명사 哪(nǎ, 어느)

동희 씨

니이 쓰 나아 구어 르언
你是哪国人?
Nǐ shì nǎ guó rén?

당신은 **어느** 나라 사람이세요?

哪(nǎ)는 '어느'라는 뜻의 의문대명사로, 지정된 여러 개 중에서 하나를 물을 때 사용해요. '哪 + (一) + 양사 + 명사' 형태로 쓰이고, 양사 앞의 一는 보통 생략됩니다. 동희 씨처럼 어느 나라 사람인지를 물을 때에는 '주어 + 是 + 哪国 + 人?'의 형태를 사용해요.

A: 你 是 哪国 人? 당신은 **어느 나라** 사람이세요?
   Nǐ shì nǎ guó rén?
   너는 ~이다 어느 나라 사람

B: 我 是 日本 人。 저는 일본 사람이에요.
   Wǒ shì Rìběn rén.
   나는 ~이다 일본 사람

A: 你 喜欢 哪 (一)本 书? 당신은 **어느** 책을 좋아해요?
   Nǐ xǐhuan nǎ (yì) běn shū?
   너는 좋아하다 어느 (한) 권의 책을

B: 我 喜欢 小说。 저는 소설을 좋아해요.
   Wǒ xǐhuan xiǎoshuō.
   나는 좋아하다 소설을

단어 喜欢 xǐhuan 동 좋아하다, 흥미를 느끼다   本 běn 양 권   小说 xiǎoshuō 명 소설

2 이름을 묻거나 말할 땐, 동사 叫(jiào, ~라고 불리다)

동희 씨

니이 찌아오 슬언머 미잉즈
你叫什么名字?
Nǐ jiào shénme míngzi?

당신은 이름이 어떻게 **되시죠**?

叫(jiào, 부르다)는 상대방의 이름을 묻거나 자신의 이름을 말할 때 사용하는 동사예요. 이름을 물을 때에는 '주어 + 叫 + 什么 + 名字?'(주어는 + 불리다 + 어떤 + 이름으로?)'의 형태로 말하고, 답변할 때에는 질문의 什么名字 자리에 이름을 넣어주면 돼요.

A: 她 叫 什么 名字? 그녀의 이름은 무엇인가요?
   Tā jiào shénme míngzi?
   그녀는 부르다 무엇 이름
   (→ 그녀는 무슨 이름으로 **불리나요**?)

B: 她 叫 露露。 그녀는 루루예요.
   Tā jiào Lùlu.
   그녀는 부르다 루루
   (→ 그녀는 루루라고 **불려요**.)

⊕ **플러스 포인트**

매우 공손하게 이름을 묻는 표현으로 **您贵姓?**(성이 어떻게 되십니까?)도 알아두세요. **您贵姓?**에 답변할 때에는 성을 먼저 말한 후 이름을 말하면 돼요.

A: 니인 꾸에이씨잉
您 贵姓?
Nín guìxìng?
귀하의 성은?   성이 어떻게 되십니까?

B: 우어 씨잉 찌인 찌아오 찌인 미인쮜인
我 姓 金, 叫 金民俊。
Wǒ xìng Jīn, jiào Jīn Mínjùn.
제 성은 김 부르다 김민준   제 성은 김이고, 김민준이라고 합니다.

단어 姓 xìng 몡 성, 성씨 동 성이 ~이다, ~을 성으로 삼다

3 안면을 튼 사이끼리, 认识(rènshi, 알다)

르언슈 니이 흐언 까오씨잉
认识你很高兴。
Rènshi nǐ hěn gāoxìng.   만나서(알게 되어) 반갑습니다.

认识(rènshi)은 '알다'라는 뜻으로 상대방을 직접 보고 알게 된 경우에 사용할 수 있어요. 따라서 모모코가 동희 씨를 직접 대면하여 인사를 나눴기 때문에 **认识你很高兴**(만나서 반갑습니다)이라고 말할 수 있죠.

우어 르언슈 나아 거 라오쓰
我 认识 那 个 老师。
Wǒ rènshi nà ge lǎoshī.
나는 알다 저 (분) 선생님
저는 저 선생님을 **알아요**.
(→ 저 선생님과 인사를 나눈 적이 있다는 의미예요.)

⊕ **플러스 포인트**

认识(rènshi, 알다)은 지식적으로 알고 있음을 나타내는 동사 **知道**(zhīdào / 알다, 이해하다)와 구별하여 알아두어야 해요. 예를 들면, 우리가 세종대왕을 알고는 있지만 실제로 뵌 적은 없기 때문에 '세종대왕을 알다'라고 할 때에는 **认识**이 아닌 **知道**를 써야 해요.

우어 르언슈 타아 지에지에
我 认识 他姐姐。
Wǒ rènshi tā jiějie.
나는 알다 그의 누나를
나는 그의 누나를 **안다**.
(→ 그의 누나와 직접 대면하여 인사를 나눈 적이 있다는 의미예요.)

우어 쯔따오 쓰쫑따아우앙
我 知道 世宗大王。
Wǒ zhīdào Shìzōngdàwáng.
나는 알다 세종대왕을
나는 세종대왕을 **안다**.
(→ 세종대왕을 직접 만난 적은 없고, 역사적인 지식으로 안다는 의미예요.)

단어 知道 zhīdào 동 알다   世宗大王 Shìzōngdàwáng 고유 세종대왕

STEP 3
확장표현으로 중국어 자동발사

🎧 Day14_확장표현.mp3

어느 나라 사람인지 국적을 묻고 답하며 **나라** 표현을 익혀보아요. (빈칸에 아래 단어를 하나씩 넣어서 읽어보세요.)

国家
guójiā

나라, 국가

A: 你是哪国人? 당신은 어느 나라 사람이세요?
　　Nǐ shì nǎ guó rén?
　　(니이 쓰 나아 구어 르언)

B: 我是＿＿＿人。 저는 ＿＿ 사람이에요.
　　Wǒ shì ＿＿＿ rén.
　　(우어 쓰 ＿＿ 르언)

하안구어
韩国
Hánguó
한국

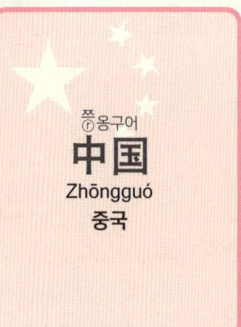
쯍옹구어
中国
Zhōngguó
중국

르브언
日本
Rìběn
일본

메이구어
美国
Měiguó
미국

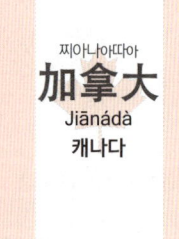
찌아나아따아
加拿大
Jiānádà
캐나다

파아구어
法国
Fǎguó
프랑스

이잉구어
英国
Yīngguó
영국

드어구어
德国
Déguó
독일

이이따아리이
意大利
Yìdàlì
이탈리아

씨이빠안이아
西班牙
Xībānyá
스페인

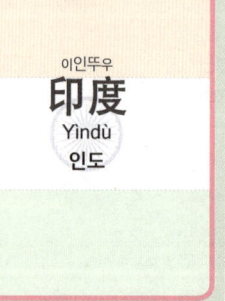
이인뚜우
印度
Yìndù
인도

타이우완
台湾
Táiwān
대만

이름을 묻고 답하는 말을 익혀보아요.(빈칸에 아래 단어를 하나씩 넣어서 읽어보세요.)

名字
míngzi
이름

니이 찌아오 ㉧언머 미잉즈
A: 你叫什么名字? 당신은 이름이 어떻게 되시죠?
Nǐ jiào shénme míngzi?

우어 찌아오
B: 我叫_____。 저는 _____예요/이에요.
Wǒ jiào _____.

찌인 이엔으얼
金妍儿
Jīn Yán'ér
김연아

리이 미인하오
李敏镐
Lǐ Mǐnhào
이민호

피아오 ㉧씨잉
朴智星
Piáo Zhìxīng
박지성

추에이 ㉧이어우
崔智友
Cuī Zhìyǒu
최지우

취엔 ㉧시엔
全智贤
Quán Zhìxián
전지현

㉧앙 또옹찌엔
张东健
Zhāng Dōngjiàn
장동건

타앙 우에이
汤唯
Tāng Wéi
탕웨이

㉧엉 로옹
成龙
Chéng Lóng
성룡

마아 위인
马云
Mǎ Yún
마윈

이번엔 여러분의 이름을 쓰고 말해보세요!

A: 你叫什么名字? 당신은 이름이 어떻게 되시죠?
Nǐ jiào shénme míngzi?

B: 我叫_____。 저는 _____예요/이에요.
Wǒ jiào _____.

DAY 14 당신은 어느 나라 사람이세요? 你是哪国人?

연습문제로 실력다지기 🎧 Day14_연습문제.mp3

🎧 연습문제 바로 듣기

1 알맞은 단어 고르기

음원을 듣고 일치하는 단어를 고르세요.

1) ⓐ 叫   ⓑ 哪   ⓒ 人
2) ⓐ 名字   ⓑ 国家   ⓒ 认识
3) ⓐ 美国   ⓑ 英国   ⓒ 德国

2 문장 듣고 병음/뜻 쓰기

다음 문장을 듣고 병음과 뜻을 써보세요.

1) **문장** 我叫李东喜。

   병음 _____

   뜻 _____

2) **문장** 这是谁的手册?

   병음 _____

   뜻 _____

3 문장 듣고 일치/불일치 판단하기 (HSK 3, 4급 듣기 대비 유형)

들려주는 문장의 내용과 제시된 문장의 내용이 일치하면 ✓, 불일치하면 ✗를 체크하세요.

1) 我是德国人。   (   )
   Wǒ shì Déguó rén.

2) 露露是中国人。   (   )
   Lùlu shì Zhōngguó rén.

정답 p.296

4 문장에 주요 단어 채우기 (HSK 3, 4급 독해 대비 유형)

아래 주어진 단어 중에서 괄호 안에 알맞은 단어를 골라 문장을 완성해보세요.

| 认识 rènshi | 意大利 Yìdàlì | 知道 zhīdào |

1) 我们是(　　　)人。　　　　우리는 이탈리아 사람이에요.
   Wǒmen shì (　　　) rén.

2) 我(　　　)世宗大王。　　　나는 세종대왕을 안다.
   Wǒ (　　　) Shìzōngdàwáng.

5 대화 완성하기 (HSK 3급 독해 대비 유형)

빈칸에 알맞은 문장을 채워 대화를 완성해보세요.

| 我喜欢小说。 Wǒ xǐhuan xiǎoshuō. | 我知道他。 Wǒ zhīdào tā. | 认识你很高兴。 Rènshi nǐ hěn gāoxìng. |

1) A: 我叫全智贤。　　　　저는 전지현이에요.
   Wǒ jiào Quán Zhìxián.

   B: _____　만나서 반갑습니다.

2) A: 你喜欢哪一本书?　　당신은 어느 책을 좋아해요?
   Nǐ xǐhuan nǎ yì běn shū?

   B: _____　저는 소설을 좋아해요.

6 문장 완성하기 (HSK 3, 4급 쓰기 대비 유형)

제시된 단어를 중국어 어순에 맞게 배열하여 문장을 완성해보세요.

1) 认识　　他姐姐　　我
   rènshi　　tā jiějie　　wǒ

   _____。　나는 그의 누나를 안다.

2) 是　　你　　人　　哪国
   shì　　nǐ　　rén　　nǎ guó

   _____?　당신은 어느 나라 사람이세요?

정답 p.296

간체자 쓰기

제시된 HSK 단어 및 주요 핵심 단어의 간체자와 병음을 또박또박 써보세요.

HSK 1급

哪
nǎ
一丨丨丨叮叮叮呀呀哪哪
대 어느, 무엇

국
guó
丨冂冂冃囯国国国
명 나라, 국가

HSK 1급

叫
jiào
叫叫叫叫叫
동 ~라고 불리다, 부르다

HSK 2급

姓
xìng
姓姓姓姓姓姓姓姓
명 성, 성씨 동 성이 ~이다

HSK 1급

名字
míng zi
名名名名名名
字字字字字字
명 이름

韩国
Hán guó
韩: 韩韩韩韩韩韩韩韩韩韩韩韩
国: 国国国国国国国国
고유 한국

中国
Zhōng guó
中: 中中中中
国: 国国国国国国国国
고유 중국

HSK 1급

日本
Rì běn
日: 日日日日
本: 本本本本本
고유 일본

手册
shǒu cè
手: 手手手手
册: 册册册册册
명 수첩

认识
rèn shi
认: 认认认认
识: 识识识识识识识
동 알다, 인식하다

HSK 1급

루루와 떠나는 중국 문화 여행

중국에 가장 많은 성씨 2위는 왕씨, 1위는?

한국에는 김씨, 이씨, 박씨 순으로 성씨가 많다고 하는데 중국 사람들의 성씨 순위는 어떨까요?

<2016년 중국 성씨 순위 1~9위>

1위	2위	3위
李(이)	王(왕)	张(장)
4위	**5위**	**6위**
刘(유)	陈(진)	杨(양)
7위	**8위**	**9위**
赵(조)	黃(황)	周(주)

출처: 국무원인구조사반통계(国务院人口普查办公室统计)

중국에 가장 많은 성씨는 바로 이(李, lǐ)씨인데, 이 성을 가진 사람만 9,400만 명이 넘어요. 그다음으로 많은 성씨는 왕(王, wáng)씨이고 9,200만 명 정도예요. 이 두 성씨만 해도 2억 정도니까 한국 전체 인구(5,100만 명)의 약 4배예요!

> "중국에 가장 많은 성씨는
> 바로 이(李, lǐ)씨인데, 이 성을
> 가진 사람만 9,400만 명이 넘어요."

그런데 중국에는 이씨가 왜 이렇게 많은 걸까요? 당나라 황제 이세민(李世民, Lǐ Shìmín)이 개국공신들에게 '李'를 하사하면서부터 중국에 이씨가 많아지게 되었어요. 고대 중국에서는 성을 마음대로 정하는 것이 아니라 황제가 하사하는 거였어요.
이씨 다음으로 왕씨가 많은 이유는 중국 고대 왕족들 중에 왕씨가 많았기 때문이에요. 한국에서 흔하게 사용되는 '왕서방'이라는 단어는 특정 인물을 가리키는 게 아니라 중국에 왕씨가 그만큼 많다는 것을 의미해요.
이씨, 왕씨 다음으로는 장씨, 유씨, 진씨가 많아요.
중국에서 이씨 성을 가진 대표적 스타는 남자 배우 이역봉(李易峰, Lǐ Yìfēng)이 있어요. 왕씨는 남자 가수 왕리홍(王力宏, Wáng Lìhóng), 장씨는 장이머우(张艺谋, Zhāng Yìmóu) 감독이 있고요. 그리고 사실 저는 왕루루(王露露, Wáng Lùlu)랍니다.

王露露
왕루루

🎧 바로 쓰는 왕초보 여행 중국어

중국인과 이름을 묻고 답할 때

1 성이 어떻게 되시나요?
니인 꾸에이씨잉
您贵姓?
Nín guìxìng?

2 당신의 이름은 무엇인가요?
니이 찌아오 ⓗ언머 미잉즈
你叫什么名字?
Nǐ jiào shénme míngzi?

3 제 성은 김이고, 김민준이라고 합니다.
우어 씨잉 찐인 찌아오 찐인 미인쮠인
我姓金, 叫金民俊。
Wǒ xìng Jīn, jiào Jīn Mínjùn.

🎧 바로 듣고 따라하기

DAY 15

뭐 드셨어요?
您吃了什么?
Nín chīle shénme?

바로 듣고 따라하기

'뭐 드셨어요?'와 같이 완료된 동작을 표현하는 방법과, 편의점 음식 및 분식 표현을 익혀보아요!

🎧 왕초보 단어 미리보기

- **了** le [조] ~했다
- **碗** wǎn [양] 그릇, 공기
- **意大利面** Yìdàlìmiàn [명] 스파게티
- **好吃** hǎochī [형] 맛있다
- **没有** méiyǒu [부] 안 ~하다, ~않다
- **下次** xiàcì [명] 다음번
- **一起** yìqǐ [부] 같이, 함께
- **请客** qǐngkè [동] 한턱 내다, 초대하다

실전회화로 말문트기

🎧 Day15_실전회화_듣기/따라읽기.mp3   🎧 Day15_실전회화_드라마.mp3

듣기 mp3로 먼저 들어본 후 따라읽기 mp3로 따라서 말해보세요.

동희 씨

→ ch은 이를 앙 물고 혀를 둥근 국자처럼 만 상태에서 공기를 내보내며 발음해요.

니인 츠(ch)러 스(sh)언머
您吃了什么? 뭐 드셨어요?
Nín chīle shénme?

동사 吃(먹다) 다음에 나온 了는 먹는 동작을 완료했음을 나타내요. 그래서 吃了什么?는 뭔가(什么) 먹는 동작을 완료했는지를 묻는 질문이 된답니다.

了는 스파게티를 먹은 동작이 완료되었음을 나타내요. 여기서 碗은 '그릇'이라는 뜻의 양사예요.

우어 츠(ch)러 이이 우안 이이따아리이미엔
我吃了一碗意大利面。 저는 스파게티 먹었어요.
Wǒ chīle yì wǎn Yìdàlìmiàn.

장 과장

동희 씨

하오츠(ch) 마
好吃吗? 맛있었나요?
Hǎochī ma?

你吃饭了吗?에서 문장 끝에 있는 了는 밥을 안 먹은 상태에서 먹은 상태로 변화되었음을 나타내요. 그래서 밥을 먹은 상태가 되었는지를 묻는 질문이 된답니다.

→ f는 영어의 f처럼 윗니로 아랫입술을 살짝 물었다 떼면서 발음해요.

흐언 하오츠(ch)   니이 츠(ch) f안 러 마
很好吃, 你吃饭了吗?
Hěn hǎochī, nǐ chī fàn le ma?
맛있었어요. 동희 씨는 밥 먹었어요?

장 과장

동희 씨

우어 메이이어우 츠(ch)   우어 타이 마앙 러
我没有吃。我太忙了。
Wǒ méiyǒu chī. Wǒ tài máng le.
저는 안 먹었어요. 바빠서요.

没有는 과거 사실을 부정하는 표현이에요.

请客를 직역하면 '손님으로 초청하다'라는 뜻이에요. 그래서 '내가 살게요.'라는 뜻이 되었어요.

씨아츠으 이이치(q) 츠(ch) 바   우어 치잉크어
下次一起吃吧。我请客。
Xiàcì yìqǐ chī ba. Wǒ qǐngkè.
다음번에 같이 먹어요. 내가 살게요.

장 과장

* <중국어 말문트기 워크북>으로 말하기를 집중 훈련하면 실전회화가 저절로 자동발사돼요.

STEP 2
기초어법으로 내공쌓기 🎧Day15_기초어법.mp3

1 그 동작은 이미 끝났어, 동사 + 了(le) + 목적어

장 과장

우어 츠러 이이 우안 이이따리이미엔
我 吃了 一碗 意大利面。 저는 스파게티 먹었어요.
Wǒ chīle yì wǎn Yìdàlìmiàn.

'동사 + 了 + 목적어'의 형태처럼 동작을 나타내는 동사와 목적어 사이에 了(le)가 오면, 동작이 완료 또는 완성되었음을 나타내요. 이처럼 동작을 나타내는 동사 바로 다음에 나온 了를 동태조사라고 해요. 장 과장이 말한 '吃了'는 吃(chī, 먹다)이라는 동작이 이미 완료되었음을 나타내는 말이에요. 먹은 동작이 완료된 것만 나타내기 때문에, 먹고 난 후 배가 부른지 등 결과는 알 수 없다는 것도 함께 알아두세요.

우어 마이러 이이 티아오 쿠우즈
我 买了 一条 裤子。
Wǒ mǎile yì tiáo kùzi.
나는 샀다 한 벌의 바지를

나는 바지 한 벌을 **샀다**.
(→ 바지를 구매한 동작이 완료된 것만 나타내기 때문에, 구매 후 입는지는 알 수 없어요.)

우어 두우러 리앙 브언 쓰우
我 读了 两本 书。
Wǒ dúle liǎng běn shū.
나는 읽었다 두 권의 책을

나는 책 두 권을 **읽었다**.
(→ 두 권의 책을 읽는 동작이 이미 완료되었고, 따라서 지금은 그 책 두 권을 읽지 않음을 나타내요.)

● 동태조사 了를 사용할 때에는 '동사 + 了 + 목적어'에서 목적어 자리에 명사만 단독으로 올 수 없고 '수사 + 양사'와 같이 명사를 꾸며주는 관형어가 반드시 있어야 해요. 다시 말해, 굉장히 구체적인 내용의 목적어가 나와야 동사 다음에 동태조사 了를 사용할 수 있어요.

我读了书。 (X) → '동사 + 了 + 목적어' 형태인데 목적어 书 앞에 '수사 + 양사'와 같은 관형어가 없으므로 틀린 문장이에요.

● '동사 + 了 + 목적어'의 문장을 부정형으로 만들 때에는 了를 빼고 동사 앞에 '没有(méiyǒu, ~않다)'를 쓰면 돼요. 没有의 有는 종종 생략된답니다.

부정문
우어 메이(이어우) 마이 이이 티아오 쿠우즈
我 没(有) 买 一条 裤子。 나는 바지 한 벌을 사지 **않았다**.
Wǒ méi(yǒu) mǎi yì tiáo kùzi.
나는 ~않았다 사다 한 벌의 바지를

단어   裤子 kùzi 명 바지

● '동사 + 了 + 목적어'의 문장을 의문문으로 만들 때에는 끝에 **吗?**(ma, ~니?)를 붙이고, 정반의문문을 만들 때에는 끝에 부정을 나타내는 **没有**를 붙이면 돼요.

	니이	마이 러	이이 찌엔	이이우	마	
吗의문문	你	买了	一件	衣服	吗?	너는 옷 한 벌을 샀니?
	Nǐ	mǎile	yí jiàn	yīfu	ma?	
	너는	샀 다	한 벌의	옷을	~니?	

	니이	마이 러	이이 찌엔	이이우	메이(이어우)	
정반의문문	你	买了	一件	衣服	没(有)?	너는 옷 한 벌을 샀니 안 샀니?
	Nǐ	mǎile	yí jiàn	yīfu	méi(yǒu)?	
	너는	샀 다	한 벌의	옷을	했니 안 했니?	

➕ 플러스 포인트

장 과장

> 니이 츠ⓗ안 러 마
> **你吃饭了吗?** 당신(동희 씨)은 밥 먹었어요?
> Nǐ chī fàn le ma?

참고로, 위 장 과장의 말에서 **吃饭了**는 '동사(吃) + 목적어(饭) + 了'의 형태이며, 문장의 끝에 쓰인 **了**는 상태나 상황의 변화를 나타내는 어기조사예요. 따라서 장 과장의 말 **你吃饭了吗?**(당신은 밥 먹었어요?)는 밥을 먹는 동작이 완료되었는지를 묻는 것이 아니라 밥을 먹은 상태로 변화되었는지를 묻는 질문이에요. 동사 다음에 쓰여 동작의 완료를 나타내는 동태조사 **了**와는 다르답니다.

타아	취이	ㅉⓗ옹구어	러	
她	去	中国	了。	그녀는 중국에 **갔다**.
Tā	qù	Zhōngguó	le.	(→ 그녀가 중국에 간 상태로 변했음을 나타내요.)
그녀는	가다	중국에	~되었다	

기초어법으로 내공쌓기

2 부정문을 만드는 没(有)와 不 구별하기

동희 씨

우어 메이(이어우) 츠
我 **没有** **吃**。   저는 **안** 먹었어요.
Wǒ méiyǒu chī.

我没有吃(Wǒ méiyǒu chī)에서 没有는 과거의 사실을 부정할 때 쓰이는 부정부사예요. 따라서 동희 씨의 말 **我没有吃**은 '나는 안 먹었어요'라는 의미예요. 没有에서 有는 자주 생략하여 쓴다는 것도 알아두세요. 没有는 앞서 배운 부정부사 不(bù)와 구별해서 알아두어야 해요. 不는 현재 또는 미래의 일을 부정할 때 쓰이는 부정부사이고, 따라서 **我不吃**(Wǒ bù chī)이라고 하면 '나는 안 먹어요'라는 의미가 돼요.

타아 메이(이어우) 라이
他 **没(有)** **来**。   그는 오지 **않았어요**.
Tā méi(yǒu) lái.
그는 ~않았다 오다

타아 뿌우 라이
他 **不** **来**。   그는 **안** 와요.
Tā bù lái.
그는 아니 오다

➕ 플러스 포인트

추가로, 과거 사실을 부정하는 **没(有)**와 동사 **有**(있다)를 부정하는 **没有**(없다)를 구별해서 알아두어요.

우어 메이이어우 나안프엉여우
我 **没有** **男朋友**。   나는 남자친구가 **없어**.
Wǒ méiyǒu nánpéngyou.
나는 없다 남자친구가

3 한 턱 쏘겠어, 请客(qǐngkè)

장 과장

> 우어 치잉크어
> 我请客。 내가 살게요.
> Wǒ qǐngkè.

'초빙하다, 초청하다'라는 뜻의 동사 **请**(qǐng)과 '고객'이라는 의미의 명사 **客**(kè)가 함께 쓰이면 '고객으로 초빙하다' 즉, '초대하다, 식사를 대접하다'라는 뜻의 **请客**라는 표현이 된답니다. 그래서 장 과장이 **我请客**라고 한 말도 '내가 식사를 대접할게요'라는 의미가 되었어요.

● 请 뒤에는 客(고객) 이외에도 초빙 또는 초청을 할 수 있는 사람이 올 수 있는데, 자주 쓰이는 표현은 다음과 같아요.

치잉 이이쓩엉
请 医生。   의사를 **초빙하다**(초청하다).
Qǐng yīshēng.
초빙하다 의사를

치잉 찌아오쓩어우
请 教授。   교수를 **초빙하다**(초청하다).
Qǐng jiàoshòu.
초빙하다 교수를

⊕ 플러스 포인트

1. 동사 **请**(qǐng)은 '청하다, 부탁하다, 요구하다'라는 뜻도 가지고 있어 请 다음에 바로 동사를 붙이면 영어의 'Please ~'와 같이 '~해 주세요.'라는 말로 사용할 수 있어요.

   치잉 찌인
   请 进。   들어오세요.
   Qǐng jìn.
   ~해 주세요 들어가다

   치잉 쭈어
   请 坐。   앉으세요.
   Qǐng zuò.
   ~해 주세요 앉다

   치잉 흐어츠아
   请 喝茶。   차 드세요.
   Qǐng hē chá.
   ~해 주세요 차를 마시다

2. **请问**은 영어의 'Excuse me'와 비슷하게 '말씀 좀 물을게요, 실례합니다'의 뜻으로 관용구처럼 쓰여요.

   치잉 우언
   请问。   말씀 좀 물을게요.
   Qǐng wèn.
   말을 좀 묻다

단어 进 jìn 동 들어가다   茶 chá 명 차

확장표현으로 중국어 자동발사

🎧 Day15_확장표현.mp3

편의점 음식 표현을 '동사 + 了 + 목적어'를 사용한 문장으로 익혀보아요.

便利店 음식과
biànlìdiàn
편의점

동태조사 了
(동사 + 了 + 목적어)

비잉까안
饼干
bǐnggān
과자

1 你吃了一个饼干吗? 너는 과자 한 개를 먹었니?
　Nǐ chīle yí ge bǐnggān ma?

2 你吃了一个饼干没有? 너는 과자 한 개를 먹었니, 안 먹었니?
　Nǐ chīle yí ge bǐnggān méiyǒu?

3 我吃了一个饼干。 나는 과자 한 개를 먹었어.
　Wǒ chīle yí ge bǐnggān.

4 我没有吃一个饼干。 나는 과자 한 개를 안 먹었어.
　Wǒ méiyǒu chī yí ge bǐnggān.

---

f앙삐엔미엔
方便面
fāngbiànmiàn
컵라면

1 你吃了一碗方便面吗? 너는 컵라면 한 그릇을 먹었니?
　Nǐ chīle yì wǎn fāngbiànmiàn ma?

2 你吃了一碗方便面没有?
　Nǐ chīle yì wǎn fāngbiànmiàn méiyǒu?
　너는 컵라면 한 그릇을 먹었니, 안 먹었니?

3 我吃了一碗方便面。 나는 컵라면 한 그릇을 먹었어.
　Wǒ chīle yì wǎn fāngbiànmiàn.

4 我没有吃一碗方便面。 나는 컵라면 한 그릇을 안 먹었어.
　Wǒ méiyǒu chī yì wǎn fāngbiànmiàn.

빠앙빠앙타앙
棒棒糖
bàngbàngtáng
막대 사탕

1 你吃了一个棒棒糖吗? 너는 막대 사탕 한 개를 먹었니?
　Nǐ chīle yí ge bàngbàngtáng ma?

2 你吃了一个棒棒糖没有?
　Nǐ chīle yí ge bàngbàngtáng méiyǒu?
　너는 막대 사탕 한 개를 먹었니, 안 먹었니?

3 我吃了一个棒棒糖。 나는 막대 사탕 한 개를 먹었어.
　Wǒ chīle yí ge bàngbàngtáng.

4 我没有吃一个棒棒糖。 나는 막대 사탕 한 개를 안 먹었어.
　Wǒ méiyǒu chī yí ge bàngbàngtáng.

커우씨앙타앙
口香糖
kǒuxiāngtáng
껌

1 你吃了一个口香糖吗? 너는 껌 한 개를 먹었니?
　Nǐ chīle yí ge kǒuxiāngtáng ma?

2 你吃了一个口香糖没有?
　Nǐ chīle yí ge kǒuxiāngtáng méiyǒu?
　너는 껌 한 개를 먹었니, 안 먹었니?

3 我吃了一个口香糖。 나는 껌 한 개를 먹었어.
　Wǒ chīle yí ge kǒuxiāngtáng.

4 我没有吃一个口香糖。 나는 껌 한 개를 안 먹었어.
　Wǒ méiyǒu chī yí ge kǒuxiāngtáng.

위이미이씨앙f앙
玉米香肠
yùmǐxiāngcháng
옥수수 소시지

1 你吃了一个玉米香肠吗? 너는 옥수수 소시지 한 개를 먹었니?
　Nǐ chīle yí ge yùmǐxiāngcháng ma?

2 你吃了一个玉米香肠没有?
　Nǐ chīle yí ge yùmǐxiāngcháng méiyǒu?
　너는 옥수수 소시지 한 개를 먹었니, 안 먹었니?

3 我吃了一个玉米香肠。 나는 옥수수 소시지 한 개를 먹었어.
　Wǒ chīle yí ge yùmǐxiāngcháng.

4 我没有吃一个玉米香肠。 나는 옥수수 소시지 한 개를 안 먹었어.
　Wǒ méiyǒu chī yí ge yùmǐxiāngcháng.

분식 표현을 不/没有를 사용한 문장으로 익혀보아요.

小吃과
xiǎochī
분식

不吃/没有吃 + 목적어

~을 안 먹는다/안 먹었다

즈ㄹ차이빠오f한
紫菜包饭
zǐcàibāofàn
김밥

1 我不吃紫菜包饭。 나는 김밥을 안 먹어.
　Wǒ bù chī zǐcàibāofàn.

2 我没有吃紫菜包饭。 나는 김밥을 안 먹었어.
　Wǒ méiyǒu chī zǐcàibāofàn.

ㅈㄹ아쯔ㄹ우파이
炸猪排
zházhūpái
돈가스

1 我不吃炸猪排。 나는 돈가스를 안 먹어.
　Wǒ bù chī zházhūpái.

2 我没有吃炸猪排。 나는 돈가스를 안 먹었어.
　Wǒ méiyǒu chī zházhūpái.

츠ㄹ아오니엔까오
炒年糕
chǎoniángāo
떡볶이

1 我不吃炒年糕。 나는 떡볶이를 안 먹어.
　Wǒ bù chī chǎoniángāo.

2 我没有吃炒年糕。 나는 떡볶이를 안 먹었어.
　Wǒ méiyǒu chī chǎoniángāo.

까아리이
咖喱
gālí
카레

1 我不吃咖喱。 나는 카레를 안 먹어.
　Wǒ bù chī gālí.

2 我没有吃咖喱。 나는 카레를 안 먹었어.
　Wǒ méiyǒu chī gālí.

미이츠ㄹ앙
米肠
mǐcháng
순대

1 我不吃米肠。 나는 순대를 안 먹어.
　Wǒ bù chī mǐcháng.

2 我没有吃米肠。 나는 순대를 안 먹었어.
　Wǒ méiyǒu chī mǐcháng.

씨인치이타앙
辛奇汤
xīnqítāng
김치찌개

1 我不吃辛奇汤。 나는 김치찌개를 안 먹어.
　Wǒ bù chī xīnqítāng.

2 我没有吃辛奇汤。 나는 김치찌개를 안 먹었어.
　Wǒ méiyǒu chī xīnqítāng.

지아오즈
饺子
jiǎozi
만두

1 我不吃饺子。 나는 만두를 안 먹어.
　Wǒ bù chī jiǎozi.

2 我没有吃饺子。 나는 만두를 안 먹었어.
　Wǒ méiyǒu chī jiǎozi.

연습문제로 실력다지기   🎧 Day15_연습문제.mp3

🎧 연습문제 바로 듣기

1 알맞은 단어 고르기

음원을 듣고 일치하는 단어를 고르세요.

1) ⓐ 了   ⓑ 啊   ⓒ 吗
2) ⓐ 裤子   ⓑ 衣服   ⓒ 医生
3) ⓐ 炒年糕   ⓑ 棒棒糖   ⓒ 方便面

2 문장 듣고 병음/뜻 쓰기

다음 문장을 듣고 병음과 뜻을 써보세요.

1) **문장** 您吃了什么?

   병음 _____

   뜻 _____

2) **문장** 我没有男朋友。

   병음 _____

   뜻 _____

3 문장 듣고 일치/불일치 판단하기 (HSK 3, 4급 듣기 대비 유형)

들려주는 문장의 내용과 제시된 문장의 내용이 일치하면 ✓, 불일치하면 ✗를 체크하세요.

1) 我不吃炸猪排。   (   )
   Wǒ bù chī zházhūpái.

2) 我没有吃饭。   (   )
   Wǒ méiyǒu chī fàn.

정답 p.297

4 문장에 주요 단어 채우기 (HSK 3, 4급 독해 대비 유형)

아래 주어진 단어 중에서 괄호 안에 알맞은 단어를 골라 문장을 완성해보세요.

| 裤子 kùzi | 请 qǐng | 方便面 fāngbiànmiàn |

1) (   )喝茶。 차 드세요.
   (   ) hē chá.

2) 我买了一条(   )。 나는 바지 한 벌을 샀다.
   Wǒ mǎile yì tiáo (   ).

5 대화 완성하기 (HSK 3급 독해 대비 유형)

빈칸에 알맞은 문장을 채워 대화를 완성해보세요.

| 你买了一件衣服吗? Nǐ mǎile yí jiàn yīfu ma? | 你吃饭了吗? Nǐ chī fàn le ma? | 好吃吗? Hǎochī ma? |

1) A: _____ 당신은 밥 먹었어요?

   B: 我没有吃。 저는 안 먹었어요.
   Wǒ méiyǒu chī.

2) A: 我吃了一碗方便面。 저는 컵라면 한 그릇을 먹었어요.
   Wǒ chīle yì wǎn fāngbiànmiàn.

   B: _____ 맛있었나요?

6 문장 완성하기 (HSK 3, 4급 쓰기 대비 유형)

제시된 단어를 중국어 어순에 맞게 배열하여 문장을 완성해보세요.

1) 米肠   不   我   吃
   mǐcháng bù   wǒ   chī

   _____。 나는 순대를 안 먹어.

2) 没有   我   吃   一个   玉米香肠
   méiyǒu wǒ   chī   yí ge   yùmǐxiāngcháng

   _____。 나는 옥수수 소시지 한 개를 안 먹었어.

정답 p.297

간체자 쓰기

제시된 HSK 단어 및 주요 핵심 단어의 간체자와 병음을 또박또박 써보세요.

下次
xià cì
명 다음번

请客
qǐng kè
동 한턱 내다, 초대하다

裤子 (HSK 3급)
kù zi
명 바지

饼干 (HSK 4급)
bǐng gān
명 과자

饺子 (HSK 4급)
jiǎo zi
명 만두

HSK 5급

香肠 xiāng cháng
香香千千禾禾香香香
肠肠肌肌肠肠肠
명 소시지

方便面 fāng biàn miàn
方方方方
便便便便便便便便
面面面万万而而面面
명 컵라면

口香糖 kǒu xiāng táng
口口口
香香千千禾禾香香香
糖糖米米米米栌栌栌糖糖糖
명 껌

辛奇汤 xīn qí tāng
辛辛辛辛辛辛辛
奇奇奇奇奇奇奇奇
汤汤汤汤汤汤
명 김치찌개

意大利面 Yì dà lì miàn
意意意意音音音音意意意
一ナ大
利利千禾禾利利
面面面万而而面面
명 스파게티

루루와 떠나는 중국 문화 여행

아침은 야외에서 품격 있게!

여러분은 아침 잘 챙겨 드시나요? 저는 아침을 꼭 챙겨 먹어야 하루 동안 힘이 나는데 한국인들 중에는 아침을 거르는 사람들이 꽤 많더라고요. 중국 사람들로 말할 것 같으면, 웬만하면 아침을 거르지 않는데, 대부분 길거리 노점이나 식당에 앉아 아침을 해결하고 출근한답니다.

해서 앉기도 해요. 메뉴판도 따로 주지 않아서 요리하는 곳 앞에 붙어 있는 메뉴를 보며 주문하고, 계산도 바로 해요. 길거리 노점에서 아침식사 문화를 즐겨보는 것도 중국 여행의 묘미가 될 것 같죠?

> 바쁜 아침에는 집에서 식사 준비할 시간이 없어 사 먹고 출근하는 게 자연스러워진 거예요.

이렇게 아침식사를 밖에서 사 먹는 문화가 생겨난 이유는 중국은 예전부터 맞벌이 부부가 많았기 때문이에요. 바쁜 아침에는 집에서 식사 준비할 시간이 없어 사 먹고 출근하는 게 자연스러워진 거예요.

중국인들이 아침식사로 가장 즐겨 먹는 메뉴로는 찐빵 모양의 만터우(馒头, mántou), 막대 모양의 요우티아오(油条, yóutiáo), 한국의 두유와 비슷한 또우지앙(豆浆, dòujiāng)이 있어요.

아침식사를 할 수 있는 길거리 노점은 보통 자리 안내를 해주지 않아요. 빈자리에 앉거나 다른 사람들과 합석

🎧 바로 쓰는 왕초보 여행 중국어

길거리 노점에서 메뉴를 보며 주문할 때

1. 이거요! (이거 주세요)
쯔어 거
这个!
Zhè ge!

2. 두 개요! (두 개 주세요)
리양 거
两个!
Liǎng ge!

3. 이거 한 개요. (이거 한 개 주세요)
쯔어 거 이이 거
这个一个。
Zhè ge yí ge.

4. 저거 두 개요. (저거 두 개 주세요)
나아 거 리양 거
那个两个。
Nà ge liǎng ge.

🎧 바로 듣고 따라하기

DAY 16

제주도 가고 싶다!
我想去济州岛!
Wǒ xiǎng qù Jìzhōudǎo!

🎧 바로 듣고 따라하기

조동사 想(~하고 싶다)과 동사 喜欢(~을 좋아하다)을 익히고, 여러 취미생활 표현과 색깔 표현도 익혀보아요.

🎧 왕초보 단어 미리보기

想 xiǎng [조동] ~하고 싶다
济州岛 Jìzhōudǎo [고유] 제주도
也 yě [부] ~도
生鱼片 shēngyúpiàn [명] 생선회
做 zuò [동] 하다
日出 rìchū [명] 일출
爬 pá [동] 기다, 오르다
汉拿山 Hànnáshān [고유] 한라산
爬山 páshān [동] 등산하다
喜欢 xǐhuan [동] 좋아하다
大海 dàhǎi [명] 바다
跟 gēn [전] ~와
一起 yìqǐ [부] 같이, 함께
蓝色 lánsè [명] 파란색, 남색

인준이의 핑크빛 꿈

아아　우어 시앙 취이 찌이쭈어우다오
啊, 我想去济州岛!
À,　wǒ xiǎng qù Jìzhōudǎo!
아, 제주도 가고 싶다!

나도 가고 싶어.
나는 회 먹고 싶네.
너는 뭐하고 싶어?

나는 일출을 보고 싶어.

나는 한라산도 오르고 싶어.
내 취미가 등산이거든, 너는?

나는 등산 안 좋아해,
난 바다 보는 것을 좋아해.
우어 시앙 끄언 나안프엉여우 이이치이 카안 라안쓰어 더 따아하이
我想跟男朋友一起看蓝色的大海。
Wǒ xiǎng gēn nánpéngyou yìqǐ kàn lánsè de dàhǎi.
남자친구랑 같이 푸른 바다를 보고 싶어.

남.. 남자친구?!

나도 여자친구랑 같이
푸른 바다를 보고 싶어!

STEP 1
실전회화로 말문트기

🎧 Day16_실전회화_듣기/따라읽기.mp3 🎧 Day16_실전회화_드라마.mp3

듣기 mp3로 먼저 들어본 후 따라읽기 mp3로 따라서 말해보세요.

→ ⓒ은 이를 앙 물고 혀를 둥근 곡자처럼 만 상태에서 공기를 내보내며 발음해요.

 루루

아   우어 시앙 취이 찌이ⓒ어우다오
啊, 我想去济州岛!   아, 제주도 가고 싶다!
À, wǒ xiǎng qù Jìzhōudǎo!

想은 '~하고 싶다'라는 뜻의 조동사예요.

우어 이에 시앙 취이   우어 시앙 츠ⓗ 쓩엉위이피엔   니이 시앙 쭈어 ⓢ언머
我也想去。我想吃生鱼片。你想做什么?
Wǒ yě xiǎng qù. Wǒ xiǎng chī shēngyúpiàn. Nǐ xiǎng zuò shénme?

나도 가고 싶어. 나는 회 먹고 싶네. 너는 뭐하고 싶어?

 민준

 루루

우어 시앙 칸 르ⓗ츠우
我想看日出。   나는 일출을 보고 싶어.
Wǒ xiǎng kàn rìchū.

우어 하이 시앙 파아 한나아ⓢ안   우어 더 아이하오 ⓢ 파아ⓢ안   니이 너
我还想爬汉拿山。我的爱好是爬山。 你呢?
Wǒ hái xiǎng pá Hànnáshān. Wǒ de àihào shì páshān. Nǐ ne?

나는 한라산도 오르고 싶어. 내 취미가 등산이거든, 너는?

 민준

 루루

우어 뿌우 시이환 파아ⓢ안   우어 시이환 칸 따아하이
我不喜欢爬山, 我喜欢看大海。
Wǒ bù xǐhuan páshān, wǒ xǐhuan kàn dàhǎi.

나는 등산 안 좋아해, 난 바다 보는 것을 좋아해.

우어 시앙 끄언 나안프엉여우 이이치이 칸 라안쓰어 더 따아하이
我想跟男朋友一起看蓝色的大海。
Wǒ xiǎng gēn nánpéngyou yìqǐ kàn lánsè de dàhǎi.

남자친구랑 같이 푸른 바다를 보고 싶어.

想跟男朋友一起看에서 '조동사(想)+전치사구(跟男朋友)+부사(一起)+동사(看)'의 순서를 알아두어요.

우어 이에 시앙 끄언 뉘이프엉여우 이이치이 칸 라안쓰어 더 따아하이
我也想跟女朋友一起看蓝色的大海!
Wǒ yě xiǎng gēn nǚpéngyou yìqǐ kàn lánsè de dàhǎi!

나도 여자친구랑 같이 푸른 바다를 보고 싶어!

 민준

* <중국어 말문트기 워크북>으로 말하기를 집중 훈련하면 실전회화가 저절로 자동발사돼요.

STEP 2
기초어법으로 내공쌓기 🎧 Day16_기초어법.mp3

1 바라는 게 있으면! 조동사 想(xiǎng, ~하고 싶다)

루루

> 우어 시앙 취이 찌ㅉ어우다오
> 我 想 去 济州岛!
> Wǒ xiǎng qù Jìzhōudǎo!   (나는) 제주도 가고 싶다!

조동사 想(xiǎng)은 '~하고 싶다'라는 뜻으로, 술어 앞에 사용되어서 주어의 소망이나 바람을 나타내요. 조동사는 동사 술어 앞에서 부사어의 역할을 한다는 것도 함께 알아두세요. 위 루루의 말도 '我(주어) + 想(조동사, 부사어) + 去(동사, 술어) + 济州岛(목적어)'의 순서로 사용되었어요.

긍정문   我 想 吃 辛奇。   나는 김치를 먹고 싶어.
         Wǒ xiǎng chī xīnqí.
         나는 ~하고 싶다 먹다 김치를

● 조동사를 사용한 문장을 부정문으로 만들 때에는 조동사 앞에 不를 붙여 不想(~하고 싶지 않다)으로 사용해요.

부정문   我 不想 喝 啤酒。   나는 맥주를 마시고 싶지 않아.
         Wǒ bù xiǎng hē píjiǔ.
         나는 ~하고 싶지 않다 마시다 맥주를

● 조동사를 사용한 문장을 정반의문문으로 만들 때에는 '조동사不조동사'로 사용하면 돼요. 그래서, 조동사 想의 정반의문문은 想不想(~하고 싶니 안 ~하고 싶니?)이 됩니다. '조동사 + 동사不동사' 형태로 쓰면 틀린 문장이니 주의해야 해요.

정반의문문 你 想不想 去 学校?   너는 학교에 가고 싶니 안 가고 싶니?
           Nǐ xiǎng bu xiǎng qù xuéxiào?
           너는 ~하고 싶니 안 ~하고 싶니? 가다 학교에

           你 想 去不去 学校? (X)

➕ 플러스 포인트
추가로, 想(xiǎng, ~하고 싶다)이 조동사가 아닌, '보고 싶다'라는 뜻의 동사로도 사용됨을 알아두세요.

A: 你 想 我 吗?   너는 나 보고 싶어?
   Nǐ xiǎng wǒ ma?
   너는 보고 싶다 나를 ~니?

B: 我 想 你。   나는 너 보고 싶어.
   Wǒ xiǎng nǐ.
   나는 보고 싶다 너를

단어 辛奇 xīnqí 몡 김치 啤酒 píjiǔ 몡 맥주 学校 xuéxiào 몡 학교 想 xiǎng 동 보고 싶다

2 둘 사이의 연결고리, 跟(gēn, ~와/과)

루루

우어 시앙 끄언 나안프엉여우 이이치이 카안 라안쓰어 더 따아하이
我想跟男朋友一起看蓝色的大海。
Wǒ xiǎng gēn nánpéngyou yìqǐ kàn lánsè de dàhǎi.

남자친구랑 같이 푸른 바다를 보고 싶어.

전치사 跟(gēn)은 '~와/과'라는 뜻으로, '跟 + 사람 + 一起(~와 함께)'의 형태로 자주 쓰여요. 여기서 '跟 + 사람'은 전치사구예요. 전치사구는 문장에서 부사어 역할을 하여 다른 부사나 술어 앞에 사용된답니다. 따라서, 루루의 말도 '我(주어) + 想(조동사, 부사어1) + 跟男朋友(전치사구, 부사어2) + 一起(부사) + 看(동사, 술어) + 蓝色的大海(목적어)'와 같은 순서로 사용되었어요.

미인쮠인 끄언 루우루우 이이치이 카안 띠엔이잉
民俊 跟 露露 一起 看 电影。
Mínjùn gēn Lùlu yìqǐ kàn diànyǐng.
민준이 ~와 루루 같이 보다 영화를

민준이와 루루가 같이 영화를 봐요.

끄언 우어 이이치이 저우 바
跟 我 一起 走 吧。
Gēn wǒ yìqǐ zǒu ba.
~와 나 같이 가다 ~하자

나랑 같이 갑시다.

3 시환이를 좋아해, 喜欢(xǐhuan, 좋아하다)

루루

우어 시이환 카안 따아하이
我喜欢看大海。
Wǒ xǐhuan kàn dàhǎi.

난 바다 보는 것을 좋아해.

喜欢(xǐhuan)은 '좋아하다'라는 뜻으로 취향이나 취미를 표현할 때 쓰는 동사예요. 조동사 想(xiǎng, ~하고 싶다)과 비슷하게 바로 뒤에 동사와 목적어를 붙여 '주어 + 喜欢 + 동사 + 목적어(~하는 것을 좋아하다)'의 형태로 주로 사용해요. 위 루루의 말도 '我(주어) + 喜欢 + 看(동사) + 大海(목적어)' 형태로 사용되었어요.

우어 시이환 츠 쎵위피엔
我 喜欢 吃 生鱼片。
Wǒ xǐhuan chī shēngyúpiàn.
나는 좋아하다 먹다 생선회를

나는 생선회 먹는 걸 좋아해.

● 또한 喜欢(xǐhuan, 좋아하다)은 바로 뒤에 목적어를 붙여 '주어 + 喜欢 + 목적어(주어가 무엇을 좋아하다)'의 형태로도 사용할 수 있어요. 그리고 喜欢 앞에 정도부사를 붙여 좋아하는 정도를 더 강조할 수도 있어요.

니이 시이환 슝언머 이엔쓰어
A: **你 喜欢 什么 颜色?**
Nǐ xǐhuan shénme yánsè?
너는 좋아하다 무슨 색깔을

너는 무슨 색깔을 좋아해?

우어 페이츠앙 시이환 라안쓰어
B: **我 非常 喜欢 蓝色。**
Wǒ fēicháng xǐhuan lánsè.
나는 정말 좋아하다 파란색을

나는 파란색을 정말 좋아해.

단어　生鱼片 shēngyúpiàn 명 생선회　颜色 yánsè 명 색깔

STEP 3
확장표현으로 중국어 자동발사

🎧 Day16_확장표현.mp3

취미를 묻고 답하는 대화를 통해 취미생활에 관련된 다양한 표현들을 익혀보아요. (빈칸에 아래 단어를 하나씩 넣어서 읽어보세요.)

爱好 àihào
취미

A: 我的爱好是_____。你呢? 제 취미는 ____이에요/예요. 당신은요?
   Wǒ de àihào shì _____. Nǐ ne?
   우어 더 아이하오 쓰ㅎ   니이 너

B: 我不喜欢_____。 저는 ____ 안 좋아해요.
   Wǒ bù xǐhuan _____.
   우어 뿌우 시이환

이어우이옹
游泳 yóuyǒng
수영, 수영하다

위인똥
运动 yùndòng
운동, 스포츠

파아ㅎ산
爬山 páshān
등산하기, 등산하다

파오뿌우
跑步 pǎobù
달리기, 달리다

뤼이어우
旅游 lǚyóu
여행하기, 여행하다

두우ㅎ수
读书 dúshū
책 읽기, 책을 읽다

ㅎ창끄어
唱歌 chànggē
노래 부르기, 노래 부르다

티아오우우
跳舞 tiàowǔ
춤추기, 춤을 추다

카안 띠엔이잉
看电影 kàn diànyǐng
영화 보기, 영화를 보다

티잉 이인위에
听音乐 tīng yīnyuè
음악 듣기, 음악을 듣다

좋아하는 **색깔**을 묻고 답하는 대화를 통해 여러 가지 색깔 표현을 익혀보아요. (빈칸에 아래 단어를 하나씩 넣어서 읽어보세요.)

颜色
yánsè
색깔

니이 시이환 ⓒ언머 이엔쓰어
A: 你喜欢什么颜色? 너는 무슨 색깔을 좋아해?
Nǐ xǐhuan shénme yánsè?

우어 시이환
B: 我喜欢_____。 나는 _____을 좋아해.
Wǒ xǐhuan _____.

호옹쓰어	츠엉쓰어	후앙쓰어
红色	橙色	黄色
hóngsè	chéngsè	huángsè
빨간색	주황색	노란색

뤼이쓰어	치잉쓰어	라안쓰어
绿色	青色	蓝色
lǜsè	qīngsè	lánsè
초록색	청색	파란색, 남색

즈으쓰어	ⓒ언쓰어	헤이쓰어	바이쓰어
紫色	粉色	黑色	白色
zǐsè	fěnsè	hēisè	báisè
보라색	분홍색	검은색	흰색

무지개를 중국어로 말해보아요.

彩虹
cǎihóng
무지개

| 红 hóng 빨 | 橙 chéng 주 | 黄 huáng 노 | 绿 lǜ 초 |
| 青 qīng 파 | 蓝 lán 남 | 紫 zǐ 보 |

DAY 16 제주도 가고 싶다! **我想去济州岛!**

연습문제로 실력다지기 🎧 Day16_연습문제.mp3

🎧 연습문제 바로 듣기

1 알맞은 단어 고르기

음원을 듣고 일치하는 단어를 고르세요.

1) ⓐ 爬山　　ⓑ 日出　　ⓒ 大海

2) ⓐ 红色　　ⓑ 橙色　　ⓒ 黄色

3) ⓐ 游泳　　ⓑ 跑步　　ⓒ 旅游

2 문장 듣고 병음/뜻 쓰기

다음 문장을 듣고 병음과 뜻을 써보세요.

1) **문장** 我想去济州岛!

　　병음 _____

　　뜻　 _____

2) **문장** 我还想爬汉拿山。

　　병음 _____

　　뜻　 _____

3 문장 듣고 일치/불일치 판단하기 (HSK 3, 4급 듣기 대비 유형)

들려주는 문장의 내용과 제시된 문장의 내용이 일치하면 ✓, 불일치하면 ✗를 체크하세요.

1) 我的爱好是爬山。　　　　　(　　)
　　Wǒ de àihào shì páshān.

2) 我们一起走吧。　　　　　　(　　)
　　Wǒmen yìqǐ zǒu ba.

정답 p.297

4 문장에 주요 단어 채우기 (HSK 3, 4급 독해 대비 유형)

아래 주어진 단어 중에서 괄호 안에 알맞은 단어를 골라 문장을 완성해보세요.

| 啤酒 píjiǔ | 橙色 chéngsè | 辛奇 xīnqí |

1) 我喜欢喝( )。 나는 맥주 마시는 것을 좋아해.
   Wǒ xǐhuan hē ( ).

2) 我想吃( )。 나는 김치를 먹고 싶어.
   Wǒ xiǎng chī ( ).

5 대화 완성하기 (HSK 3급 독해 대비 유형)

빈칸에 알맞은 문장을 채워 대화를 완성해보세요.

| 我想吃生鱼片。 Wǒ xiǎng chī shēngyúpiàn. | 我喜欢蓝色。 Wǒ xǐhuan lánsè. | 我的爱好是跳舞。 Wǒ de àihào shì tiàowǔ. |

1) A: 你喜欢什么颜色?   너는 무슨 색깔을 좋아해?
   Nǐ xǐhuan shénme yánsè?
   B: _____   나는 파란색을 좋아해.

2) A: 你的爱好是什么?   당신의 취미는 뭔가요?
   Nǐ de àihào shì shénme?
   B: _____   제 취미는 춤추기예요.

6 문장 완성하기 (HSK 3, 4급 쓰기 대비 유형)

제시된 단어를 중국어 어순에 맞게 배열하여 문장을 완성해보세요.

1) 喜欢 我 大海 看
   xǐhuan wǒ dàhǎi kàn

   _____。 나는 바다 보는 것을 좋아해.

2) 想 去 不想 你 学校
   xiǎng qù bu xiǎng nǐ xuéxiào

   _____? 너는 학교에 가고 싶니 안 가고 싶니?

정답 p.297

간체자 쓰기

제시된 HSK 단어 및 주요 핵심 단어의 간체자와 병음을 또박또박 써보세요.

HSK 1급

想
xiǎng

想想想想想想想想想想想想想

조동 ~하고 싶다

想 xiǎng								

HSK 3급

跟
gēn

跟跟跟跟跟跟跟跟跟跟跟跟跟

전 ~와

跟 gēn								

HSK 1급

喜欢
xǐ huan

喜喜喜喜喜喜喜喜喜喜喜喜
欢欢欢欢欢欢

동 좋아하다

喜 xǐ	欢 huan										

HSK 3급

爬山
pá shān

爬爬爬爬爬爬爬爬
山山山

동 등산하다

爬 pá	山 shān										

HSK 3급

爱好
ài hào

爱爱爱爱爱爱爱爱爱爱
好好好好好好

명 취미

爱 ài	好 hào										

HSK 2급
运动
yùn dòng

运运运运运运
动动动动动动

명 운동, 스포츠

HSK 2급
跑步
pǎo bù

跑跑跑跑跑跑跑跑跑跑
步步步步步步步

명 달리기 동 달리다

HSK 2급
唱歌
chàng gē

唱唱唱唱唱唱唱唱唱唱
歌歌歌歌歌歌歌歌歌歌

명 노래 부르기 동 노래 부르다

HSK 2급
旅游
lǚ yóu

旅旅旅旅旅旅旅旅旅旅
游游游游游游游游游游

명 여행하기 동 여행하다

HSK 2급
跳舞
tiào wǔ

跳跳跳跳跳跳跳跳跳跳
舞舞舞舞舞舞舞舞舞舞

명 춤추기 동 춤을 추다

루루와 떠나는 중국 문화 여행

중국 기념품점은 온통 빨간색!

중국에서 기념품점에 들어가면 사방이 빨간색 물건들로 가득 차 있어요. 중국인들에게 빨간색이 어떤 의미이기에 이렇게 빨간색이 많은 걸까요?

중국에서 빨간색을 제대로 구경하고 싶다면 중국의 설 명절인 춘절(春节, Chūnjié) 기간에 중국을 방문해 보세요! 특히 상하이의 예원(豫园, Yùyuán)에서는 붉은 등으로 모든 곳을 장식하는 등회(灯会, dēnghuì)도 열려요!

고대 중국 사람들은 태양의 색깔을 빨갛다고 여겨 빨간색을 숭배했어요. 이후 황실에서는 귀족만 빨간색 의상 착용이 가능했고, 그러다 보니 빨간색은 자연스레 부와 명예를 상징하게 되었어요.

> 황실에서는 귀족만 빨간색 의상 착용이 가능했고, 그러다 보니 빨간색은 자연스레 부와 명예를 상징하게 되었어요.

예전에는 빨간색 사용이 일부에게 제한되어 있었지만 지금은 중국에서 빨간색이 없는 곳을 찾는 게 힘들 정도로 널리 사용되고 있어요. 중국의 가장 큰 화폐 단위인 100위안 지폐도 빨간색이고, 명절에 세뱃돈을 담아 주는 봉투도 홍바오(红包, hóngbāo)라는 빨간색 봉투예요. 전통 결혼식을 할 때는 머리부터 발끝까지 모두 빨간색으로 치장한답니다. 뿐만 아니라, 붉을 홍(红) 자가 들어간 단어가 '성공'을 의미하기도 하는데, 한 예로 红人(hóngrén)이라고 하면 '유명한 사람'을 뜻해요.

🎧 바로 쓰는 왕초보 여행 중국어

기념품점에서 물건을 살 때

1 빨간색! (빨간색 주세요)
호옹쓰어
红色!
Hóngsè!

2 저거! (저거 주세요)
나아 거
那个!
Nà ge!

3 빨간 것으로 주세요.
게이 우어 호옹 더
给我红的。
Gěi wǒ hóng de.

4 나는 저것을 사고 싶어요.
우어 시앙 마이 나아 거
我想买那个。
Wǒ xiǎng mǎi nà ge.

🎧 바로 듣고 따라하기

DAY 17

야근해야 할 것 같아요.

我觉得我要加班。
Wǒ juéde wǒ yào jiābān.

🎧 바로 듣고 따라하기

조동사 要(~하려 한다, ~해야 한다), 동사 打算(~할 계획이다)과 觉得(~라고 생각하다)를 사용해서 자신의 의도를 다양하게 표현하는 방법을 익혀요. 그리고 다양한 회사 표현도 익혀보아요.

🎧 왕초보 단어 미리보기

- **要** yào [조동] ~하려 한다, ~해야 한다
- **下班** xiàbān [동] 퇴근하다
- **打算** dǎsuan [동] ~할 계획이다
- **点** diǎn [양] 시(時)
- **知道** zhīdào [동] 알다, 이해하다
- **觉得** juéde [동] ~라고 생각하다
- **加班** jiābān [동] 야근하다
- **不用** bú yòng [부] ~할 필요 없다
- **准备** zhǔnbèi [동] 준비하다
- **会议** huìyì [명] 회의
- **已经** yǐjing [부] 이미, 벌써
- **取消** qǔxiāo [동] 취소하다

야근에서 퇴근으로

전 퇴근할 거예요.
몇 시에 퇴근할 계획이에요?

모르겠어요.
우어 쥐에더 우어 이아오 찌아빤
我觉得我要加班。
Wǒ juéde wǒ yào jiābān.
야근해야 할 것 같아요.

왜요? 할 일이 아직 많이 있어요?

저는 회의를 준비해야 해서요.

준비할 필요 없을 것 같아요, 회의는 이미 취소되었어요.

먼저 퇴근해요—!

STEP 1
실전회화로 말문트기

🎧 Day17_실전회화_듣기/따라읽기.mp3 🎧 Day17_실전회화_드라마.mp3

듣기 mp3로 먼저 들어본 후 따라읽기 mp3로 따라서 말해보세요.

미래 씨

우어 이아오 씨아빠안   니이 다아솬 지이 디엔 씨아빠안
我要下班。你打算几点下班?
Wǒ yào xiàbān.   Nǐ dǎsuan jǐ diǎn xiàbān?
전 퇴근할 거예요. 몇 시에 퇴근할 계획이에요?

要(~하려 한다)는 동사 술어 앞에 사용되는 조동사예요.

ⓒ은 이를 앙 물고 혀를 둥근 국자처럼 만 상태에서 공기를 내보내며 발음해요.

뿌우 쯔ⓒ따오   우어 쥐에더 우어 이아오 찌아빠안
不知道。我觉得我要加班。
Bù zhīdào.   Wǒ juéde wǒ yào jiābān.
모르겠어요. 야근해야 할 것 같아요.

동희 씨

不知道는 '모르겠어요'라는 의미로, 중국어 회화에서 자주 쓰이는 답변이니 꼭 알아두세요.

미래 씨

우에이슌언머   니이 하이 이어우 흐언 뚜어 쯔ⓒ 마
为什么? 你还有很多事吗?
Wèishénme?   Nǐ hái yǒu hěn duō shì ma?
왜요? 할 일이 아직 많이 있어요?

还有는 부사 还(아직)와 동사 有(있다)가 결합된 형태로, '아직 있다'라는 뜻의 관용구처럼 기억해두세요.

우어 이아오 ⓒ주언뻬이 후에이이이
我要准备会议。 저는 회의를 준비해야 해서요.
Wǒ yào zhǔnbèi huìyì.

동희 씨

미래 씨

우어 쥐에더 니이 부우 이옹 ⓒ주언뻬이
我觉得你不用准备, 준비할 필요 없을 것 같아요,
Wǒ juéde nǐ bú yòng zhǔnbèi,

후에이이이 이이징 취이씨아오 러
会议已经取消了。 회의는 이미 취소되었어요.
huìyì yǐjing qǔxiāo le.

문장 끝에 사용된 了는 회의가 취소된 상황으로 변화되었음을 나타내는 어기조사예요.

* <중국어 말문트기 워크북>으로 말하기를 집중 훈련하면 실전회화가 저절로 자동발사돼요.

STEP 2
기초어법으로 내공쌓기 🎧 Day17_기초어법.mp3

1 하려는 의지를 드러내고 싶으면! 조동사 要 (yào, ~하려 한다, ~해야 한다)

미래 씨

> 우어 이아오 씨아빠안
> **我 要 下班。** 전 퇴근할 거예요.
> Wǒ yào xiàbān.

조동사 要(yào)는 '~하려 한다, ~해야 한다'라는 뜻으로, 술어 앞에 사용되어서 주어의 의지나 어떤 동작을 해야 하는 당위성을 나타냅니다. 단순한 바람을 나타내는 조동사 想(xiǎng, ~하고 싶다)과 달리 의지를 강조하기 때문에 要를 사용하면 실제로 그 동작을 행할 가능성이 높아요. 따라서 미래 씨의 말에서도 下班(xiàbān, 퇴근하다)하고자 하는 강한 의지를 엿볼 수 있어요.

의지를 나타내는 要
(~하려 한다)

우어 이아오 흐어 구어쯔
我 要 喝 果汁。
Wǒ yào hē guǒzhī.
나는 ~하려 한다 마시다 과일주스를

나는 과일주스를 마셔**야겠어**.

● 의지를 나타내는 要(yào, ~하려 한다)의 반대말은 不想(bù xiǎng, ~하고 싶지 않다)이에요.

의지를 나타내는 不想
(~하고 싶지 않다)

우어 뿌우 시앙 흐어 구어쯔
我 不想 喝 果汁。
Wǒ bù xiǎng hē guǒzhī.
나는 ~하고 싶지 않다 마시다 과일주스를

나는 과일주스를 마시고 **싶지 않아**.

당위성을 나타내는 要
(~해야 한다)

니이 이아오 취이 쉬에씨아오
你 要 去 学校。
Nǐ yào qù xuéxiào.
너는 ~해야 한다 가다 학교에

너는 학교에 가**야 해**.

● 당위성을 나타내는 要의 반대말은 不用(~할 필요 없다)이에요.

당위성을 나타내는 不用
(~할 필요 없다)

니이 부우 이옹 취이 쉬에씨아오
你 不用 去 学校。
Nǐ bú yòng qù xuéxiào.
너는 ~할 필요 없다 가다 학교에

너는 학교에 갈 **필요 없어**.

단어 果汁 guǒzhī 몡 과일주스 学校 xuéxiào 몡 학교

- 조동사 要(yào, ~하려 한다) 앞에 不를 붙인 부정형 不要(bú yào)는 '~하면 안 된다'라는 금지의 의미를 전달해요.

금지를 나타내는 不要
(~하면 안 된다)

니이 부우 이아오 흐어 피이지어우
你 不要 喝 啤酒。
Nǐ bú yào hē píjiǔ.
너는 ~하면 안 된다 마시다 맥주를

너는 맥주를 마시면 안 돼.

- 조동사 要를 要不要의 형태로 쓰면 정반의문문이 돼요.

정반의문문

타아 이아오 부 이아오 마이 쯔으시잉ⓗ어
她 要不要 买 自行车?
Tā yào bu yào mǎi zìxíngchē?
그녀는 ~하려고 하니 안 하니? 사다 자전거를

그녀는 자전거를 사려고 해요 안 사려고 해요?

➕ 플러스 포인트
추가로, 要가 조동사가 아닌 '~을 원하다, ~을 필요로 하다'라는 뜻의 동사로도 사용됨을 알아두세요.

니이 이아오 ⓗ언머
A: 你 要 什么?
Nǐ yào shénme?
너는 ~을 원하다 무엇

당신은 무엇을 원하세요?

우어 이아오 씨이꾸아
B: 我 要 西瓜。
Wǒ yào xīguā.
나는 ~을 원하다 수박

전 수박을 원해요.

단어 啤酒 píjiǔ 몡 맥주 自行车 zìxíngchē 몡 자전거 西瓜 xīguā 몡 수박

기초어법으로 내공쌓기

2 내 계획은 말야! 打算 (dǎsuan, ~할 계획이다, ~하려고 하다)

미래 씨

你打算几点下班? 몇 시에 퇴근할 계획이에요?
Nǐ dǎsuan jǐ diǎn xiàbān?

打算(dǎsuan)은 '~할 계획이다, ~하려고 하다'라는 뜻으로, 주로 동사 앞에 쓰이며, 상당히 구체적인 계획을 가지고 있을 때 사용해요.

她 打算 去 上海。
Tā dǎsuan qù Shànghǎi.
그녀는 ~할 계획이다 가다 상하이에

그녀는 상하이에 갈 **계획이야**.

他 打算 买 蓝色 的 衣服。
Tā dǎsuan mǎi lánsè de yīfu.
그는 ~할 계획이다 사다 남색 ~의 옷을

그는 남색 옷을 살 **계획이야**.

我 打算 跟 朋友 一起 看 电影。
Wǒ dǎsuan gēn péngyou yìqǐ kàn diànyǐng.
나는 ~할 계획이다 ~와 친구 함께 보다 영화를

나는 친구와 함께 영화를 볼 **계획이야**.

단어 上海 Shànghǎi [고유] 상하이(중국 4대 직할시의 하나)   蓝色 lánsè [명] 남색, 파란색   衣服 yīfu [명] 옷   一起 yìqǐ [부] 함께
看电影 kàn diànyǐng 영화를 보다

3 내 생각엔 말야! 觉得 (juéde, ~라고 생각하다)
쥐에더

동희 씨

우어 쥐에더 우어 이야오 찌아빤
我 觉得 我 要 加班。 야근해야 할 것 같아요.
Wǒ juéde wǒ yào jiābān.

觉得(juéde)는 '~라고 생각하다, ~라고 느끼다'라는 뜻으로, 자신의 생각을 말할 때 사용하는데 확신이 적거나 확실하게 단정하기 어려운 생각을 나타낼 때 사용해요. 동희 씨의 말에서처럼 '我觉得~(내 생각엔 ~인 것 같아)'라는 표현으로 말의 첫머리에 자주 사용된답니다. 영어의 'I think ~'와 거의 같아요.

우어 쥐에더 타아 쯔언 피아오량
我 觉得 她 真 漂亮。   나는 그녀가 정말 예쁘다고 **생각해**.
Wǒ juéde tā zhēn piàoliang.
나는 ~라고 생각하다 그녀가 정말 예쁘다

우어 쥐에더 우어 찌아르언 떠우 흐언 카이씨인
我 觉得 我 家人 都 很 开心。 내 **생각엔** 우리 가족 모두 즐거워하는 **것 같아**.
Wǒ juéde wǒ jiārén dōu hěn kāixīn.
나는 ~라고 생각하다 우리 가족은 모두 (매우) 즐겁다

우어 쥐에더 타아 아이 니이
我 觉得 他 爱 你。   그가 너를 사랑하는 **것 같아**.
Wǒ juéde tā ài nǐ.
나는 ~라고 생각하다 그가 사랑한다 너를

단어 漂亮 piàoliang 〔형〕예쁘다   家人 jiārén 〔명〕가족   开心 kāixīn 〔형〕즐겁다

STEP 3
확장표현으로 중국어 자동발사

🎧 Day17_확장표현.mp3

직장인들이 자주 쓰는 **회사 관련 표현**을 조동사 **要/不想/不用/不要**(~할 거야/~하고 싶지 않아/~할 필요 없어/~하면 안 돼)와 함께 익혀보아요.

회사 표현(1)과 조동사

要 / 不想 /
yào / bù xiǎng /
~할 거야 / ~하고 싶지 않아 /

不用 / 不要
bú yòng / bú yào
~할 필요 없어 / ~하면 안 돼

꼬옹쭈어
工作
gōngzuò
일하다

1 我要工作。 나는 일할 거야.
　Wǒ yào gōngzuò.

2 我不想工作。 나는 일하고 싶지 않아.
　Wǒ bù xiǎng gōngzuò.

3 你不用工作。 너는 일할 필요 없어.
　Nǐ bú yòng gōngzuò.

씨아빠안
下班
xiàbān
퇴근하다

1 我要下班。 나는 퇴근할 거야.
　Wǒ yào xiàbān.

2 我不想下班。 나는 퇴근하고 싶지 않아.
　Wǒ bù xiǎng xiàbān.

3 你不要下班。 너는 퇴근하면 안 돼.
　Nǐ bú yào xiàbān.

쌍빠안
上班
shàngbān
출근하다

1 我要上班。 나는 출근할 거야.
　Wǒ yào shàngbān.

2 我不想上班。 나는 출근하고 싶지 않아.
　Wǒ bù xiǎng shàngbān.

3 你不用上班。 너는 출근할 필요 없어.
　Nǐ bú yòng shàngbān.

츠따오
迟到
chídào
지각하다

1 我不想迟到。 나는 지각하고 싶지 않아.
　Wǒ bù xiǎng chídào.

2 你不要迟到。 너는 지각하면 안 돼.
　Nǐ bú yào chídào.

찌아빠안
加班
jiābān
야근하다

1 我要加班。 나는 야근할 거야.
　Wǒ yào jiābān.

2 我不想加班。 나는 야근하고 싶지 않아.
　Wǒ bù xiǎng jiābān.

3 你不用加班。 너는 야근할 필요 없어.
　Nǐ bú yòng jiābān.

직장인들이 자주 쓰는 회사 관련 표현을 我打算~/我觉得~(나는 ~할 계획이야/~라고 생각해)와 함께 익혀보아요.

회사 표현(2)과
我打算~ /
Wǒ dǎsuan ~ /
나는 ~할 계획이야 /

我觉得~
Wǒ juéde ~
(나는) ~라고 생각해
~인 것 같아

치잉찌아
请假
qǐngjià
휴가를 신청하다

1 我打算请假。 나는 휴가를 신청할 계획이야.
　Wǒ dǎsuan qǐngjià.

2 我觉得你不用请假。 내 생각엔 너는 휴가를 신청할 필요 없어.
　Wǒ juéde nǐ bú yòng qǐngjià.

카이 후에이(이이)
开会(议)
kāi huì(yì)
회의를 하다

1 我打算开会(议)。 나는 회의를 할 계획이야.
　Wǒ dǎsuan kāi huì(yì).

2 我觉得你不用开会(议)。 나는 네가 회의를 할 필요 없다고 생각해.
　Wǒ juéde nǐ bú yòng kāi huì(yì).

* '开会议', '开会'는 둘 다 쓸 수 있는 표현이지만, 중국인들은 '开会'를 더 많이 써요.

빠오까오
报告
bàogào
보고하다, 보고, 보고서

1 我打算报告。 나는 보고할 계획이야.
　Wǒ dǎsuan bàogào.

2 我觉得你不用报告。 나는 네가 보고할 필요 없다고 생각해.
　Wǒ juéde nǐ bú yòng bàogào.

츄우챠아이
出差
chūchāi
출장을 가다

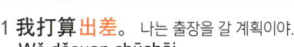

1 我打算出差。 나는 출장을 갈 계획이야.
　Wǒ dǎsuan chūchāi.

2 我觉得你不用出差。
　Wǒ juéde nǐ bú yòng chūchāi.
　네가 출장을 갈 필요는 없는 것 같아.

츠으즈
辞职
cízhí
직장을 그만두다

1 我打算辞职。 나는 직장을 그만둘 계획이야.
　Wǒ dǎsuan cízhí.

2 我觉得你不用辞职。 내 생각엔 너는 직장을 그만둘 필요 없어.
　Wǒ juéde nǐ bú yòng cízhí.

DAY 17 야근해야 할 것 같아요. 我觉得我要加班。

연습문제로 실력다지기 🎧 Day17_연습문제.mp3

🎧 연습문제 바로 듣기

1 알맞은 단어 고르기

음원을 듣고 일치하는 단어를 고르세요.

1) ⓐ 准备   ⓑ 取消   ⓒ 觉得
2) ⓐ 请假   ⓑ 辞职   ⓒ 出差
3) ⓐ 工作   ⓑ 上班   ⓒ 下班

2 문장 듣고 병음/뜻 쓰기

다음 문장을 듣고 병음과 뜻을 써보세요.

1) **문장** 你打算几点下班?

   병음 _____

   뜻 _____

2) **문장** 不知道。

   병음 _____

   뜻 _____

3 문장 듣고 일치/불일치 판단하기 (HSK 3, 4급 듣기 대비 유형)

들려주는 문장의 내용과 제시된 문장의 내용이 일치하면 ✓, 불일치하면 ✗를 체크하세요.

1) 我不想上班。   (   )
   Wǒ bù xiǎng shàngbān.

2) 我要去学校。   (   )
   Wǒ yào qù xuéxiào.

정답 p.298

4 문장에 주요 단어 채우기 (HSK 3, 4급 독해 대비 유형)

아래 주어진 단어 중에서 괄호 안에 알맞은 단어를 골라 문장을 완성해보세요.

| 请假 qǐngjià | 觉得 juéde | 果汁 guǒzhī |

1) 我打算(　　　　)。　　　　나는 휴가를 신청할 계획이야.
   Wǒ dǎsuan (　　　　).

2) 我(　　　　)他爱你。　　　그가 너를 사랑하는 것 같아.
   Wǒ (　　　　) tā ài nǐ.

5 대화 완성하기 (HSK 3급 독해 대비 유형)

빈칸에 알맞은 문장을 채워 대화를 완성해보세요.

| 我要西瓜。 Wǒ yào xīguā. | 我要准备会议。 Wǒ yào zhǔnbèi huìyì. | 你不用去学校。 Nǐ bú yòng qù xuéxiào. |

1) A: 你要什么?　　　　　　　　　당신은 무엇을 원하세요?
      Nǐ yào shénme?

   B: _____　　전 수박을 원해요.

2) A: _____　　저는 회의를 준비해야 해요.

   B: 我觉得你不用准备，会议已经取消了。　준비할 필요 없을 것 같아요, 회의는 이미 취소되었어요.
      Wǒ juéde nǐ bú yòng zhǔnbèi, huìyì yǐjing qǔxiāo le.

6 문장 완성하기 (HSK 3, 4급 쓰기 대비 유형)

제시된 단어를 중국어 어순에 맞게 배열하여 문장을 완성해보세요.

1) 事　　很多　　你　　还有　　吗
   shì　　hěn duō　　nǐ　　hái yǒu　　ma

   _____?　　할 일이 아직 많이 있어요?

2) 觉得　　她真　　我　　漂亮
   juéde　　tā zhēn　　wǒ　　piàoliang

   _____。　　나는 그녀가 정말 예쁘다고 생각해.

정답 p.298

간체자 쓰기

제시된 HSK 단어 및 주요 핵심 단어의 간체자와 병음을 또박또박 써보세요.

HSK 1급

点
diǎn
点点点点点点点点点
양 시(時)

HSK 2급

要
yào
要要要要要要要要
조동 ~하려 한다, ~해야 한다

HSK 3급

打算
dǎ suan
打打打打打
算算算算算算算算算算算算算
동 ~할 계획이다

HSK 2급

觉得
jué de
觉觉觉觉觉觉觉觉觉
得得得得得得得得得得得
동 ~라고 생각하다

HSK 2급

知道
zhī dào
知知知知知知知知
道道道道道道道道道道道道
동 알다, 이해하다

HSK 2급

已经
yǐ jing

已ㄱ已
经经经经经经经经

 이미, 벌써

HSK 3급

会议
huì yì

会会会会会会
议议议议议

 회의

HSK 2급

上班
shàng bān

上上上
班班班班班班班班班班

 출근하다

HSK 4급

加班
jiā bān

加加加加加
班班班班班班班班班班

 야근하다

HSK 1급

工作
gōng zuò

工工工
作作作作作作作

 일하다

DAY 17 야근해야 할 것 같아요. 我觉得我要加班。 247

루루와 떠나는 중국 문화 여행

중국 회식은 몇 차에서 끝날까요?

한국은 회식을 하면 보통 1차에 이어서 2차, 3차도 가는데 중국도 그럴까요?

일단 한국과 마찬가지로 중국 사람들의 회식에서도 술이 정말 중요해요. 중국 사람들은 술을 차(茶)와 같이 중요한 음료로 생각하는데, ==특히 회식처럼 여러 사람이 함께 식사할 때에는 술이 절대 빠지지 않는답니다.==

> 중국은 2차, 3차 없이
> 1차에서 식사를 끝내는 편이에요.

중국 여행 중 중국 사람들과 술을 마실 기회가 흔하지는 않을 거예요. 그렇지만 중국 여행 중 친구나 가족들과 중국의 酒吧(jiǔbā, 술집)에 가게 될 때 중국의 술 문화를 알려주고 함께 따라 해보면 재미있는 경험이 되지 않을까요?

하지만 한국과 달리 중국은 2차, 3차 없이 1차에서 식사를 끝내는 편이에요. 대신, ==음식을 먹을 때 술을 곁들여서 3시간 정도 길게 식사를 하죠.== 물론 회식이 아니라 친한 사람들끼리 모여서 술을 마시는 것이라면 2차, 3차까지도 간답니다.

중국에서는 술을 마시는 법도 한국과 조금 달라요. 우선, ==‘첨잔’(술이 들어있는 잔에 술을 더 채우는 것)이 가능해요.== 잔에 술이 가득한 것이 예의이기 때문이에요. 그리고 연장자 앞이더라도 고개를 돌려 술을 마시지 않아요. 또한 중국 사람들과 ==술을 마실 때에는 상대방과 눈을 마주치면서 술잔을 동시에 입에 댔다가 떼야 해요.== 술잔은 같이 사용하지 않는다는 것도 알아두세요.

🎧 바로 쓰는 왕초보 여행 중국어

식당에서 맥주를 주문할 때

1. 맥주! 맥주! (맥주 주세요)
   피이지어우! 피이지어우!
   啤酒！啤酒！
   Píjiǔ!   Píjiǔ!

2. 맥주 한 병 주세요.
   게이 우어 이이 피잉 피이지어우
   给我一瓶啤酒。
   Gěi wǒ yì píng píjiǔ.

3. 한 병 더 주세요.
   짜이 라이 이이 피잉
   再来一瓶。
   Zài lái yì píng.

4. 건배! 건배!
   까안뻬이   까안뻬이
   干杯！干杯！
   Gānbēi!   Gānbēi!

🎧 바로 듣고 따라하기

DAY 18

운전할 줄 알아요 몰라요?

你会不会开车?
Nǐ huì bu huì kāichē?

조동사 能, 可以, 会로 '할 수 있다', '할 수 없다'와 관련된 상황을 말하는 방법을 배우고, 세계의 언어 및 여러 스포츠 관련 표현을 익혀보아요.

🎧 왕초보 단어 미리보기

- **现在** xiànzài 〔명〕 지금, 현재
- **史蒂夫** Shǐdìfū 스티브(Steve)
- **滑雪** huáxuě 〔동〕 스키를 타다
- **能** néng 〔조동〕 (상황이) 가능하다
- **会** huì 〔조동〕 ~할 줄 알다, ~할 수 있다
- **开车** kāichē 〔동〕 운전하다
- **那** nà 〔접〕 그러면, 그렇다면
- **可以** kěyǐ 〔조동〕 ~해도 된다, ~할 수 있다
- **英语** Yīngyǔ 〔고유〕 영어
- **钥匙** yàoshi 〔명〕 열쇠

STEP 1
실전회화로 말문트기

🎧 Day18_실전회화_듣기/따라읽기.mp3 🎧 Day18_실전회화_드라마.mp3

듣기 mp3로 먼저 들어본 후 따라읽기 mp3로 따라서 말해보세요.

> ㊀은 이를 앙 물고 혀를 둥근 국자처럼 만 상태에서 공기를 내보내며 발음해요.
> ㊁는 영어의 f처럼 윗니로 아랫입술을 살짝 물었다 떼면서 발음해요.

장 과장

메이라이   우어 씨엔짜이 이아오 끄언 ㊀띠이㊁우 후아쉐
美来, 我现在要跟史蒂夫滑雪,
Měilái, wǒ xiànzài yào gēn Shǐdīfū huáxuě,
미래 씨, 나 지금 스티브랑 스키 탈 건데,

니이 이에 느엉 이이치이 취이 마
你也能一起去吗?
nǐ yě néng yìqǐ qù ma?
미래 씨도 같이 갈 수 있나요?

能은 상황이 가능하다는 것을 나타내는 조동사예요. 따라서 **你也能一起去吗?**는 같이 갈 수 있는 상황인지를 묻는 말이에요.

하오   우어 느엉 취이
好, 我能去。 네, 갈 수 있어요.
Hǎo, wǒ néng qù.

미래 씨

장 과장

니이 후에이 부 후에이 카이㊀어
你会不会开车? 운전할 줄 알아요 몰라요?
Nǐ huì bu huì kāichē?

会는 할 줄 아는 능력을 나타내는 조동사예요. **会开车**는 '운전을 할 줄 알다'라는 뜻이에요.

可以는 해도 된다는 허가를 나타내는 조동사예요. **可以吗?(해도 되나요?)** 도 회화에서 자주 쓰이는 표현이므로 꼭 알아두세요.

후에이   나아 우어 카이   크어이이 마
会, 那我开, 可以吗?
Huì, nà wǒ kāi, kěyǐ ma?
할 줄 알아요. 그럼 제가 운전하겠습니다, 해도 되나요?

미래 씨

장 과장

크어이이   니이 후에이 ㊀우어 이잉위이 바
可以。你会说英语吧?
Kěyǐ. Nǐ huì shuō Yīngyǔ ba?
해도 돼요. 영어 할 줄 알죠?

可以吗?(해도 되나요?)라는 질문에 **可以**로 답하면 해도 된다는 뜻이에요.

우어 후에이   치잉 게이 우어 ㊀어 이아오㊀
我会, 请给我车钥匙。
Wǒ huì, qǐng gěi wǒ chē yàoshi.
할 줄 압니다. 저에게 차 열쇠를 주세요.

미래 씨

* <중국어 말문트기 워크북>으로 말하기를 집중 훈련하면 실전회화가 저절로 자동발사돼요.

STEP 2
기초어법으로 내공쌓기
🎧 Day18_기초어법.mp3

1 상황이 가능하거나 타고난 능력은, 조동사 能(néng, ~할 수 있다)

장 과장

你也能一起去吗?
Nǐ yě néng yìqǐ qù ma?
당신(미래 씨)도 같이 갈 수 있나요?

조동사 能(néng)은 '~할 수 있다'라는 뜻으로, 동사 술어 앞에 나와서 상황이 가능한지의 여부를 표현하거나, 본래 가지고 있는 능력 또는 기능을 나타내고자 할 때 사용해요. 장 과장의 말에서 能은 상대(미래 씨)가 스키 타러 같이 갈 수 있는 상황인지를 묻기 위해 사용되었어요.

가능
你 现在 能 下班 吗?
Nǐ xiànzài néng xiàbān ma?
너는 지금 할 수 있다 퇴근하다 ~니?

너 지금 퇴근할 수 있어?

능력
我 能 吃 香菜。
Wǒ néng chī xiāngcài.
나는 할 수 있다 먹다 고수를

나는 고수를 먹을 수 있어.

● 조동사 能의 부정형은 不能(bù néng, ~할 수 없다)으로, 상황적으로 불가능함을 주로 나타내요. 그리고 정반의문문은 能不能~?(néng bu néng, ~할 수 있니 없니?)으로 사용한답니다.

부정문
我 不能 喝 酒。
Wǒ bù néng hē jiǔ.
나는 할 수 없다 마시다 술을

나는 술을 마실 수 없어.
(→ 술을 마실 수 없는 상황이라는 의미)

정반의문문
你 能不能 喝 酒?
Nǐ néng bu néng hē jiǔ?
너는 할 수 있니 없니? 마시다 술을

너 술 마실 수 있니 없니?
(→ 술을 마셔도 되는 상황인지를 확인하는 의도)

단어 下班 xiàbān 图 퇴근하다   香菜 xiāngcài 圆 고수

2 해도 되면, 조동사 可以 (kěyǐ, ~해도 된다, ~할 수 있다)

미래 씨

나아 우어 카이   크어이이 마
那我开, 可以吗?   그럼 제가 운전하겠습니다, 해도 되나요?
Nà wǒ kāi, kěyǐ ma?

조동사 可以(kěyǐ)는 '~해도 된다'라는 뜻으로, 동사 술어 앞에서 허가를 나타내기 위해 사용해요. 미래 씨가 한 말 可以吗? 가 허가를 구하고 있어요.

허가

니이 이에 크어이이 쓔우어
你也 可以 说。   너도 말해도 돼.
Nǐ yě kěyǐ shuō.
너 도 해도 된다 말을

● 허가를 나타내는 可以의 부정형은 不能(bù néng, 할 수 없다)이에요. 不可以로 쓰면 '절대 안 된다'라는 강한 금지의 의미를 드러내므로 구별해서 사용해야 해요.

불허 不能

니이 이에 뿌우 느엉 쓔우어
你也 不能 说。   너도 말할 수 없어.
Nǐ yě bù néng shuō.
너 도 할 수 없다 말하다

강한 금지 不可以

니이 뿌우 크어이이 쓔우어
你 不可以 说。   너는 말을 해서는 안 돼. (→ 강한 금지)
Nǐ bù kěyǐ shuō.
너는 해서는 안 되다 말하다

단어 也 yě 囝 ~도

기초어법으로 내공쌓기

3 배우고 익혀 할 수 있게 되었다면, 조동사 会 (huì, ~할 줄 알다, ~할 수 있다)

미래 씨

우어 후에이
我 会。 할 줄 압니다.
Wǒ huì.

조동사 会(huì)는 '~할 줄 알다, ~할 수 있다'라는 뜻으로, 동사 술어 앞에 나와서 노력으로 배우고 익힌 결과 얻어낸 능력을 나타내기 위해 사용해요. 미래 씨가 我会(할 줄 압니다)라고 한 말도 영어를 배우고 익혀서 할 수 있는 상태가 되었음을 나타내고 있어요.

긍정문
우어 후에이 쓩우어 하안위이
我   会   说汉语。
Wǒ huì   shuō Hànyǔ.
나는 할 줄 알다 말하다 중국어로

나는 중국어로 말할 줄 알아요.
(→ 중국어를 배우고 익혀서 말할 수 있는 능력을 갖게 됨)

의문문
니이 후에이 카이츠어 마
你   会   开车   吗?
Nǐ   huì   kāichē   ma?
당신은 할 줄 알다 운전하다 ~(인)가요?

당신 운전할 줄 알아요?

● 会의 부정형은 不会(bú huì, 할 줄 모르다)이며, 배우고 익힌 적이 없기 때문에 할 줄 모른다는 의미를 나타냅니다. 그리고 정반의문문은 会不会?(할 줄 아니 모르니?)의 형태를 쓰면 돼요.

부정문
우어 부우 후에이 티아오우우
我   不会   跳舞。
Wǒ bú huì   tiàowǔ.
나는 할 줄 모르다 춤추다

나는 춤출 줄 몰라. (→ 춤을 배우고 익힌 적이 없어 춤을 출 줄 모른다는 의미예요.)

정반의문문
니이 후에이 부 후에이 티아오우우
你   会不会   跳舞?
Nǐ   huì bu huì   tiàowǔ?
너는 할 줄 아니 모르니? 춤추다

너는 춤출 줄 아니 모르니?

단어 汉语 Hànyǔ 고유 중국어, 한어 跳舞 tiàowǔ 동 춤을 추다

● 不会(bú huì)는 '할 줄 모르다'라는 뜻이고 不能(bù néng)은 '할 줄 알지만, 어떤 상황이나 조건 때문에 할 수 없다'라는 뜻임을 구별해서 알아두세요.

	우어	부우 후에이	이어우이옹	
할 줄 모르다 不会	我 Wǒ 나는	不会 bú huì 할 수 없다	游泳。 yóuyǒng. 수영을	나는 수영할 수 없다. (→ 나는 수영을 할 줄 모른다.)

	우어	뿌우 느엉	이어우이옹	
상황 때문에 할 수 없다 不能	我 Wǒ 나는	不能 bù néng 할 수 없다	游泳。 yóuyǒng. 수영을	나는 수영할 수 없다. (→ 나는 수영을 할 수 있는데, 어떤 상황 때문에 수영하는 것이 불가하다.)

단어 　游泳 yóuyǒng 동 수영을 하다

STEP 3
확장표현으로 중국어 자동발사

🎧 Day18_확장표현.mp3

조동사 会(huì, ~할 줄 알다)를 언어 표현과 함께 익혀보아요.

조동사 会와
huì
~할 줄 알다
언어 표현

하안위이
汉语
Hànyǔ
중국어

1 你会说汉语吗? 너는 중국어로 말할 줄 아니?
Nǐ huì shuō Hànyǔ ma?

2 你会不会说汉语? 너는 중국어로 말할 줄 아니 모르니?
Nǐ huì bu huì shuō Hànyǔ?

3 我会说汉语。 나는 중국어로 말할 줄 알아.
Wǒ huì shuō Hànyǔ.

4 我不会说汉语。 나는 중국어로 말할 줄 몰라.
Wǒ bú huì shuō Hànyǔ.

이잉위이
英语
Yīngyǔ
영어

1 你会说英语吗? 너는 영어로 말할 줄 아니?
Nǐ huì shuō Yīngyǔ ma?

2 你会不会说英语? 너는 영어로 말할 줄 아니 모르니?
Nǐ huì bu huì shuō Yīngyǔ?

3 我会说英语。 나는 영어로 말할 줄 알아.
Wǒ huì shuō Yīngyǔ.

4 我不会说英语。 나는 영어로 말할 줄 몰라.
Wǒ bú huì shuō Yīngyǔ.

씨이빠안이아위이
西班牙语
Xībānyáyǔ
스페인어

1 你会说西班牙语吗? 너는 스페인어로 말할 줄 아니?
Nǐ huì shuō Xībānyáyǔ ma?

2 你会不会说西班牙语? 너는 스페인어로 말할 줄 아니 모르니?
Nǐ huì bu huì shuō Xībānyáyǔ?

3 我会说西班牙语。 나는 스페인어로 말할 줄 알아.
Wǒ huì shuō Xībānyáyǔ.

4 我不会说西班牙语。 나는 스페인어로 말할 줄 몰라.
Wǒ bú huì shuō Xībānyáyǔ.

르위이
日语
Rìyǔ
일어

1 你会说日语吗? 너는 일어로 말할 줄 아니?
Nǐ huì shuō Rìyǔ ma?

2 你会不会说日语? 너는 일어로 말할 줄 아니 모르니?
Nǐ huì bu huì shuō Rìyǔ?

3 我会说日语。 나는 일어로 말할 줄 알아.
Wǒ huì shuō Rìyǔ.

4 我不会说日语。 나는 일어로 말할 줄 몰라.
Wǒ bú huì shuō Rìyǔ.

---

fa아위이
法语
Fǎyǔ
프랑스어

1 你会说法语吗? 너는 프랑스어로 말할 줄 아니?
Nǐ huì shuō Fǎyǔ ma?

2 你会不会说法语? 너는 프랑스어로 말할 줄 아니 모르니?
Nǐ huì bu huì shuō Fǎyǔ?

3 我会说法语。 나는 프랑스어로 말할 줄 알아.
Wǒ huì shuō Fǎyǔ.

4 我不会说法语。 나는 프랑스어로 말할 줄 몰라.
Wǒ bú huì shuō Fǎyǔ.

다양한 **스포츠** 표현을 조동사 **能**(néng, ~할 수 있다)을 사용한 대화로 익혀보아요.(빈칸에 아래 단어를 하나씩 넣어서 읽어보세요.)

体育
tǐyù

스포츠

니이 느엉 이이치이　　　　마
A: 你能一起＿＿＿吗? 너 같이 ＿＿ 수 있니?
　　Nǐ néng yìqǐ ＿＿＿ ma?

우어 느엉　　　　　우어 뿌우 느엉
B: 我能＿＿＿。 / 我不能＿＿＿。 난 ＿＿ 수 있어. / 난 ＿＿ 수 없어.
　　Wǒ néng ＿＿＿. / Wǒ bù néng ＿＿＿.

티이 주우치어우
踢足球
tī zúqiú
축구를 하다

다아 빠앙치어우
打棒球
dǎ bàngqiú
야구를 하다

다아 라안치어우
打篮球
dǎ lánqiú
농구를 하다

다아 우앙치어우
打网球
dǎ wǎngqiú
테니스를 치다

다아 피잉파앙치어우
打乒乓球
dǎ pīngpāngqiú
탁구를 치다

다아 위마오치어우
打羽毛球
dǎ yǔmáoqiú
배드민턴을 치다

다아 바오리잉치어우
打保龄球
dǎ bǎolíngqiú
볼링을 치다

다아 까오으얼푸우치어우
打高尔夫球
dǎ gāo'ěrfūqiú
골프를 치다

후아쉬에
滑雪
huáxuě
스키를 타다

DAY 18 운전할 줄 알아요 몰라요? 你会不会开车? 257

연습문제로 실력다지기 🎧 Day18_연습문제.mp3

🎧 연습문제 바로 듣기

1 알맞은 단어 고르기

음원을 듣고 일치하는 단어를 고르세요.

1) ⓐ 会   ⓑ 那   ⓒ 能
2) ⓐ 法语   ⓑ 日语   ⓒ 英语
3) ⓐ 网球   ⓑ 棒球   ⓒ 篮球

2 문장 듣고 병음/뜻 쓰기

다음 문장을 듣고 병음과 뜻을 써보세요.

1) **문장** 我能去。

   병음 _____

   뜻 _____

2) **문장** 那我开，可以吗?

   병음 _____

   뜻 _____

3 문장 듣고 일치/불일치 판단하기 (HSK 3, 4급 듣기 대비 유형)

들려주는 문장의 내용과 제시된 문장의 내용이 일치하면 ✓, 불일치하면 ✗를 체크하세요.

1) 我打算打高尔夫球。　　　　(　　)
   Wǒ dǎsuan dǎ gāo'ěrfūqiú.

2) 我不会踢足球。　　　　(　　)
   Wǒ bú huì tī zúqiú.

정답 p.298

4 문장에 주요 단어 채우기 (HSK 3, 4급 독해 대비 유형)

아래 주어진 단어 중에서 괄호 안에 알맞은 단어를 골라 문장을 완성해보세요.

滑雪	钥匙	法语
huáxuě	yàoshi	Fǎyǔ

1) 你会不会说(　　)?　　　너는 프랑스어로 말할 줄 아니 모르니?
   Nǐ huì bu huì shuō (　　)?

2) 请给我(　　)。　　　저에게 열쇠를 주세요.
   Qǐng gěi wǒ (　　).

5 대화 완성하기 (HSK 3급 독해 대비 유형)

빈칸에 알맞은 문장을 채워 대화를 완성해보세요.

我会开车。	我不能喝酒。	你不可以说。
Wǒ huì kāichē.	Wǒ bù néng hē jiǔ.	Nǐ bù kěyǐ shuō.

1) A: 你会开车吗?　　　　당신 운전할 줄 알아요?
   Nǐ huì kāichē ma?

   B: _____　　저는 운전할 줄 알아요.

2) A: 你能不能喝酒?　　　너 술 마실 수 있니 없니?
   Nǐ néng bu néng hē jiǔ?

   B: _____　　나는 술을 마실 수 없어.

6 문장 완성하기 (HSK 3, 4급 쓰기 대비 유형)

제시된 단어를 중국어 어순에 맞게 배열하여 문장을 완성해보세요.

1) 能　打棒球　你　吗　一起
   néng　dǎ bàngqiú　nǐ　ma　yìqǐ

   _____?　　너 같이 야구할 수 있니?

2) 不　我　会　日语　说
   bú　wǒ　huì　Rìyǔ　shuō

   _____。　　나는 일어로 말할 줄 몰라.

정답 p.298

간체자 쓰기

제시된 HSK 단어 및 주요 핵심 단어의 간체자와 병음을 또박또박 써보세요.

HSK 1급

会 huì
会会会会会会
[조동] ~할 줄 알다, ~할 수 있다

HSK 1급

能 néng
能能能能能能能能能能
[조동] (상황이) 가능하다

HSK 2급

可以 kě yǐ
可可可可可
以以以以
[조동] ~해도 된다, ~할 수 있다

HSK 1급

现在 xiàn zài
现现现现现现现
在在在在在在
[명] 지금, 현재

HSK 1급

汉语 Hàn yǔ
汉汉汉汉汉
语语语语语语语语语
[고유] 중국어

开车
kāi chē

开开开开
车车车车

⑧ 운전하다

HSK 4급

钥匙
yào shi

钥钥钥钥钥钥钥钥
匙匙匙匙匙匙匙匙匙

⑲ 열쇠

滑雪
huá xuě

滑滑滑滑滑滑滑滑滑滑滑滑
雪雪雪雪雪雪雪雪雪雪雪

⑧ 스키를 타다

HSK 2급

踢足球
tī zú qiú

踢踢踢踢踢踢踢踢踢踢踢踢
足足足足足足足
球球球球球球球球球

축구를 하다

HSK 2급

打篮球
dǎ lán qiú

打打打打打
篮篮篮篮篮篮篮篮篮篮篮
球球球球球球球球球

농구를 하다

DAY 18 운전할 줄 알아요 몰라요? 你会不会开车?

루루와 떠나는 중국 문화 여행

스타벅스 간판을 못 읽어요!!!

중국의 베이징, 상하이에 가면 한국처럼 스타벅스를 많이 볼 수 있는데, 간판이 아래 사진처럼 한자로 되어 있어요. 어떻게 읽을까요?

바로 '씽바크어'(星巴克, Xīngbākè)라고 읽어요. 스타벅스의 스타는 별이라는 뜻을 가진 星(xīng)으로, 벅스는 발음이 비슷한 巴克(bākè)로 쓰고 읽는답니다. 이처럼 외래어를 중국어로 표기할 때는 뜻이 비슷하거나 발음이 비슷한 한자로 표기해요.

외래어를 중국어로 표기할 때 아무 한자나 쓰는 것 같지만 사실 그렇지 않아요. **중국어는 모든 한자에 뜻이 있기 때문에 어떤 한자를 쓰는가에 따라 그 의미가 달라지거든요.** 물론 의미를 부여하기 어려운 경우에는 비슷한 발음의 한자를 선택하기도 하지만요.

> 외래어를 중국어로 표기할 때는
> 뜻이 비슷하거나
> 발음이 비슷한 한자로 표기해요.

코카콜라와 펩시콜라를 살펴볼까요? **코카콜라는 '입이 즐겁다'라는 뜻의 可口可乐(Kěkǒukělè)**, 펩시콜라는 '백 가지 일이 모두 즐겁다'라는 뜻의 **百事可乐(Bǎishìkělè)**라고 해요. 다음 사진에 보이는 KFC는 '켄터키'와 가장 비슷한 발음의 한자 **肯德基(Kěndéjī)**를 써서 표기했고, 크언더찌라고 읽어요.

지금까지 알려드린 외래어의 중국어 표기를 보시면 알겠지만, **어떤 한자를 쓰는가에 따라 그 브랜드의 이미지가 정해지기도 해요.** 그래서 **중국에 들어온 글로벌 기업들 중에는 중국어 브랜드명 때문에 성공하는 기업도, 실패하는 기업도 있어요.**

🎧 바로 쓰는 왕초보 여행 중국어

중국인이 하는 말을 못 알아 들을 때

1. 못 알아 듣겠어요. (무슨 말인지 이해 못해요)
   티잉 부 도옹
   听不懂。
   Tīng bu dǒng.

2. (나는) 중국인이 아니에요.
   (우어) 부우 쯩 쫑구어 르언
   (我)不是中国人。
   (Wǒ) bú shì Zhōngguó rén.

3. (나는) 한국인이에요.
   (우어) 쯩 하안구어 르언
   (我)是韩国人。
   (Wǒ) shì Hánguó rén.

🎧 바로 듣고 따라하기

DAY 19

사장님 어디 계세요?

总经理在哪儿?
Zǒngjīnglǐ zài nǎr?

바로 듣고 따라하기

의문대명사 哪儿(어디)을 사용해서 장소를 물어볼 수 있어요! 다양한 장소 표현도 함께 익혀보아요!

🎧 왕초보 단어 미리보기

总经理 zǒngjīnglǐ 명 사장님

在 zài 동 ~에 있다 전 ~에서

哪儿 nǎr 대 어디

办公室 bàngōngshì 명 사무실

附近 fùjìn 명 근처

餐厅 cāntīng 명 식당

给 gěi 동 ~에게 ~을 주다

份 fèn 양 부(신문, 잡지, 문건 등을 세는 단위)

文件 wénjiàn 명 문서

袋 dài 명 봉투

没问题 méi wèntí 동 (부탁·질문에 대해) 그러죠

STEP 1
실전회화로 말문트기

🎧Day19_실전회화_듣기/따라읽기.mp3   🎧Day19_실전회화_드라마.mp3

듣기 mp3로 먼저 들어본 후 따라읽기 mp3로 따라서 말해보세요.

동희 씨

치잉우언   조옹찌잉리이 짜이 나알   타아 짜이 빠안꼬옹쓰 마
请问, 总经理在哪儿? 他在办公室吗?
Qǐngwèn, zǒngjīnglǐ zài nǎr?   Tā zài bàngōngshì ma?
뭐 좀 물을게요, 사장님 어디 계세요? 그는 사무실에 계신가요?

→ ㉠은 이를 앙 물고 혀를 둥근 국자처럼 만 상태에서 공기를 내보내며 발음해요.

在가 '~에 있다'라는 뜻의 동사로 쓰였어요.

미래 씨

타아 부우 짜이   타아 짜이 ㉡우찌인 더 차안티잉
他不在, 他在附近的餐厅。
Tā bú zài,   tā zài fùjìn de cāntīng.
그는 안 계세요, 근처 식당에 계세요.

니이 이어우 ㉠언머 쓰
你有什么事?   무슨 일이세요?
Nǐ yǒu shénme shì?

→ ㉡는 영어의 f처럼 윗니로 아랫입술을 살짝 물었다 떼면서 발음해요.

동희 씨

우어 이아오 게이 타아 이이 ㉡언 우언찌엔
我要给他一份文件。
Wǒ yào gěi tā   yí fèn wénjiàn.
사장님께 서류 한 부를 드려야 하거든요.

동사 给(~에게 ~을 주다)는 목적어를 두 개 취하므로 给 + 他(그에게) + 一份文件(서류 한 부를)의 형태로 쓰였어요.

미래 씨

타아 흐어 크어르언 짜이 나알 카이후에이
他和客人在那儿开会。
Tā hé kèrén zài nàr   kāihuì.
사장님은 손님과 거기서 회의하시는데요.

동희 씨

나아 치잉 게이 타아 ㉠어 거 우언찌엔 따이
那请给他这个文件袋。
Nà qǐng gěi tā zhè ge wénjiàn dài.
그럼 사장님께 이 서류 봉투를 전달해 주세요.

没问题!는 영어의 No problem!과 똑같은 뜻이에요.

메이 우언티이
没问题!   그러죠!
Méi wèntí!

미래 씨

* <중국어 말문트기 워크북>으로 말하기를 집중 훈련하면 실전회화가 저절로 자동발사돼요.

STEP 2
기초어법으로 내공쌓기   🎧 Day19_기초어법.mp3

1 장소가 어디인지 궁금할 땐, 의문대명사 哪儿(nǎr, 어디)

동희 씨

> 조옹찌잉리이 짜이 나알
> **总经理在哪儿?**
> Zǒngjīnglǐ zài nǎr?   사장님 **어디** 계세요?

哪儿(nǎr)은 '어디'라는 뜻의 의문대명사로 장소가 궁금할 때 사용해요. 哪儿(어디)은 의문대명사 哪(어느)에 장소를 나타내는 접미사 儿이 붙어 장소를 묻는 의문대명사가 되었어요. 동희 씨가 한 말에서 在哪儿?라고 하면 '어디에 있어?'라고 묻는 질문이 됩니다. 哪儿(어디)은 의문대명사이므로 어기조사 吗(ma, ~니?) 없이 의문문을 만들 수 있어요.

니이 쭈우 나알
A: **你 住 哪儿?**   너는 **어디** 사니?
   Nǐ zhù nǎr?
   너는 살다 어디

우어 쭈우 스어우으얼
B: **我 住 首尔.**   나는 **서울** 살아.
   Wǒ zhù Shǒu'ěr.
   나는 살다 서울

빠아바 취이 나알
A: **爸爸 去 哪儿?**   아빠 **어디** 가?
   Bàba qù nǎr?
   아빠는 가다 어디

우어 취이 꼬옹쓰으
B: **我 去 公司.**   나 **회사** 가.
   Wǒ qù gōngsī.
   나는 가다 회사

➕ 플러스 포인트

장소를 나타내는 접미사 儿을 아래와 같이 这(zhè, 이, 이것), 那(nà, 그, 저, 저것), 哪(nǎ, 어느)에 붙이면 각각 장소를 나타내는 표현으로 바뀌어요.

这 이, 이것 zhè	那 그, 저, 저것 nà	哪 어느 nǎ
这儿 여기, 이곳 zhèr	那儿 저기, 저곳 nàr	哪儿 어디 nǎr

삐엔리이띠엔 짜이 나알
A: **便利店 在 哪儿?**   편의점은 **어디**에 있어요?
   Biànlìdiàn zài nǎr?
   편의점은 ~에 있다 어디

삐엔리이띠엔 짜이 나알
B: **便利店 在 那儿.**   편의점은 **저기**에 있어요.
   Biànlìdiàn zài nàr.
   편의점은 ~에 있다 저기

단어 住 zhù 동 거주하다, 살다, 숙박하다   首尔 Shǒu'ěr 고유 서울   公司 gōngsī 명 회사   便利店 biànlìdiàn 명 편의점

2 동사도 되고 전치사도 되는 在 (zài, ~에 있다, ~에서)

미래 씨

타아 짜이 ⓕ우찌인 더 차안티잉
他在附近的餐厅。 (그는) 근처 식당에 계세요.
Tā zài fùjìn de cāntīng.

在(zài)가 동사로 쓰일 때에는 '~에 있다'라는 뜻이고, 전치사로 쓰일 때에는 '~에서'라는 뜻이에요. 미래 씨의 말 '他在附近的餐厅.'에서 在는 동사로 쓰였기 때문에 '그는 근처 식당에 있다'라는 뜻이 되었어요.

동사 在

니이 짜이 나알
你 在 哪儿? 너는 어디에 있니?
Nǐ zài nǎr?
너는 ~에 있다 어디

타아먼 짜이 베이찌잉
他们 在 北京。 그들은 베이징에 있어요.
Tāmen zài Běijīng.
그들은 ~에 있다 베이징

또옹시이 흐어 메이라이 짜이 빠안꼬옹쓰ⓕ
东喜 和 美来 在 办公室。 동희와 미래는 사무실에 있어요.
Dōngxǐ hé Měilái zài bàngōngshì.
동희 ~와 미래 ~에 있다 사무실

● 在(zài)가 전치사로 쓰이면 '在(~에서) + 명사/대명사' 형태의 전치사구 즉, 부사어가 되기 때문에 반드시 동사 앞에 와야 해요. 다시 말해 在가 전치사이면 뒤에 동사가 꼭 있어야 해요. 아래 세 문장에서는 '在 + 명사/대명사' 형태의 전치사구가 각각 동사 吃(chī, 먹다), 工作(gōngzuò, 일하다)와 喝(hē, 마시다) 앞에서 부사어로 쓰였어요.

전치사 在

니이 짜이 나알 츠ⓕ ⓕ아ㄴ 러
你 在 哪儿 吃饭 了? 너는 어디에서 밥 먹었니?
Nǐ zài nǎr chī fàn le?
너는 ~에서 어디 밥을 먹었다

타아먼 짜이 베이찌잉 꼬옹쭈어
他们 在 北京 工作。 그들은 베이징에서 일해요.
Tāmen zài Běijīng gōngzuò.
그들은 ~에서 베이징 일하다

또옹시이 흐어 메이라이 짜이 빠안꼬옹쓰ⓕ 흐어 카아ⓕ에이
东喜 和 美来 在 办公室 喝 咖啡。 동희와 미래는 사무실에서 커피를 마셔요.
Dōngxǐ hé Měilái zài bàngōngshì hē kāfēi.
동희 ~와 미래 ~에서 사무실 마시다 커피를

단어 北京 Běijīng 고유 베이징(중국의 수도) 工作 gōngzuò 동 일하다 咖啡 kāfēi 명 커피

STEP 3
확장표현으로 중국어 자동발사
🎧 Day19_확장표현.mp3

다양한 장소 표현을 동사 在(zài, ~에 있다)를 활용한 문장으로 익혀보아요.

장소 표현과 동사 在
zài
(~에 있다)

쓰타양
食堂
shítáng
식당

A: 他在哪儿? 그는 어디에 있어?
　 Tā zài nǎr?
B: 他在附近的食堂。 근처 식당에 있어.
　 Tā zài fùjìn de shítáng.

이인하양
银行
yínháng
은행

A: 他在哪儿? 그는 어디에 있어?
　 Tā zài nǎr?
B: 他在附近的银行。 근처 은행에 있어.
　 Tā zài fùjìn de yínháng.

이어우쥐이
邮局
yóujú
우체국

A: 他在哪儿? 그는 어디에 있어?
　 Tā zài nǎr?
B: 他在附近的邮局。 근처 우체국에 있어.
　 Tā zài fùjìn de yóujú.

츠아오쓰
超市
chāoshì
슈퍼마켓

A: 他在哪儿? 그는 어디에 있어?
　 Tā zài nǎr?
B: 他在附近的超市。 근처 슈퍼마켓에 있어.
　 Tā zài fùjìn de chāoshì.

쑤우쓰어
宿舍
sùshè
기숙사

A: 他在哪儿? 그는 어디에 있어?
　 Tā zài nǎr?
B: 他在附近的宿舍。 근처 기숙사에 있어.
　 Tā zài fùjìn de sùshè.

쓔우띠엔
书店
shūdiàn
서점

A: 他在哪儿? 그는 어디에 있어?
　 Tā zài nǎr?
B: 他在附近的书店。 근처 서점에 있어.
　 Tā zài fùjìn de shūdiàn.

티잉츠어츠앙
停车场
tíngchēchǎng
주차장

A: 他在哪儿? 그는 어디에 있어?
　 Tā zài nǎr?
B: 他在附近的停车场。 근처 주차장에 있어.
　 Tā zài fùjìn de tíngchēchǎng.

다양한 장소 표현을 전치사 在(zài, ~에서)를 활용한 문장으로 익혀보아요.

장소 표현과 전치사 在 zài (~에서)

ⓒ후ⓕ앙
厨房
chúfáng
부엌

我在厨房做菜。 나는 부엌에서 요리를 해.
Wǒ zài chúfáng zuò cài.

찌아오쓰
教室
jiàoshì
교실

我在教室学习。 나는 교실에서 공부해.
Wǒ zài jiàoshì xuéxí.

ⓕ앙찌엔
房间
fángjiān
방

我在房间睡觉。 나는 방에서 잠을 자.
Wǒ zài fángjiān shuìjiào.

띠이티에ⓗ잔
地铁站
dìtiězhàn
지하철역

我在地铁站等车。 나는 지하철역에서 차를 기다려.
Wǒ zài dìtiězhàn děng chē.

투우ⓗ우구안
图书馆
túshūguǎn
도서관

我在图书馆看书。 나는 도서관에서 책을 봐.
Wǒ zài túshūguǎn kàn shū.

띠엔이잉위엔
电影院
diànyǐngyuàn
영화관

我在电影院看电影。 나는 영화관에서 영화를 봐.
Wǒ zài diànyǐngyuàn kàn diànyǐng.

바이후어따아러우
百货大楼
bǎihuòdàlóu
백화점

我在百货大楼买东西。
Wǒ zài bǎihuòdàlóu mǎi dōngxi.
나는 백화점에서 쇼핑을 해(물건을 사).

DAY 19 사장님 어디 계세요? 总经理在哪儿?

연습문제로 실력다지기 🎧 Day19_연습문제.mp3

🎧 연습문제 바로 듣기

1 알맞은 단어 고르기
음원을 듣고 일치하는 단어를 고르세요.

1) ⓐ 给   ⓑ 份   ⓒ 袋
2) ⓐ 厨房   ⓑ 房间   ⓒ 教室
3) ⓐ 食堂   ⓑ 宿舍   ⓒ 书店

2 문장 듣고 병음/뜻 쓰기
다음 문장을 듣고 병음과 뜻을 써보세요.

1) **문장** 他在办公室吗?

　병음 _____

　뜻 _____

2) **문장** 那请给他这个文件袋。

　병음 _____

　뜻 _____

3 문장 듣고 일치/불일치 판단하기 (HSK 3, 4급 듣기 대비 유형)
들려주는 문장의 내용과 제시된 문장의 내용이 일치하면 ✓, 불일치하면 ✗를 체크하세요.

1) 东喜在电影院。　　　　(　　)
　 Dōngxǐ zài diànyǐngyuàn.

2) 他在学校。　　　　　　(　　)
　 Tā zài xuéxiào.

정답 p.299

4 문장에 주요 단어 채우기 (HSK 3, 4급 독해 대비 유형)

아래 주어진 단어 중에서 괄호 안에 알맞은 단어를 골라 문장을 완성해보세요.

百货大楼	厨房	停车场
bǎihuòdàlóu	chúfáng	tíngchēchǎng

1) 我在(　　　)做菜。　　　　　나는 부엌에서 요리를 해.
   Wǒ zài (　　　) zuò cài.

2) 我在(　　　)买东西。　　　　나는 백화점에서 쇼핑을 해.
   Wǒ zài (　　　) mǎi dōngxi.

5 대화 완성하기 (HSK 3급 독해 대비 유형)

빈칸에 알맞은 문장을 채워 대화를 완성해보세요.

她在哪儿?	你在哪儿吃饭了?	你住哪儿?
Tā zài nǎr?	Nǐ zài nǎr chī fàn le?	Nǐ zhù nǎr?

1) A: _____　　　그녀는 어디에 있어?

   B: 她在附近的超市。　　　　　　그녀는 근처 슈퍼마켓에 있어.
   Tā zài fùjìn de chāoshì.

2) A: _____　　　너는 어디 사니?

   B: 我住首尔。　　　　　　　　　나는 서울 살아.
   Wǒ zhù Shǒu'ěr.

6 문장 완성하기 (HSK 3, 4급 쓰기 대비 유형)

제시된 단어를 중국어 어순에 맞게 배열하여 문장을 완성해보세요.

1) 他们　　工作　　北京　　在
   tāmen　　gōngzuò　　Běijīng　　zài

   _____。　그들은 베이징에서 일해요.

2) 咖啡　　喝　　办公室　　美来　　在
   kāfēi　　hē　　bàngōngshì　　Měilái　　zài

   _____。　미래 씨는 사무실에서 커피를 마셔요.

정답 p.299

간체자 쓰기

제시된 HSK 단어 및 주요 핵심 단어의 간체자와 병음을 또박또박 써보세요.

HSK 1급
在 zài 在在在在在在
동 ~에 있다 전 ~에서

HSK 1급
哪儿 nǎ r 哪哪哪哪哪哪哪 / 儿儿
대 어디

HSK 3급
附近 fù jìn 附附附附附附 / 近近近近近近
명 근처

HSK 4급
餐厅 cān tīng 餐餐餐餐餐餐餐餐餐餐餐餐 / 厅厅厅厅
명 식당

书店 shū diàn 书书书书 / 店店店店店店店
명 서점

HSK 3급

超市
chāo shì

超超超超超超超超超
市市市市市

명 슈퍼마켓

HSK 2급

房间
fáng jiān

房房房房房房房房
间间间间间间

명 방

地铁站
dì tiě zhàn

地地地地地地
铁铁铁铁铁铁铁铁
站站站站站站站站

명 지하철역

HSK 3급

图书馆
tú shū guǎn

图图图图图图图图
书书书书
馆馆馆馆馆馆馆馆馆

명 도서관

HSK 3급

办公室
bàn gōng shì

丁力办办
公公公公
室室室室室室室室

명 사무실

DAY 19 사장님 어디 계세요? 总经理在哪儿?

루루와 떠나는 중국 문화 여행

이것만 있으면 중국도 우리 동네!

넓고 넓은 중국 땅을 여행할 때 꼭 필요한 건 무엇일까요? 바로 지도예요. 지도가 없다면 묻고, 또 물어야 목적지에 도착할 수 있을 텐데요. 스마트폰을 잘만 활용하면 혼자서도 자신 있게 중국을 여행할 수 있답니다!

출발역과 도착역을 지정해주면 소요시간, 요금, 거리, 환승 정보가 제공돼요.
중국 여행을 가기 전에 이 두 어플을 꼭 내려받아서 효율적으로 여행하세요!

> 중국으로 여행 갈 때
> 꼭 챙겨야 할 스마트폰 어플은
> '바이두맵'(百度地图, Bǎidù dìtú)이에요.

중국으로 여행 갈 때 꼭 챙겨야 할 스마트폰 어플은 '바이두맵'(百度地图, Bǎidù dìtú)이에요. 바이두는 중국판 구글로 불리는 사이트인데, 이 사이트의 지도 어플을 이용하면 3D로 모든 건물을 확인할 수 있고, 갈 장소가 정해져 있다면 경로를 미리 검색해서 저장해둘 수도 있답니다. 또, 몇 번 버스를 타고 어디에서 내려야 하는지를 실시간으로 알려줘요. 어플 스토어에서 내려받을 때는 한글로 '바이두맵'이라고 검색하면 돼요! 바이두맵 다음으로 유용한 어플은 '중국 메트로' (METROMAN)예요. 지하철이 있는 중국 대도시에서 매우 유용하게 사용할 수 있어요.

🎧 바로 쓰는 왕초보 여행 중국어

지도나 어플을 보여주면서 길을 물을 때

1 여기? (여기가 어디예요?)
쯜얼
这儿?
Zhèr?

2 여기가 어디예요?
쯜얼 쓸 나알
这儿是哪儿?
Zhèr shì nǎr?

3 여기가 여기인가요?
쯜얼 쓸 쯜얼 마
这儿是这儿吗?
Zhèr shì zhèr ma?

4 여기는 어떻게 가나요?
쯜얼 즈언머 저우
这儿怎么走?
Zhèr zěnme zǒu?

🎧 바로 듣고 따라하기

DAY 20

카페는 공원 안쪽에 있어요.
咖啡厅在公园里边。
Kāfēitīng zài gōngyuán lǐbian.

바로 듣고 따라하기

'있다' 즉, 존재를 나타내는 동사 有(~이 있다), 在(~에 있다), 是(~이다)과 함께 방향과 위치를 나타내는 다양한 방위사를 익혀보아요.

좌충우돌 동희 씨

🎧 왕초보 단어 미리보기

冰咖啡	bīng kāfēi	명	아이스 커피
公园	gōngyuán	명	공원
旁边	pángbiān	명	옆쪽
咖啡厅	kāfēitīng	명	카페
餐厅	cāntīng	명	식당
里边	lǐbian	명	안쪽
远	yuǎn	형	멀다
近	jìn	형	가깝다
就	jiù	부	바로
座	zuò	양	채
大楼	dàlóu	명	건물
后边	hòubian	명	뒤쪽

STEP 1
실전회화로 말문트기

🎧 Day20_실전회화_듣기/따라읽기.mp3 🎧 Day20_실전회화_드라마.mp3

듣기 mp3로 먼저 들어본 후 따라읽기 mp3로 따라서 말해보세요.

장 과장

우어 시앙 흐어 이이 뻬이 삥 카아(f)에이
我想喝一杯冰咖啡。
Wǒ xiǎng hē yì bēi bīng kāfēi.
아이스 커피 한 잔 마시고 싶네요.

꼬옹위엔 파앙삐엔 이어우 카아(f)에이티잉 마
公园旁边有咖啡厅吗?
Gōngyuán pángbiān yǒu kāfēitīng ma?
공원 옆쪽에 카페가 있나요?

→ (f)는 영어의 f처럼 윗니로 아랫입술을 살짝 물었다 떼면서 발음해요.

동사 有(~이 있다)를 사용하여 카페가 공원 옆쪽에 있는지 물어보고 있어요.

→ (r)은 이를 앙 물고 혀를 둥근 국자처럼 만 상태에서 공기를 내보내며 발음해요.

메이이어우 꼬옹위엔 파앙삐엔 쓰 차안티잉
没有, 公园旁边是餐厅。
Méiyǒu, gōngyuán pángbiān shì cāntīng.
없습니다, 공원 옆쪽은 식당이에요.

카아(f)에이티잉 짜이 꼬옹위엔 리이비엔
咖啡厅在公园里边。
Kāfēitīng zài gōngyuán lǐbian.
카페는 공원 안쪽에 있어요.

동희 씨

동사 是(~이다)을 사용하여 식당이 공원 옆쪽에 있음을 말해주고 있어요.

장 과장

꼬옹위엔 위엔 부 위엔
公园远不远?
Gōngyuán yuǎn bu yuǎn?
공원이 멀어요 안 멀어요?

부우 타이 위엔   흐언 찌인
不太远, 很近。
Bú tài yuǎn, hěn jìn.
별로 안 멀어요, 가깝습니다.

꼬옹위엔 찌어우 짜이 나아 쭈어 따아러우 허우비엔
公园就在那座大楼后边。
Gōngyuán jiù zài nà zuò dàlóu hòubian.
공원이 저 건물 뒤쪽에 바로 있어요.

동희 씨

동사 在(~에 있다)를 사용하여 공원이 건물 뒤쪽에 있음을 말해주고 있어요.
座(채)는 양사로서 '한 채, 두 채'처럼 건물을 세는 단위예요.

장 과장

타이 위엔 러
太远了!
Tài yuǎn le!
너무 멀잖아요!

• <중국어 말문트기 워크북>으로 말하기를 집중 훈련하면 실전회화가 저절로 자동발사돼요.

STEP 2
기초어법으로 내공쌓기   🎧 Day20_기초어법.mp3

1 방향과 위치를 나타내는 말, 방위사

동희 씨

카아ⓕ에이티잉 짜이 꼬옹위엔 리이비엔
咖啡厅在公园里边。
Kāfēitīng zài gōngyuán lǐbian.

카페는 공원 **안쪽**에 있어요.

방향과 위치를 나타내는 말을 방위사라고 해요. 중국어에는 크게 단순 방위사와 복합 방위사가 있어요. 上(위), 下(아래), 里(안), 外(바깥), 前(앞), 后(뒤), 左(좌), 右(우), 东(동), 南(남), 西(서), 北(북) 등이 단순 방위사이고, 단순 방위사에 边(bian, 쪽)이나 面(mian, 방면) 등을 붙인 것이 복합 방위사예요. 동희 씨 말에서 사용된 **里边**이 바로 '안쪽'이라는 뜻의 복합 방위사예요.

上边 위쪽
shàngbian

下边 아래쪽
xiàbian

后边 뒤쪽
hòubian

前边 앞쪽
qiánbian

旁边 옆쪽
pángbiān

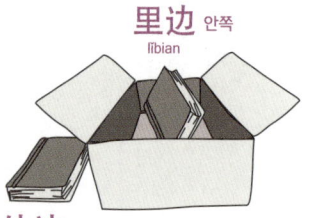
里边 안쪽
lǐbian

外边 바깥쪽
wàibian

左边 왼쪽
zuǒbian

右边 오른쪽
yòubian

中间 가운데
zhōngjiān

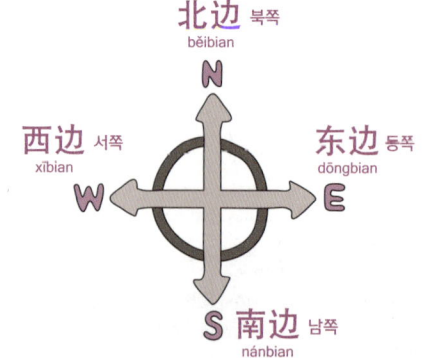
北边 북쪽
běibian

西边 서쪽
xībian

东边 동쪽
dōngbian

南边 남쪽
nánbian

2 '존재'의 방식 1, 有(yǒu, ~이 있다)

장 과장

꼬옹위엔 파앙삐엔 이어우 카아f에이팅 마
公园旁边有咖啡厅吗?
Gōngyuán pángbiān yǒu kāfēitīng ma?

공원 옆쪽에 카페**가 있나요?**

특정 장소에 사람이나 사물이 있음을 나타내기 위해 중국어에서는 동사 有(yǒu, ~이 있다)를 써서 '장소 + 有 + 사람/사물' 형태의 문장을 사용한답니다. 위의 장 과장 말도 동사 有를 사용하여 공원 옆쪽에 카페가 있는지 물어보고 있어요. 이렇게 동사 有를 사용한 문장처럼 어떤 사람이나 사물이 특정 장소에 있음을 나타내는 문장 즉, 존재를 나타내는 문장을 존재문이라고 해요. 존재문에는 동사 有(yǒu), 在(zài), 是(shì), 세 동사를 사용한 형태가 있어요. 먼저 有 존재문을 알아보아요.

有 존재문 | 장소(방위사) + 有 + 존재하는 사람/사물 | (장소)에 (사람/사물)이 있다.

● 有 존재문은 방위사를 포함한 장소를 주어로 사용하고, 동사 有 다음에는 그 장소에 있는 사물이나 사람이 와요.

카아f에이팅 이어우비엔 이어우 이인하앙
咖啡厅 右边 有 银行。
Kāfēitīng yòubian yǒu yínháng.
카페   오른쪽에 ~이 있다 은행

카페 오른쪽에 은행**이 있어요.**

빠안꼬옹f쓰 리 이어우 크어r언
办公室里 有 客人。
Bàngōngshì li yǒu kèrén.
사무실 안에 ~이 있다 손님

사무실 안에 손님**이 있어요.**

● 有 존재문에서 장소가 '베이징'이나 '우리 대학교'처럼 지명, 기관, 단체인 경우에는 방위사를 생략해요.

베이찌잉 이어우 티엔아안므언
北京 有 天安门。
Běijīng yǒu Tiān'ānmén.
베이징에 ~이 있다 천안문

베이징에는 천안문**이 있어요.**

우어먼 따아쉬에 (리) 이어우 f쓰우띠엔
我们大学（里）有 书店。
Wǒmen dàxué (li) yǒu shūdiàn.
우리 대학교 (안)에 ~이 있다 서점

우리 대학교 (안)에는 서점**이 있어요.**

● 특정 사람이나 사물을 나타내는 명사는 有 존재문에 쓸 수 없어요. 有 다음에는 구체적으로 특정하지 않은 명사만 쓸 수 있어요.

办公室里 有 张老师。 (X)

사무실 안에는 장 선생님이 있다.
(→ 张老师(장 선생님)은 특정한 인물이므로 有 존재문에서는 사용할 수 없어요.)

빠안꼬옹f쓰 리 이어우 크어r언
办公室里 有 客人。 (O)
Bàngōngshì li yǒu kèrén.
사무실 안에 ~이 있다 손님

사무실 안에 손님**이 있어요.**
(→ 客人(손님)은 불특정한 사람이므로 有 존재문에 쓸 수 있어요.)

단어 银行 yínháng 명 은행 客人 kèrén 명 손님, 고객 天安门 Tiān'ānmén 고유 천안문 书店 shūdiàn 명 서점

기초어법으로 내공쌓기

3 '존재'의 방식 2, 在(zài, ~에 있다)

동희 씨

꼬옹위엔 찌어우 짜이 나아 쭈어 따아러우 허우비엔
公园就在那座大楼后边。
Gōngyuán jiù zài nà zuò dàlóu hòubian.

공원이 저 건물 뒤쪽에 바로 **있어요**.

동희 씨가 동사 在(zài, ~에 있다)를 써서 공원이 건물 뒤쪽에 있음을 나타냈듯이 '~에 있다'의 뜻을 가진 동사 在로 사람이나 사물의 존재를 나타낼 수 있어요.

| 在 존재문 | 존재하는 사람/사물 + 在 + 장소(방위사) | (사람/사물)이 (장소)에 있다. |

● 在 존재문은 사람이나 사물을 주어로 하고, 동사 在 다음에 방위사를 포함한 장소 표현이 와요. 특히, '내 책', '장 선생님', '그 사람'과 같이 특정 사물이나 사람을 나타내는 명사의 존재를 나타내고자 할 때에는 在 존재문을 사용해야 해요.

우어 더 쓔우   짜이   쓔우빠오 파앙삐엔
我的书   在   书包旁边。   내 책은 책가방 옆**에 있어요**.
Wǒ de shū zài shūbāo pángbiān.
내 책은   ~에 있다   책가방 옆

쨩 라오쓔   짜이   빠안꼬옹쓔 리
张老师   在   办公室里。   장 선생님은 사무실 안**에 있어요**.
Zhāng lǎoshī zài bàngōngshì li.
장 선생님은   ~에 있다   사무실 안

타아   짜이   f 아앙찌엔 리
他   在   房间里。   그는 방 안**에 있어요**.
Tā   zài   fángjiān li.
그는   ~에 있다   방 안

단어   书包 shūbāo 명 책가방   房间 fángjiān 명 방

4 '존재'의 방식 3, 是(shì, ~이다)

동희 씨

꼬옹위엔 파앙삐엔 쓰 차안티잉
公园旁边是餐厅。 공원 옆쪽은 식당**이에요**.
Gōngyuán pángbiān shì cāntīng.

동희 씨가 동사 是(shì, ~이다)을 써서 식당이 공원 옆쪽에 있음을 나타냈듯이 '~이다'라는 뜻의 동사 是으로 사물의 존재를 나타낼 수 있어요.

| 是 존재문 | 장소(방위사) + 是 + 존재하는 사물 | (장소)는 (사물)이다. |

● 是 존재문은 장소(방위사)를 주어로, 사물을 是의 목적어로 사용해요. 특별히 是 존재문은 是 앞 장소의 크기와 是 뒤 사물의 크기가 거의 비슷함을 나타낸다는 것도 알아두세요.

투우슈우구안 치엔비엔 쓰 슷타앙
图书馆 前边 是 食堂。 도서관 앞쪽은 식당**이다**. (→ 도서관 앞에는 식당만 있다.)
Túshūguǎn qiánbian shì shítáng.
도서관   앞쪽은 ~이다 식당

꼬옹쓰으 뚜에이미엔 쓰 꼬옹위엔
公司 对面 是 公园。 회사 맞은편은 공원**이다**. (→ 회사 맞은편에는 공원만 있다.)
Gōngsī duìmiàn shì gōngyuán.
회사   맞은편은 ~이다 공원

➕ 플러스 포인트

1. 위의 문장에 有를 쓰면 전달하는 의미가 달라지므로 구별해서 알아두어요.

꼬옹쓰으 뚜에이미엔 이어우 꼬옹위엔
公司 对面 有 公园。 회사 맞은편에 공원**이 있다**.
Gōngsī duìmiàn yǒu gōngyuán. (→ 회사 맞은편에는 공원뿐만 아니라 다른 건물 등도 있을 수 있다.)
회사   맞은편에 ~이 있다 공원

2. 是 존재문을 복합 방위사 里边(안쪽), 外边(바깥쪽), 附近(근처)과 함께 사용할 때에는 전달하는 의미에 주의해야 해요.

图书馆 里边 是 食堂。 (X)   도서관 안쪽은 식당이다.
(→ 도서관 안 전부가 식당이라는 뜻이므로 틀린 문장이에요.)

3. 有 존재문, 在 존재문, 是 존재문을 한 번에 구별해보아요.

有 존재문	장소(방위사) + 有 + 존재하는 사람/사물 (장소)에 (사람/사물)이 있다. **学校里 有 书店。** 학교 안에 서점이 있다.
在 존재문	존재하는 사람/사물 + 在 + 장소(방위사) (사람/사물)이 (장소)에 있다. **书店 在 学校里。** 서점은 학교 안에 있다.
是 존재문	장소(방위사) + 是 + 존재하는 사물 (장소)는 (사물)이다. **学校东边 是 公园。** 학교 동쪽은 공원이다.

단어 图书馆 túshūguǎn 몡 도서관   食堂 shítáng 몡 식당   对面 duìmiàn 몡 맞은편, 건너편

STEP 3
확장표현으로 중국어 자동발사
🎧 Day20_확장표현.mp3

边, 面을 활용한 **복합 방위사** 표현을 有(~이 있다), 在(~에 있다), 是(~이다)을 사용한 문장으로 익혀보아요.

복합 방위사와 有, 在, 是 존재문

파앙삐엔
旁边 옆쪽
pángbiān

1. 主楼旁边有书店。 본관 옆쪽에 서점이 있어.
   Zhǔlóu pángbiān yǒu shūdiàn.
2. 书店在主楼旁边。 서점은 본관 옆쪽에 있어.
   Shūdiàn zài zhǔlóu pángbiān.
3. 主楼旁边是书店。 본관 옆쪽은 서점이야.
   Zhǔlóu pángbiān shì shūdiàn.

* 旁边의 边은 1성으로 발음해요.

치엔비엔
前边 앞쪽
qiánbian

1. 主楼前边有书店。 본관 앞쪽에 서점이 있어.
   Zhǔlóu qiánbian yǒu shūdiàn.
2. 书店在主楼前边。 서점은 본관 앞쪽에 있어.
   Shūdiàn zài zhǔlóu qiánbian.
3. 主楼前边是书店。 본관 앞쪽은 서점이야.
   Zhǔlóu qiánbian shì shūdiàn.

허우비엔
后边 뒤쪽
hòubian

1. 主楼后边有书店。 본관 뒤쪽에 서점이 있어.
   Zhǔlóu hòubian yǒu shūdiàn.
2. 书店在主楼后边。 서점은 본관 뒤쪽에 있어.
   Shūdiàn zài zhǔlóu hòubian.
3. 主楼后边是书店。 본관 뒤쪽은 서점이야.
   Zhǔlóu hòubian shì shūdiàn.

이어우비엔
右边 오른쪽
yòubian

1. 主楼右边有书店。 본관 오른쪽에 서점이 있어.
   Zhǔlóu yòubian yǒu shūdiàn.
2. 书店在主楼右边。 서점은 본관 오른쪽에 있어.
   Shūdiàn zài zhǔlóu yòubian.
3. 主楼右边是书店。 본관 오른쪽은 서점이야.
   Zhǔlóu yòubian shì shūdiàn.

주어비엔
左边 왼쪽
zuǒbian

1. 主楼左边有书店。 본관 왼쪽에 서점이 있어.
   Zhǔlóu zuǒbian yǒu shūdiàn.
2. 书店在主楼左边。 서점은 본관 왼쪽에 있어.
   Shūdiàn zài zhǔlóu zuǒbian.
3. 主楼左边是书店。 본관 왼쪽은 서점이야.
   Zhǔlóu zuǒbian shì shūdiàn.

뚜에이미엔
对面 맞은편
duìmiàn

1. 主楼对面有书店。 본관 맞은편에 서점이 있어.
   Zhǔlóu duìmiàn yǒu shūdiàn.
2. 书店在主楼对面。 서점은 본관 맞은편에 있어.
   Shūdiàn zài zhǔlóu duìmiàn.
3. 主楼对面是书店。 본관 맞은편은 서점이야.
   Zhǔlóu duìmiàn shì shūdiàn.

후우찌인
附近 근처, 부근
fùjìn

1. 主楼附近有书店。 본관 근처에 서점이 있어.
   Zhǔlóu fùjìn yǒu shūdiàn.
2. 书店在主楼附近。 서점은 본관 근처에 있어.
   Shūdiàn zài zhǔlóu fùjìn.

上边 위쪽
쌍비엔
shàngbian

1. 超市上边有咖啡厅。 슈퍼마켓 위쪽에 카페가 있어.
   Chāoshì shàngbian yǒu kāfēitīng.
2. 咖啡厅在超市上边。 카페는 슈퍼마켓 위쪽에 있어.
   Kāfēitīng zài chāoshì shàngbian.
3. 超市上边是咖啡厅。 슈퍼마켓 위쪽은 카페야.
   Chāoshì shàngbian shì kāfēitīng.

下边 아래쪽
씨아비엔
xiàbian

1. 咖啡厅下边有超市。 카페 아래쪽에 슈퍼마켓이 있어.
   Kāfēitīng xiàbian yǒu chāoshì.
2. 超市在咖啡厅下边。 슈퍼마켓은 카페 아래쪽에 있어.
   Chāoshì zài kāfēitīng xiàbian.
3. 咖啡厅下边是超市。 카페 아래쪽은 슈퍼마켓이야.
   Kāfēitīng xiàbian shì chāoshì.

西边 서쪽
씨이비엔
xībian

1. 超市西边有咖啡厅。 슈퍼마켓 서쪽에 카페가 있어.
   Chāoshì xībian yǒu kāfēitīng.
2. 咖啡厅在超市西边。 카페는 슈퍼마켓 서쪽에 있어.
   Kāfēitīng zài chāoshì xībian.
3. 超市西边是咖啡厅。 슈퍼마켓 서쪽은 카페야.
   Chāoshì xībian shì kāfēitīng.

东边 동쪽
또옹비엔
dōngbian

1. 超市东边有咖啡厅。 슈퍼마켓 동쪽에 카페가 있어.
   Chāoshì dōngbian yǒu kāfēitīng.
2. 咖啡厅在超市东边。 카페는 슈퍼마켓 동쪽에 있어.
   Kāfēitīng zài chāoshì dōngbian.
3. 超市东边是咖啡厅。 슈퍼마켓 동쪽은 카페야.
   Chāoshì dōngbian shì kāfēitīng.

南边 남쪽
나안비엔
nánbian

1. 超市南边有咖啡厅。 슈퍼마켓 남쪽에 카페가 있어.
   Chāoshì nánbian yǒu kāfēitīng.
2. 咖啡厅在超市南边。 카페는 슈퍼마켓 남쪽에 있어.
   Kāfēitīng zài chāoshì nánbian.
3. 超市南边是咖啡厅。 슈퍼마켓 남쪽은 카페야.
   Chāoshì nánbian shì kāfēitīng.

北边 북쪽
베이비엔
běibian

1. 超市北边有咖啡厅。 슈퍼마켓 북쪽에 카페가 있어.
   Chāoshì běibian yǒu kāfēitīng.
2. 咖啡厅在超市北边。 카페는 슈퍼마켓 북쪽에 있어.
   Kāfēitīng zài chāoshì běibian.
3. 超市北边是咖啡厅。 슈퍼마켓 북쪽은 카페야.
   Chāoshì běibian shì kāfēitīng.

里边 안쪽, 내부
리이비엔
lǐbian

1. 公园里边有咖啡厅。 공원 안쪽에 카페가 있어.
   Gōngyuán lǐbian yǒu kāfēitīng.
2. 咖啡厅在公园里边。 카페는 공원 안쪽에 있어.
   Kāfēitīng zài gōngyuán lǐbian.

外边 바깥, 밖
우아이비엔
wàibian

1. 学校外边有书店。 학교 바깥에 서점이 있어.
   Xuéxiào wàibian yǒu shūdiàn.
2. 书店在学校外边。 서점은 학교 바깥에 있어.
   Shūdiàn zài xuéxiào wàibian.

DAY 20 카페는 공원 안쪽에 있어요. 咖啡厅在公园里边。

연습문제로 실력다지기 🎧 Day20_연습문제.mp3

🎧 연습문제 바로 듣기

1 알맞은 단어 고르기

음원을 듣고 일치하는 단어를 고르세요.

1) ⓐ 远   ⓑ 近   ⓒ 就
2) ⓐ 银行   ⓑ 书店   ⓒ 房间
3) ⓐ 旁边   ⓑ 前边   ⓒ 东边

2 문장 듣고 병음/뜻 쓰기

다음 문장을 듣고 병음과 뜻을 써보세요.

1) **문장** 公园旁边是餐厅。

   병음 _____

   뜻 _____

2) **문장** 公园远不远?

   병음 _____

   뜻 _____

3 문장 듣고 일치/불일치 판단하기 (HSK 3, 4급 듣기 대비 유형)

들려주는 문장의 내용과 제시된 문장의 내용이 일치하면 ✓, 불일치하면 ✗를 체크하세요.

1) 咖啡厅附近有书店。   (   )
   Kāfēitīng fùjìn yǒu shūdiàn.

2) 公园对面是餐厅。   (   )
   Gōngyuán duìmiàn shì cāntīng.

정답 p.299

4 문장에 주요 단어 채우기 (HSK 3, 4급 독해 대비 유형)

아래 주어진 단어 중에서 괄호 안에 알맞은 단어를 골라 문장을 완성해보세요.

| 远 yuǎn | 对面 duìmiàn | 书店 shūdiàn |

1) 书店在主楼(　　　　)。　　　　서점은 본관 맞은편에 있어.
   Shūdiàn zài zhǔlóu (　　　)。

2) 主楼附近有(　　　　)。　　　　본관 근처에 서점이 있어.
   Zhǔlóu fùjìn yǒu (　　　)。

5 대화 완성하기 (HSK 3급 독해 대비 유형)

빈칸에 알맞은 문장을 채워 대화를 완성해보세요.

| 他在房间里。 Tā zài fángjiān li. | 办公室里有客人。 Bàngōngshì li yǒu kèrén. | 咖啡厅在公园里边。 Kāfēitīng zài gōngyuán lǐbian. |

1) A: 他在哪儿?　　　　　　　　　그는 어디에 있나요?
   Tā zài nǎr?

   B: _____　　그는 방 안에 있어요.

2) A: 公园旁边有咖啡厅吗?　　　　공원 옆쪽에 카페가 있나요?
   Gōngyuán pángbiān yǒu kāfēitīng ma?

   B: _____　　카페는 공원 안쪽에 있어요.

6 문장 완성하기 (HSK 3, 4급 쓰기 대비 유형)

제시된 단어를 중국어 어순에 맞게 배열하여 문장을 완성해보세요.

1) 我们大学　　有　　书店　　里
   wǒmen dàxué　yǒu　shūdiàn　li

   _____。　　우리 대학교 안에는 서점이 있어요.

2) 那座大楼　　公园就　　后边　　在
   nà zuò dàlóu　gōngyuán jiù　hòubian　zài

   _____。　　공원이 저 건물 뒤쪽에 바로 있어요.

정답 p.299

간체자 쓰기

제시된 HSK 단어 및 주요 핵심 단어의 간체자와 병음을 또박또박 써보세요.

HSK 2급

远
yuǎn   远远二元沅远远   형 멀다

HSK 2급

近
jìn   近近丁丘斤近近   형 가깝다

HSK 2급

就
jiù   就就就就就京京京就就就   부 바로

HSK 4급

座
zuò   座座座座座座座座座   양 채

HSK 2급

旁边
páng biān   旁旁旁旁旁旁旁旁旁
边 力 力 边 边   명 옆쪽

里边
lǐ bian

里里里里甲里里
フカ'力边边

명 안쪽

后边
hòu bian

后后斤后后
フカ'力边边

명 뒤쪽

HSK 3급
公园
gōng yuán

公公公公
囗冂冃冃园园园

명 공원

大楼
dà lóu

一ナ大
一十才木木术术杉栌栌棁楼楼

명 건물

咖啡厅
kā fēi tīng

口叮叭咖咖咖
口叮叩咋吖啡啡啡
一厂FT厅

명 카페

DAY 20 카페는 공원 안쪽에 있어요. **咖啡厅在公园里边。**

루루와 떠나는 중국 문화 여행

중국인들이 공원에서 주로 하는 것은?

중국에는 공원도 많고, 공터도 많아요. 공원에서는 물론 산책도 하지만 춤추는 사람이 정말 많아요. 부채춤, 창작춤, 심지어 칼춤을 추는 사람들도 있고, ==성별이나 나이 제한 없이 춤을 추고 싶다면 남녀노소 누구든 함께 어울려 춤을 춰요.==

이나 상하이의 홍커우공원(虹口公园, Hóngkǒu gōng yuán)에 가면 춤추는 사람들을 많이 볼 수 있어요. 여러분도 중국 사람들과 함께 어울려 춤을 추고 싶다면 눈치 보지 말고 합류하세요. ==공원은 누구에게나 열려 있는 자유로운 곳==이니까요!

중국 사람들이 이렇게 공원에서 춤을 추는 이유는 무엇일까요? ==옛날부터 중국인들은 공원에서 태극권(太极拳, Tàijíquán)을 연습했어요.== 태극권은 중국의 대표적인 운동이에요. 그런데 사회가 점점 발전하면서 사람들은 좀 더 화려한 모습을 드러내고자 했고, 그래서 ==외적인 멋을 많이 보여줄 수 있는 춤을 많이 추게 되었어요.==

> "꼭 공원이 아니더라도 광장 같은
> 넓은 공간이 있다면
> 언제 어디서든 춤을 춰요."

또 다른 이유는 중국인들의 성격에 있어요. ==중국인들은 남의 시선을 크게 신경 쓰지 않아요.== 자신이 좋아해서 하고 싶다면 남의 눈치를 보지 않고 행동으로 옮긴답니다. 그래서 꼭 공원이 아니더라도 광장 같은 넓은 공간이 있다면 언제 어디서든 춤을 춰요.
베이징의 경산공원(景山公园, Jǐngshān gōngyuán)

🎧 바로 쓰는 왕초보 여행 중국어

공원에 가고 싶을 때

1. 공원이 멀어요?
꼬옹위엔 위엔 마
公园远吗?
Gōngyuán yuǎn ma?

2. 공원이 가까워요?
꼬옹위엔 찌인 마
公园近吗?
Gōngyuán jìn ma?

3. 공원이 어디에 있어요?
꼬옹위엔 짜이 나알
公园在哪儿?
Gōngyuán zài nǎr?

4. 공원에 어떻게 가나요?
꼬옹위엔 즈언머 저우
公园怎么走?
Gōngyuán zěnme zǒu?

🎧 바로 듣고 따라하기

연습문제로 실력다지기 정답

DAY 01
p.38

1 1) ⓒ nǐ (你)
    2) ⓐ hěn (很)
    3) ⓒ ne (呢)

2 1) 我们   병음 wǒmen   뜻 우리(들)
    2) 大家   병음 dàjiā   뜻 여러분
    3) 咱们   병음 zánmen   뜻 우리(들)

3 1) 문장 你好吗?
      병음 Nǐ hǎo ma?
      뜻 잘 지내?
    2) 문장 我很好，你呢?
      병음 Wǒ hěn hǎo, nǐ ne?
      뜻 나는 잘 지내, 너는?
    3) 문장 他爱她。
      병음 Tā ài tā.
      뜻 그는 그녀를 사랑해.

4 1) (她们)也爱您。 그녀들도 당신을 사랑해요.
      (Tāmen) yě ài nín.
    2) 我(也)很好。 나도 잘 지내.
      Wǒ (yě) hěn hǎo.

5 1) 慢走。 조심히 가.
      Mànzǒu.
    2) 不好意思。 미안해.
      Bù hǎo yìsi.

6 1) 我很饿。 나는 배고파.
      Wǒ hěn è.
    2) 我们也很好。 우리도 잘 지내.
      Wǒmen yě hěn hǎo.

DAY 02
p.50

1 1) ⓑ máng (忙)
    2) ⓑ shòu (瘦)
    3) ⓐ ma (吗)

2 1) 累   병음 lèi   뜻 피곤하다
    2) 饿   병음 è   뜻 배고프다
    3) 渴   병음 kě   뜻 목마르다

3 1) 문장 你忙吗?
      병음 Nǐ máng ma?
      뜻 너는 바쁘니?
    2) 문장 我不饱。
      병음 Wǒ bù bǎo.
      뜻 나는 안 배불러.
    3) 문장 她很漂亮。
      병음 Tā hěn piàoliang.
      뜻 그녀는 예뻐.

4 1) 他很(帅)。 그는 멋져.
      Tā hěn (shuài).
    2) 她漂亮(吗)? 그녀는 예쁘니?
      Tā piàoliang (ma)?

5 1) 还可以。 아직은 괜찮습니다.
      Hái kěyǐ.
    2) 拜拜。 안녕.
      Bàibai.

6 1) 他们很开心。 그들은 즐거워.
      Tāmen hěn kāixīn.
    2) 他胖吗? 그는 뚱뚱하니?
      Tā pàng ma?

DAY 03

p.62

1
1) ⓐ hē (喝)
2) ⓑ chī (吃)
3) ⓐ qù (去)

2
1) 咖啡　　병음 kāfēi　　뜻 커피
2) 面包　　병음 miànbāo　뜻 빵
3) 饭　　　병음 fàn　　　뜻 밥

3
1) 문장 你吃拉面吗?
   병음 Nǐ chī lāmiàn ma?
   뜻 너는 라면 먹니?
2) 문장 我喝水。
   병음 Wǒ hē shuǐ.
   뜻 나는 물 마셔.
3) 문장 我不喝啤酒。
   병음 Wǒ bù hē píjiǔ.
   뜻 나는 맥주 안 마셔.

4
1) 我(说)。 나는 말해.
   Wǒ (shuō).
2) 他吃(面条)。 그는 국수를 먹어.
   Tā chī (miàntiáo).

5
1) 我不饿。 나는 배 안 고파.
   Wǒ bú è.
2) 我不听。 나는 안 들어.
   Wǒ bù tīng.

6
1) 你喝牛奶吗? 너는 우유 마시니?
   Nǐ hē niúnǎi ma?
2) 我不吃蛋糕。 나는 케이크 안 먹어.
   Wǒ bù chī dàngāo.

DAY 04

p.74

1
1) ⓒ kàn (看)
2) ⓐ ba (吧)
3) ⓐ diànshì (电视)

2
1) 电影　　병음 diànyǐng　뜻 영화
2) 报纸　　병음 bàozhǐ　　뜻 신문
3) 照片　　병음 zhàopiàn　뜻 사진

3
1) 문장 你坐不坐?
   병음 Nǐ zuò bu zuò?
   뜻 너는 앉니 안 앉니?
2) 문장 啤酒少不少?
   병음 Píjiǔ shǎo bu shǎo?
   뜻 맥주가 적니 안 적니?
3) 문장 蛋糕很小。
   병음 Dàngāo hěn xiǎo.
   뜻 케이크가 작아.

4
1) 我们(一起)吃比萨饼吧! 우리 같이 피자 먹자!
   Wǒmen (yìqǐ) chī bǐsàbǐng ba!
2) 他不(跑)。 그는 안 뛰어.
   Tā bù (pǎo).

5
1) 你看不看杂志? 너는 잡지 보니 안 보니?
   Nǐ kàn bu kàn zázhì?
2) 你洗不洗? 너는 씻니 안 씻니?
   Nǐ xǐ bu xǐ?

6
1) 我们一起看比赛吧。 우리 같이 경기 보자.
   Wǒmen yìqǐ kàn bǐsài ba.
2) 汉堡包好不好吃? 햄버거가 맛있니 안 맛있니?
   Hànbǎobāo hǎo bu hǎochī?

연습문제로 실력다지기 정답

DAY 05
p.86

1
1) ⓐ shì (是)
2) ⓑ bú shì (不是)
3) ⓐ xuésheng (学生)

2
1) 医生　병음 yīshēng　뜻 의사
2) 公司职员　병음 gōngsī zhíyuán　뜻 직장인
3) 经理　병음 jīnglǐ　뜻 사장

3
1) 문장 你是老师吗?
   병음 Nǐ shì lǎoshī ma?
   뜻 당신은 선생님인가요?
2) 문장 她不是同事。
   병음 Tā bú shì tóngshì.
   뜻 그녀는 직장 동료가 아니야.
3) 문장 她是不是同学?
   병음 Tā shì bu shì tóngxué?
   뜻 그녀는 학교 친구니 아니니?

4
1) 你是(司机)吗? 당신은 운전기사인가요?
   Nǐ shì (sījī) ma?
2) 我(不是)歌手。 저는 가수가 아니에요.
   Wǒ (bú shì) gēshǒu.

5
1) 是，他是男朋友。 네, 그는 남자친구예요.
   Shì, tā shì nánpéngyou.
2) 不是，她不是女朋友。
   Bú shì, tā bú shì nǚpéngyou.
   아니요, 그녀는 여자친구가 아니에요.

6
1) 我是明星。 저는 연예인입니다.
   Wǒ shì míngxīng.
2) 他是不是爱人? 그는 배우자니 아니니?
   Tā shì bu shì àiren?

DAY 06
p.100

1
1) ⓑ 那 (nà)
2) ⓑ 壶 (hú)
3) ⓒ 筷子 (kuàizi)

2
1) 문장 这是什么?
   병음 Zhè shì shénme?
   뜻 이건 뭐죠?
2) 문장 那是我的吗?
   병음 Nà shì wǒ de ma?
   뜻 저게 내 거예요?

3
1) 문장 那是报纸。(✗) 그것은 신문이에요.
   Nà shì bàozhǐ.
   음성 那是钱包。그것은 지갑이에요.
   Nà shì qiánbāo.
2) 문장 这是我的手机。(✓) 이건 제 휴대폰이에요.
   Zhè shì wǒ de shǒujī.
   음성 这不是她的手机，是我的手机。
   Zhè bú shì tā de shǒujī, shì wǒ de shǒujī.
   이건 그녀의 휴대폰이 아니라, 제 휴대폰이에요.

4
1) 这是(椅子)。 이건 의자예요.
   Zhè shì (yǐzi).
2) 这(不是)她的电脑。
   Zhè (bú shì) tā de diànnǎo.
   이것은 그녀의 컴퓨터가 아니에요.

5
1) 这是钥匙。 이건 열쇠예요.
   Zhè shì yàoshi.
2) 那不是礼物。 저것은 선물이 아니에요.
   Nà bú shì lǐwù.

6
1) 那是您的钱包呀!!! 저건 당신의 지갑인데요!!!
   Nà shì nín de qiánbāo ya!!!
2) 这不是你的。 이건 당신의 것이 아니에요.
   Zhè bú shì nǐ de.

DAY 07

p.112

1 1) ⓒ 谁 (shéi)
   2) ⓐ 姐姐 (jiějie)
   3) ⓒ 哥哥 (gēge)

2 1) 문장 这是谁?
      병음 Zhè shì shéi?
      뜻   이분은 누구인가요?

   2) 문장 那是我女儿。
      병음 Nà shì wǒ nǚ'ér.
      뜻   저 사람은 우리/나의 딸이에요.

3 1) 문장 她是露露的奶奶。(x)
         Tā shì Lùlu de nǎinai.
         그녀는 루루의 할머니예요.
      음성 她是露露的姥姥。
         Tā shì Lùlu de lǎolao.
         그녀는 루루의 외할머니예요.

   2) 문장 你哥哥不太矮。(✓)
         Nǐ gēge bú tài ǎi.
         너의 형은 그다지 작지 않아.
      음성 你哥哥挺高的。너의 형은 꽤 커.
         Nǐ gēge tǐng gāo de.

4 1) 这是我(姥姥)。이분은 우리 외할머니세요.
      Zhè shì wǒ (lǎolao).

   2) 我真(困)。나는 진짜 졸려.
      Wǒ zhēn (kùn).

5 1) 她非常漂亮。그녀는 정말 예쁘네.
      Tā fēicháng piàoliang.

   2) 那是我孩子。저 사람은 나의 아이예요.
      Nà shì wǒ háizi.

6 1) 他太帅了。그는 너무 멋져.
      Tā tài shuài le.

   2) 这是我家人的照片。이것은 제 가족사진입니다.
      Zhè shì wǒ jiārén de zhàopiàn.

DAY 08

p.126

1 1) ⓑ 有 (yǒu)
   2) ⓑ 但是 (dànshì)
   3) ⓑ 电脑 (diànnǎo)

2 1) 문장 我有汉语书。
      병음 Wǒ yǒu Hànyǔ shū.
      뜻   나 중국어 책 있어.

   2) 문장 你为什么问呢?
      병음 Nǐ wèishénme wèn ne?
      뜻   너 왜 물어보니?

3 1) 문장 我有汉语课。(x) 나는 중국어 수업이 있어요.
         Wǒ yǒu Hànyǔ kè.
      음성 我有汉语书。나는 중국어 책이 있어요.
         Wǒ yǒu Hànyǔ shū.

   2) 문장 我没有弟弟。(✓) 나는 남동생이 없어.
         Wǒ méiyǒu dìdi.
      음성 我有哥哥，但是我没有弟弟。
         Wǒ yǒu gēge, dànshì wǒ méiyǒu dìdi.
         나는 오빠가 있어, 그런데 남동생은 없어.

4 1) 我有(时间)。나는 시간이 있어.
      Wǒ yǒu (shíjiān).

   2) 你有(没有)信心? 너는 자신이 있니 없니?
      Nǐ yǒu (méiyǒu) xìnxīn?

5 1) 我非常忙。제가 정말 바빠요.
      Wǒ fēicháng máng.

   2) 我没有。나는 없어.
      Wǒ méiyǒu.

6 1) 你们有没有筷子? 너희는 젓가락이 있니 없니?
      Nǐmen yǒu méiyǒu kuàizi?

   2) 今天你有没有汉语课?
      Jīntiān nǐ yǒu méiyǒu Hànyǔ kè?
      오늘 너 중국어 수업 있니 없니?

연습문제로 실력다지기 정답

DAY 09
p.140

1
1) ⓐ 13 (十三, shísān)
2) ⓒ 42,000 (四万两千, sìwàn liǎngqiān)
3) ⓒ 684 (六百八十四, liùbǎi bāshísì)

2
1) 문장 给我一杯啤酒。
   병음 Gěi wǒ yì bēi píjiǔ.
   뜻 (내게) 맥주 한 잔 주세요.

2) 문장 给我四个勺子!
   병음 Gěi wǒ sì ge sháozi!
   뜻 (내게) 숟가락 네 개 주세요!

3
1) 문장 给我一个冰淇淋。(×)
   Gěi wǒ yí ge bīngqílín.
   아이스크림 한 개 주세요.
   음성 给我一个勺子。숟가락 한 개 주세요.
   Gěi wǒ yí ge sháozi.

2) 문장 给我们六个包子。(✓)
   Gěi wǒmen liù ge bāozi.
   우리에게 찐빵 여섯 개를 주세요.
   음성 给我一个包子，给他五个包子。
   Gěi wǒ yí ge bāozi, gěi tā wǔ ge bāozi.
   저에게 찐빵 한 개를 주시고, 그에게 찐빵 다섯 개를 주세요.

4
1) 给我两(本)书。책 두 권 주세요.
   Gěi wǒ liǎng (běn) shū.

2) 给我一(杯)水。물 한 잔 주세요.
   Gěi wǒ yì (bēi) shuǐ.

5
1) 您点什么? 뭐 주문하실 건가요?
   Nín diǎn shénme?

2) 你去还是我去? 네가 갈래 아니면 내가 갈까?
   Nǐ qù háishi wǒ qù?

6
1) 给我一个巧克力冰淇淋。
   Gěi wǒ yí ge qiǎokèlì bīngqílín.
   초콜릿 아이스크림 한 개 주세요.

2) 还有别的吗? 또 다른 건 있으세요?
   Hái yǒu biéde ma?

DAY 10
p.152

1
1) ⓐ 几 (jǐ)
2) ⓑ 一共 (yígòng)
3) ⓐ 行 (xíng)

2
1) 문장 今天来几个人?
   병음 Jīntiān lái jǐ ge rén?
   뜻 오늘 몇 명 오니?

2) 문장 他们都是我同学。
   병음 Tāmen dōu shì wǒ tóngxué.
   뜻 그들은 모두 제 학교 친구예요.

3
1) 문장 他们都是公务员。(×)
   Tāmen dōu shì gōngwùyuán.
   그들은 모두 공무원이에요.
   음성 他们都是服务员。그들은 모두 종업원이에요.
   Tāmen dōu shì fúwùyuán.

2) 문장 我们一共有两本词典。(✓)
   Wǒmen yígòng yǒu liǎng běn cídiǎn.
   우리는 다 합쳐서 사전 두 권이 있어요.
   음성 我有一本词典，她也有一本词典。
   Wǒ yǒu yì běn cídiǎn, tā yě yǒu yì běn cídiǎn.
   나는 사전이 한 권 있고, 그녀도 사전이 한 권 있어요.

4
1) 他们都是(服务员)。그들은 모두 종업원이에요.
   Tāmen dōu shì (fúwùyuán).

2) (一共)三个人。다 합쳐서 세 명이에요.
   (Yígòng) sān ge rén.

5
1) 我们做三明治吧! 우리 샌드위치 만들자!
   Wǒmen zuò sānmíngzhì ba!

2) 你给我三个面包吧! 저에게 세 개의 빵을 주세요!
   Nǐ gěi wǒ sān ge miànbāo ba!

6
1) 我们两个人都买两个礼物。
   Wǒmen liǎng ge rén dōu mǎi liǎng ge lǐwù.
   우리 두 사람 모두 선물 두 개를 산다.

2) 我们点什么饮料? 우리 무슨 음료 주문할까?
   Wǒmen diǎn shénme yǐnliào?

DAY 11

p.166

1
1) ⓒ 岁 (suì)
2) ⓐ 多 (duō)
3) ⓐ 属 (shǔ)

2
1) 문장 你多大?
   병음 Nǐ duō dà?
   뜻 너 몇 살이니?
2) 문장 我二十岁。
   병음 Wǒ èrshí suì.
   뜻 나는 스무 살이에요.

3
1) 문장 我属虎。(x) 저는 호랑이띠예요.
   Wǒ shǔ hǔ.
   음성 我属鼠。저는 쥐띠예요.
   Wǒ shǔ shǔ.
2) 문장 他一米八。(✓) 그는 1미터 80이에요.
   Tā yì mǐ bā.
   음성 他一百八十厘米。그는 180센티미터예요.
   Tā yìbǎi bāshí límǐ.

4
1) 我属(蛇)。 나는 뱀띠야.
   Wǒ shǔ (shé).
2) 她一(米)六五。 그녀는 1미터 65입니다.
   Tā yì (mǐ) liù wǔ.

5
1) 这五十公里。이건 50킬로미터예요.
   Zhè wǔshí gōnglǐ.
2) 这五十斤。이건 50근이에요.
   Zhè wǔshí jīn.

6
1) 您多大年纪? 연세가 어떻게 되세요?
   Nín duō dà niánjì?
2) 他们不是三个人。그들은 세 명이 아니야.
   Tāmen bú shì sān ge rén.

DAY 12

p.180

1
1) ⓐ 多少 (duōshao)
2) ⓑ 打折 (dǎzhé)
3) ⓐ 桌子 (zhuōzi)

2
1) 문장 两千零六十块钱，打七折。
   병음 Liǎngqiān líng liùshí kuài qián, dǎ qī zhé.
   뜻 2060위안인데, 30% 할인됩니다.
2) 문장 六百八十块钱，打九折。
   병음 Liùbǎi bāshí kuài qián, dǎ jiǔ zhé.
   뜻 680위안인데, 10% 할인됩니다.

3
1) 문장 这个钱包怎么卖? (✓)
   Zhè ge qiánbāo zěnme mài?
   이 지갑은 어떻게 파나요?
   음성 这个钱包多少钱? 이 지갑은 얼마예요?
   Zhè ge qiánbāo duōshao qián?
2) 문장 这个名片夹五块五毛。(x)
   Zhè ge míngpiànjiā wǔ kuài wǔ máo.
   이 명함집은 5.5위안입니다.
   음성 这个名片夹五块零五分。
   Zhè ge míngpiànjiā wǔ kuài líng wǔ fēn.
   이 명함집은 5.05위안입니다.

4
1) 这条裙子(多少)钱? 이 치마는 얼마예요?
   Zhè tiáo qúnzi (duōshao) qián?
2) 我们还(送)您一个名片夹。
   Wǒmen hái (sòng) nín yí ge míngpiànjiā.
   저희는 또 명함집도 하나 드리고 있어요.

5
1) 那怎么卖? 그럼 어떻게 파나요?
   Nà zěnme mài?
2) 你怎么不买? 너 어째서(왜) 안 사니?
   Nǐ zěnme bù mǎi?

6
1) 她还给他一百块钱。
   Tā hái gěi tā yìbǎi kuài qián.
   그녀는 그에게 100위안을 또 준다.
2) 两百五十四块七毛八分。254.78위안입니다.
   Liǎngbǎi wǔshísì kuài qī máo bā fēn.

연습문제로 실력다지기 정답

DAY 13
p.192

1
1) ⓐ 再 (zài)
2) ⓑ 苹果 (píngguǒ)
3) ⓒ 比萨饼 (bǐsàbǐng)

2
1) 문장 一共多少钱?
   병음 Yígòng duōshao qián?
   뜻 다 합쳐서 얼마예요?
2) 문장 真不行。
   병음 Zhēn bù xíng.
   뜻 진짜 안 돼요.

3
1) 문장 给我一个苹果。(x) 사과 하나 주세요.
   Gěi wǒ yí ge píngguǒ.
   음성 再给我一个西瓜。수박 하나 더 주세요.
   Zài gěi wǒ yí ge xīguā.
2) 문장 辛奇四十块钱一斤。(✓)
   Xīnqí sìshí kuài qián yì jīn.
   김치는 한 근에 40위안이에요.
   음성 五花肉二十五块钱一斤，辛奇四十块钱一斤。
   Wǔhuāròu èrshíwǔ kuài qián yì jīn, xīnqí sìshí kuài qián yì jīn.
   삼겹살은 한 근에 25위안이고, 김치는 한 근에 40위안이에요.

4
1) 我买三斤(香蕉)，怎么卖?
   Wǒ mǎi sān jīn (xiāngjiāo), zěnme mài?
   바나나 세 근 살건데, 어떻게 파나요?
2) 这件衣服(有点儿)贵。이 옷은 약간 비싸네요.
   Zhè jiàn yīfu (yǒudiǎnr) guì.

5
1) 再便宜点儿吧。조금 더 깎아주세요.
   Zài piányi diǎnr ba.
2) 你喝一点儿水吧。너 물 좀 마셔.
   Nǐ hē yìdiǎnr shuǐ ba.

6
1) 我们再吃两碗米饭吧。우리 밥 두 그릇 더 먹자.
   Wǒmen zài chī liǎng wǎn mǐfàn ba.
2) 再给我两个白菜。배추 두 개 더 주세요.
   Zài gěi wǒ liǎng ge báicài.

DAY 14
p.204

1
1) ⓑ 哪 (nǎ)
2) ⓐ 名字 (míngzi)
3) ⓐ 美国 (Měiguó)

2
1) 문장 我叫李东喜。
   병음 Wǒ jiào Lǐ Dōngxǐ.
   뜻 저는 이동희라고 합니다.
2) 문장 这是谁的手册?
   병음 Zhè shì shéi de shǒucè?
   뜻 이것은 누구 수첩이에요?

3
1) 문장 我是德国人。(x) 저는 독일 사람입니다.
   Wǒ shì Déguó rén.
   음성 我是英国人。저는 영국 사람입니다.
   Wǒ shì Yīngguó rén.
2) 문장 露露是中国人。(✓) 루루는 중국인이에요.
   Lùlu shì Zhōngguó rén.
   음성 她是中国人，她叫露露。
   Tā shì Zhōngguó rén, tā jiào Lùlu.
   그녀는 중국인이고, 그녀는 루루예요.

4
1) 我们是(意大利)人。우리는 이탈리아 사람이에요.
   Wǒmen shì (Yìdàlì) rén.
2) 我(知道)世宗大王。나는 세종대왕을 안다.
   Wǒ (zhīdào) Shìzōngdàwáng.

5
1) 认识你很高兴。만나서 반갑습니다.
   Rènshi nǐ hěn gāoxìng.
2) 我喜欢小说。저는 소설을 좋아해요.
   Wǒ xǐhuan xiǎoshuō.

6
1) 我认识他姐姐。나는 그의 누나를 안다.
   Wǒ rènshi tā jiějie.
2) 你是哪国人? 당신은 어느 나라 사람이세요?
   Nǐ shì nǎ guó rén?

DAY 15

p.218

1
1) ⓐ 了 (le)
2) ⓒ 医生 (yīshēng)
3) ⓑ 棒棒糖 (bàngbàngtáng)

2
1) 문장 您吃了什么?
   병음 Nín chīle shénme?
   뜻 당신 뭐 드셨어요?

2) 문장 我没有男朋友。
   병음 Wǒ méiyǒu nánpéngyou.
   뜻 나는 남자친구가 없어.

3
1) 문장 我不吃炸猪排。(x) 나는 돈가스를 안 먹어.
   Wǒ bù chī zházhūpái.
   음성 我没有吃炸猪排。나는 돈가스를 안 먹었어.
   Wǒ méiyǒu chī zházhūpái.

2) 문장 我没有吃饭。(✓) 저는 밥을 안 먹었어요.
   Wǒ méiyǒu chī fàn.
   음성 我没有吃饭。我太忙了。
   Wǒ méiyǒu chī fàn. Wǒ tài máng le.
   저는 밥을 안 먹었어요. 바빠서요.

4
1) (请)喝茶。차 드세요.
   (Qǐng) hē chá.

2) 我买了一条(裤子)。나는 바지 한 벌을 샀다.
   Wǒ mǎile yì tiáo (kùzi).

5
1) 你吃饭了吗? 당신은 밥 먹었어요?
   Nǐ chī fàn le ma?

2) 好吃吗? 맛있었나요?
   Hǎochī ma?

6
1) 我不吃米肠。나는 순대를 안 먹어.
   Wǒ bù chī mǐcháng.

2) 我没有吃一个玉米香肠。
   Wǒ méiyǒu chī yí ge yùmǐxiāngcháng.
   나는 옥수수 소시지 한 개를 안 먹었어.

DAY 16

p.230

1
1) ⓒ 大海 (dàhǎi)
2) ⓐ 红色 (hóngsè)
3) ⓐ 游泳 (yóuyǒng)

2
1) 문장 我想去济州岛!
   병음 Wǒ xiǎng qù Jìzhōudǎo!
   뜻 나는 제주도 가고 싶다!

2) 문장 我还想爬汉拿山。
   병음 Wǒ hái xiǎng pá Hànnáshān.
   뜻 나는 한라산도 오르고 싶어.

3
1) 문장 我的爱好是爬山。(x)
   Wǒ de àihào shì páshān.
   저의 취미는 등산하기예요.
   음성 我不喜欢爬山。
   Wǒ bù xǐhuan páshān.
   저는 등산하는 것을 좋아하지 않아요.

2) 문장 我们一起走吧。(✓) 우리 같이 갑시다.
   Wǒmen yìqǐ zǒu ba.
   음성 跟我一起走吧。나랑 같이 갑시다.
   Gēn wǒ yìqǐ zǒu ba.

4
1) 我喜欢喝(啤酒)。나는 맥주 마시는 것을 좋아해.
   Wǒ xǐhuan hē (píjiǔ).

2) 我想吃(辛奇)。나는 김치를 먹고 싶어.
   Wǒ xiǎng chī (xīnqí).

5
1) 我喜欢蓝色。나는 파란색을 좋아해.
   Wǒ xǐhuan lánsè.

2) 我的爱好是跳舞。제 취미는 춤추기예요.
   Wǒ de àihào shì tiàowǔ.

6
1) 我喜欢看大海。나는 바다 보는 것을 좋아해.
   Wǒ xǐhuan kàn dàhǎi.

2) 你想不想去学校?
   Nǐ xiǎng bu xiǎng qù xuéxiào?
   너는 학교에 가고 싶니 안 가고 싶니?

연습문제로 실력다지기 정답

DAY 17
p.244

1
1) ⓐ 准备 (zhǔnbèi)
2) ⓐ 请假 (qǐngjià)
3) ⓑ 上班 (shàngbān)

2
1) 문장 你打算几点下班?
   병음 Nǐ dǎsuan jǐ diǎn xiàbān?
   뜻 당신은 몇 시에 퇴근할 계획이에요?
2) 문장 不知道。
   병음 Bù zhīdào.
   뜻 모르겠어요.

3
1) 문장 我不想上班。(✗) 나는 출근하고 싶지 않아.
   Wǒ bù xiǎng shàngbān.
   음성 我不用上班。나는 출근할 필요 없어.
   Wǒ bú yòng shàngbān.
2) 문장 我要去学校。(✓) 나는 학교에 갈 거예요.
   Wǒ yào qù xuéxiào.
   음성 我打算去学校。나는 학교에 갈 계획이에요.
   Wǒ dǎsuan qù xuéxiào.

4
1) 我打算(请假)。나는 휴가를 신청할 계획이야.
   Wǒ dǎsuan (qǐngjià).
2) 我(觉得)他爱你。그가 너를 사랑하는 것 같아.
   Wǒ (juéde) tā ài nǐ.

5
1) 我要西瓜。전 수박을 원해요.
   Wǒ yào xīguā.
2) 我要准备会议。저는 회의를 준비해야 해요.
   Wǒ yào zhǔnbèi huìyì.

6
1) 你还有很多事吗? 할 일이 아직 많이 있어요?
   Nǐ hái yǒu hěn duō shì ma?
2) 我觉得她真漂亮。
   Wǒ juéde tā zhēn piàoliang.
   나는 그녀가 정말 예쁘다고 생각해.

DAY 18
p.258

1
1) ⓒ 能 (néng)
2) ⓑ 日语 (Rìyǔ)
3) ⓐ 网球 (wǎngqiú)

2
1) 문장 我能去。
   병음 Wǒ néng qù.
   뜻 저는 갈 수 있어요.
2) 문장 那我开, 可以吗?
   병음 Nà wǒ kāi, kěyǐ ma?
   뜻 그럼 제가 운전하겠습니다, 해도 되나요?

3
1) 문장 我打算打高尔夫球。(✓)
   Wǒ dǎsuan dǎ gāo'ěrfūqiú.
   나는 골프를 칠 계획이야.
   음성 我现在要打高尔夫球, 你也能一起去吗?
   Wǒ xiànzài yào dǎ gāo'ěrfūqiú, nǐ yě néng yìqǐ qù ma?
   나는 지금 골프를 치려고 하는데, 너도 같이 갈 수 있니?
2) 문장 我不会踢足球。(✗)
   Wǒ bú huì tī zúqiú.
   나는 축구를 할 줄 몰라요.
   음성 我不能踢足球。나는 축구를 할 수 없어요.
   Wǒ bù néng tī zúqiú.

4
1) 你会不会说(法语)?
   Nǐ huì bu huì shuō (Fǎyǔ)?
   너는 프랑스어로 말할 줄 아니 모르니?
2) 请给我(钥匙)。저에게 열쇠를 주세요.
   Qǐng gěi wǒ (yàoshi).

5
1) 我会开车。저는 운전할 줄 알아요.
   Wǒ huì kāichē.
2) 我不能喝酒。나는 술을 마실 수 없어.
   Wǒ bù néng hē jiǔ.

6
1) 你能一起打棒球吗? 너 같이 야구할 수 있니?
   Nǐ néng yìqǐ dǎ bàngqiú ma?
2) 我不会说日语。나는 일어로 말할 줄 몰라.
   Wǒ bú huì shuō Rìyǔ.

DAY 19

p.270

1
1) ⓒ 袋 (dài)
2) ⓑ 房间 (fángjiān)
3) ⓒ 书店 (shūdiàn)

2
1) 문장 他在办公室吗?
   병음 Tā zài bàngōngshì ma?
   뜻 그는 사무실에 계신가요?

2) 문장 那请给他这个文件袋。
   병음 Nà qǐng gěi tā zhè ge wénjiàn dài.
   뜻 그럼 그에게 이 서류 봉투를 전달해 주세요.

3
1) 문장 东喜在电影院。(✗)
   Dōngxǐ zài diànyǐngyuàn.
   동희는 영화관에 있어요.
   음성 东喜和美来在书店。
   Dōngxǐ hé Měilái zài shūdiàn.
   동희와 미래는 서점에 있어요.

2) 문장 他在学校。(✓) 그는 학교에 있어요.
   Tā zài xuéxiào.
   음성 他在学校学习。그는 학교에서 공부해요.
   Tā zài xuéxiào xuéxí.

4
1) 我在(厨房)做菜。나는 부엌에서 요리를 해.
   Wǒ zài (chúfáng) zuò cài.

2) 我在(百货大楼)买东西。
   Wǒ zài (bǎihuòdàlóu) mǎi dōngxi.
   나는 백화점에서 쇼핑을 해.

5
1) 她在哪儿? 그녀는 어디에 있어?
   Tā zài nǎr?

2) 你住哪儿? 너는 어디 사니?
   Nǐ zhù nǎr?

6
1) 他们在北京工作。그들은 베이징에서 일해요.
   Tāmen zài Běijīng gōngzuò.

2) 美来在办公室喝咖啡。
   Měilái zài bàngōngshì hē kāfēi.
   미래 씨는 사무실에서 커피를 마셔요.

DAY 20

p.284

1
1) ⓑ 近 (jìn)
2) ⓐ 银行 (yínháng)
3) ⓐ 旁边 (pángbiān)

2
1) 문장 公园旁边是餐厅。
   병음 Gōngyuán pángbiān shì cāntīng.
   뜻 공원 옆쪽은 식당이에요.

2) 문장 公园远不远?
   병음 Gōngyuán yuǎn bu yuǎn?
   뜻 공원이 멀어요 안 멀어요?

3
1) 문장 咖啡厅附近有书店。(✓)
   Kāfēitīng fùjìn yǒu shūdiàn.
   카페 근처에 서점이 있어요.
   음성 书店在咖啡厅附近。
   Shūdiàn zài kāfēitīng fùjìn.
   서점은 카페 근처에 있어요.

2) 문장 公园对面是餐厅。(✗)
   Gōngyuán duìmiàn shì cāntīng.
   공원 맞은편은 식당이에요.
   음성 公园旁边是餐厅。공원 옆쪽은 식당이에요.
   Gōngyuán pángbiān shì cāntīng.

4
1) 书店在主楼(对面)。서점은 본관 맞은편에 있어.
   Shūdiàn zài zhǔlóu (duìmiàn).

2) 主楼附近有(书店)。본관 근처에 서점이 있어.
   Zhǔlóu fùjìn yǒu (shūdiàn).

5
1) 他在房间里。그는 방 안에 있어요.
   Tā zài fángjiān li.

2) 咖啡厅在公园里边。카페는 공원 안쪽에 있어요.
   Kāfēitīng zài gōngyuán lǐbian.

6
1) 我们大学里有书店。
   Wǒmen dàxué li yǒu shūdiàn.
   우리 대학교 안에는 서점이 있어요.

2) 公园就在那座大楼后边。
   Gōngyuán jiù zài nà zuò dàlóu hòubian.
   공원이 저 건물 뒤쪽에 바로 있어요.

〈해커스 자동발사 중국어 첫걸음 2탄〉
목차 미리보기

무료제공
- 중국어 말문트기 워크북
- 교재 학습 MP3
- 자동발사 단어카드(스마트폰 학습용 PDF)
- 쓰면서 외우는 자동발사 단어암기장 (HSK 3·4급 핵심 단어 300 PDF)
- 해커스 자동발사 중국어 팟캐스트

DAY 01
너 언제 여행 가니?
你什么时候去旅游?

DAY 02
오늘은 11월 8일 수요일이야.
今天十一月八号星期三。

DAY 03
지금 오후 6시 20분이에요.
现在下午六点二十分。

DAY 04
바깥 날씨 어때요?
外面天气怎么样?

DAY 05
너 지금 뭐하고 있니?
你在干什么呢?

DAY 06
우리 PC방 가서 게임하자!
我们去网吧玩儿游戏吧!

DAY 07
말씀 좀 물을게요. 명동에 어떻게 가나요?
请问一下, 明洞怎么走?

DAY 08
저는 매우 잘 지냅니다!
我过得挺好的!

DAY 09
자료 준비 잘 됐나요?
资料准备好了吗?

DAY 10
저는 신촌에서 살아요.
我住在新村。

DAY 11
오늘 왜 이렇게 예쁘게 차려입었나요?
今天怎么打扮得漂漂亮亮的?

DAY 12
두 시간 동안 진행될 예정이에요.
打算进行两个小时。

DAY 13
지금 책은 이미 두 번 봤거든.
我已经看过两遍现在的书。

DAY 14
그러면 저도 걸어 올라갈래요.
那我也要爬上去。

DAY 15
그가 뭐라고 말하는지 못 알아듣겠어요.
我听不懂他说什么。

DAY 16
사장님이 저에게 이 서류를 복사하라고 시키셨어요.
总经理让我复印这个文件。

DAY 17
내 HSK 점수가 지난번보다 50점 높아!
我的汉语水平考试成绩比上次的高五十分!

DAY 18
오늘의 기온이 어제의 기온과 똑같이 높아요.
今天的气温跟昨天的气温一样高。

DAY 19
지난주에 내가 너에게 이메일 보냈었는데.
上周我把电子邮件发给你了。

DAY 20
다음 달에 회사에 의해 중국 본사로 가게 되었어요.
下个月我被公司调到中国总公司。

해커스 HSK 3급

한 권으로 3주만에 합격!

1. <HSK 3급을 위한 기초학습>으로
   시험에 꼭 필요한 어휘와 문법을 탄탄히 다지자!

2. 3급 학습자들이 가장 어려워하는 듣기를
   다양한 버전의 MP3로 정복하자!

3. 실전모의고사 3회분으로
   실제 시험에 완벽 대비하자!

특별제공

HSK 3급 핵심어휘집 및 MP3 포함
1-3급 필수어휘 600 PDF 및 MP3 무료 다운로드
기초학습+듣기 학습용/독해/쓰기 MP3 제공
듣기 예제 병음북 PDF 및 MP3 무료 다운로드
무료 받아쓰기&쉐도잉 프로그램 제공

해커스 HSK 4급

기본에서 실전까지 한 달 만에 완성!

1. 쉬운 어법 설명 및 상세한 해설로
   혼자서도 쉽게 하자!

2. <필수어법>&<문장 템플릿>으로
   쓰기 영역을 완벽하게 대비하자!

3. 실전모의고사 3회분으로
   실제 시험에 완벽 대비하자!

특별제공

HSK 4급 핵심어휘집 및 MP3 포함
1-4급 필수어휘 1200 PDF 및 MP3 무료 다운로드
듣기 학습용/독해/쓰기 MP3 제공
병음북 PDF 및 MP3 무료 다운로드
해커스 HSK IBT 쓰기 트레이너 제공
무료 받아쓰기&쉐도잉 프로그램 제공

해커스 기초 중국어 회화 시리즈

해커스 자동발사 중국어 첫걸음 1단

초판 11쇄 발행 2025년 2월 3일
초판 1쇄 발행 2017년 1월 2일

지은이	해커스 중국어연구소
펴낸곳	㈜해커스 어학연구소
펴낸이	해커스 어학연구소 출판팀
주소	서울특별시 서초구 강남대로61길 23 ㈜해커스 어학연구소
고객센터	02-537-5000
교재 관련 문의	publishing@hackers.com
	해커스중국어 사이트(china.Hackers.com) 교재Q&A 게시판
동영상강의	china.Hackers.com
ISBN	978-89-6542-212-9 (13720)
Serial Number	01-11-01

저작권자 ⓒ 2017, 해커스 중국어연구소

이 책 및 음성파일의 모든 내용, 이미지, 디자인, 편집 형태에 대한 저작권은 저자에게 있습니다.
서면에 의한 저자와 출판사의 허락 없이 내용의 일부 혹은 전부를 인용, 발췌하거나 복제, 배포할 수 없습니다.

중국어인강 1위
해커스중국어(china.Hackers.com)

해커스 중국어

- 교재 동영상 강의 무료 제공
- 멜로디에 맞춰 재밌게 성모, 운모, 성조를 연습하는 **신나는 발음 챈트 버전 MP3** 무료 제공
- 중국 드라마로 일상회화를 익히듯 연습하는 **실전회화 드라마 버전 MP3** 무료 제공
- 교재 학습 MP3 및 **중국어 말문트기 워크북 MP3** 무료 제공
- 자동발사 단어카드(스마트폰 학습용 PDF) 및 **쓰면서 외우는 단어암기장**
  - HSK 1, 2급 단어 300 PDF 무료 제공
- 해커스중국어 스타강사의 **기초 중국어 인강**

[중국어인강 1위] 주간동아 선정 2019 한국 브랜드 만족지수 교육(중국어인강) 부문 1위

중국어도 역시 1위
해커스 중국어
china.Hackers.com

외국어학원 1위 | HSK 베스트셀러 1위 | 최고의 'HSK인강' 1위 | 강의 만족도 1위

해커스중국어 HSK 합격보장 200% 환급반

HSK+TSC 인강 무제한 수강 **+** 수강료+응시료 최대 200% 환급 **+** 업계유일! 전 급수 전문첨삭 무료

* 미션 달성 시 / 제세공과금 본인 부담

[외국어학원 1위] 2015 대한민국퍼스트브랜드대상 외국어학원 부문 (한국소비자포럼)
[HSK 베스트셀러 1위] [3급] 교보문고 외국어 베스트셀러 HSK/중국어시험 분야 1위 (2016.12.09 온라인주간집계 기준) [4급] 교보문고 외국어 베스트셀러 HSK/중국어시험 분야 1위 (2016.12.20 온라인주간집계 기준)
[5급] YES24 국어외국어사전 베스트셀러 HSK분야 5급 기준 1위 (2016.09.19 YES24베스트셀러) [6급] YES24 국어외국어사전 베스트셀러 HSK분야 6급 기준 1위 (2016.09.19 YES24베스트셀러)
[최고의 'HSK 인강' 1위] 네이버 카페 [중공사] 회원 선정 "최고의 'HSK 인강" 1위 (244명, 2015.04.10) [강의 만족도 1위 해커스어학원] 한국표준협회 2013 한국 서비스 품질지수 외국어학원 부문 평가표
[중국어도 역시 1위 해커스 중국어] 한경비즈니스 선정 2017 소비자가 뽑은 소비자만족지수, 교육(중국어학원) 부문 1위 해커스 중국어